새로운 전쟁과 낡은 전쟁
세계화 시대의 조직화된 폭력

New and Old Wars: Organized Violence in a Global Era (2nd Edition)
by Mary Kaldor

Copyright © Polity Press Ltd., Cambridge, 2006.
Korean translation copyright © Greenbee Publishing Company, 2010
This edition is published by arrangement with Polity Press Ltd., Cambridge through Shinwon Agency.

새로운 전쟁과 낡은 전쟁 : 세계화 시대의 조직화된 폭력

초판 1쇄 인쇄 _ 2010년 9월 30일
초판 1쇄 발행 _ 2010년 10월 10일

지은이 · 메리 캘도어 | 옮긴이 · 유강은

펴낸이 · 유재건 | 주간 · 김현경
편집팀 · 박순기, 박재은, 주승일, 태하, 임유진, 김혜미, 김재훈, 고태경, 김미선
디자인팀 · 권진희, 서주성 | 마케팅팀 · 정승연, 황주희, 이민정, 박태하, 손혜영
영업관리팀 · 노수준, 이상원, 양수연

펴낸곳 · (주)그린비출판사 | 등록번호 · 제313-1990-32호
주소 · 서울시 마포구 동교동 201-18 달리빌딩 2층 | 전화 · 702-2717 | 팩스 · 703-0272

ISBN 978-89-7682-741-8 03340
이 도서의 국립중앙도서관 출판시도서목록(CIP)은 e-CIP 홈페이지(http://www.nl.go.kr/ecip)에서 이용하실 수 있습니다.(CIP제어번호 : CIP2010003514)

이 책의 한국어판 저작권은 신원에이전시를 통해 Polity Press Limited와 독점 계약한 (주)그린비 출판사에 있습니다.
저작권법에 의하여 한국 내에서 보호를 받는 저작물이므로 무단전재와 무단복제를 금합니다.
책값은 뒤표지에 있습니다. 잘못 만들어진 책은 서점에서 바꿔 드립니다.

그린비 출판사 나를 바꾸는 책, 세상을 바꾸는 책
홈페이지 · www.greenbee.co.kr | 전자우편 · editor@greenbee.co.kr

프리즘총서 004

NEW & OLD WARS
새로운 전쟁과 낡은 전쟁
세계화 시대의 조직화된 폭력

메리 캘도어 지음 | 유강은 옮김

그린비

차례

제2판 서문 _ 6

1장 서론 _ 15

2장 낡은 전쟁 _ 33
전쟁과 근대국가의 등장 35 | 클라우제비츠와 19세기의 전쟁 42 | 20세기의 총력전 47

3장 보스니아-헤르체고비나: 새로운 전쟁의 사례 연구 _ 56
전쟁은 왜 일어났나 ─ 정치적 목표 58 | 어떻게 전쟁을 했는가 ─ 군사적·경제적 수단 77 | 국제사회 개입의 성격 95 | 데이턴협정 이후 108

4장 새로운 전쟁의 정치학 _ 112
세계화의 특징 114 | 정체성의 정치 122 | 세계시민주의 대 특수주의 137

5장 세계화된 전쟁경제 _ 142
군대의 사유화 144 | 폭력의 유형 151 | 전쟁 수행의 자금 조달 158 | 폭력의 확산 165 | 결론 169

6장 세계시민주의적 접근을 향하여 _ 172

정당성의 재건 175 | 하향식 외교에서 세계시민주의 정치로 181 | 평화유지 또는 평화이행에서 세계시민주의 법집행으로 188 | 인도주의 원조에서 재건으로 203

7장 이라크의 '새로운 전쟁' _ 212

'이라크 자유 작전' — 기술집약적인 낡은 전쟁 213 | 새로운 전쟁 219 | 과거에나 지금이나 대안이 있는가 240

8장 거버넌스, 정당성, 안보 _ 250

문명의 충돌 255 | 다가오는 무정부 시대 259 | 세계시민주의적 거버넌스 262 | 결론 267

옮긴이 후기 _ 271
찾아보기 _ 275

제2판 서문

2005년 7월 7일에 나는 런던에 있었다. 내 집과 직장은 버스 폭발 사고가 일어난 태비스톡광장Tavistock Square과 최악의 지하철 폭탄 테러의 무대가 된 러셀광장Russell Square 근처에 있다. 거리는 이상하게 조용했다. 긴급 차량 말고는 오가는 자동차도 없었다. 전화가 불통이어서 가족과 친구들에게 연락을 할 수도 없었다. 그러나 무슨 일이 벌어진 건지 미처 알아차리기도 전에 인도와 미국, 심지어 바그다드와 예루살렘에서까지 괜찮냐고 묻는 이메일이 쇄도했다.

어떻게 보면 이런 상황은 우리가 현재 직면한 안보 딜레마의 전형적인 모습이다. '새로운 전쟁'new wars에서는 시간과 공간이 왜곡된다. 우리는 세계 각지에서 벌어지는 폭력 사태에 관해 어느 때보다도 더 알게 되며, 가까운 곳에서 일어나는 일보다 멀리 떨어진 곳에서 벌어지는 일에 관해 더 많이 아는 경우도 다반사이다. 텔레비전과 인터넷에 의해 모양 지어지는 이런 폭력의 지각은 현장에서 상황을 겪는 일상적인 경험만큼이나 우리의 반응에 영향을 미친다.

이 책의 초판을 집필한 이후 세계에서 벌어진 전쟁의 수효는 실질적으로 줄어들었고, 전쟁에서 목숨을 잃은 사람의 숫자도 줄었다.[1] 다르푸르Darfur 같은 곳에서는 지금도 전쟁이 계속되고 있지만, 아프리카에서는 역사상 가장 끔찍한 전쟁 몇 개가 적어도 당분간은 끝이 났다——400만 명의 목숨을 앗아 간 콩고민주공화국의 전쟁과 20년 넘게 계속되면서 막대한 파괴와 인간적 비극을 낳은 수단 남부의 전쟁, 그리고 앙골라와 시에라리온, 라이베리아의 전쟁 등이 마무리되었다. 발칸반도나 스리랑카, 아체 같은 다른 대륙에서 벌어지는 전쟁 역시 중단되었다. 이라크와 팔레스타인, 아프가니스탄에서 전쟁이 계속되는 현실을 잘 알고 있지만, 지금까지는 1990년대 초반 보스니아나 르완다의 전쟁에서 정점에 달한 사망자 수에 미치지 못한다. 사실 21세기의 첫 5년은 아마 역사상 가장 평화로운 시기 중 하나일 것이다.

그렇지만 역설적으로 2001년 9월 11일 이래 공포 분위기와 불안감이 크게 늘어나고 있다. 이런 역설을 어떻게 설명해야 할까? 무엇보다도 테러 사건이 크게 증가하는 중이며, 그에 따라 테러로 목숨을 잃는 사람의 수도 늘어나는 추세이다.[2] 전쟁에 비하면 테러 공격으로 목숨을 잃은 사람의 수가 훨씬 적고, 또 테러 사건은 대부분 중동이나 아시아에서 벌어지긴 하지만, 뉴욕이나 마드리드, 런던에서 벌어진 테러 공격은 오늘날 자행되는 폭력의 만연성과 자의성에 대해 관심을 환기시킨다. 세계에서 부유한 쪽에 살고 있는 우리 같은 사람들은 이제 국경으로 폭력을 막을 수 없다는 사실을 고통스럽게 배우는 중이다. 게다가 '대對테러전쟁'이라는 사고, 특히 이라크 침공은 우리를 다시 세계적 충돌의 서사 속으로 끌고 들어간다.

둘째, 이 책에서 설명한 폭력 양상의 변화는 테러리즘과 오늘날의 분쟁

---

1) Human Security Centre, *Human Security Report 2005*, http://www.hsrgroup.org/human-security-reports/2005/overview.aspx; Nils Petter Gleditsch, Peter Wallensteen, Mikael Eriksson, Margareta Sollenberg and Håvard Strand, "Armed Conflict 1946~2001: A New Dataset", *Journal of Peace Research* vol.39 no.5, 2002, pp.615~637; *Armed Conflict Dataset Codebook*, http://www.prio.no/sptrans/391448218/codebook%20v3-2005.pdf; Project Ploughshares, http://www.ploughshares.ca/.
2) United States Department of State, *Patterns of Global Terrorism*, http://www.state.gov/s/ct/rls/pgtrpt/(연례보고서).

에 의해 더욱 부각된다. 민간인들이 군대만큼 자기를 보호할 능력이 없다는 이유로, 또 전투원과 비전투원을 구별하기가 어렵다는 이유로 민간인을 상대로 의도적으로 폭력을 가하기 때문에 민간인이 계속해서 주된 희생자가 된다. 전쟁과 테러 사건의 사상자는 대부분 민간인이다. 의도적인 인종청소의 결과든 물자와 신체의 불안정의 결과든 간에 사람들이 쫓겨나 난민과 실향민이 되는 것은 여전히 오늘날 벌어지는 분쟁의 주된 특징이다. 현대의 분쟁에서는 역사적 건물과 상징의 파괴뿐만 아니라 전쟁의 무기인 동시에 부수효과인 구금·고문·강간 등이 다반사로 벌어진다. 현대의 분쟁은 또한 범죄의 증가라는 특징을 띠는데, 따라서 흔히 범죄의 폭력과 정치적 폭력을 구별하기가 쉽지 않다. 인질 납치·유괴·밀수·약탈 등은 모두 정치적 폭력의 자금을 조달하는 방식이며, 동시에 정치적 대의는 정치와 무관한 순수한 범죄 행위에 빌미를 제공한다.

셋째, 정체성의 정치는 1990년대 중반보다 훨씬 더 널리 퍼진 듯하다. 배타적이거나 근본주의적인 종교·민족 운동은 누그러들지 않았다.[3] '새로운 전쟁'이 낳은 주된 결과는 배타주의적 대의를 중심으로 한 정치적 동원이다. 흔히 하향식 도구주의적 민족주의나 종교 근본주의로 출발한 것들이 전쟁을 경험하고 전쟁범죄에 공모한 결과 열렬한 풀뿌리 정서로 전환된다. 게다가 9·11이나 마드리드와 런던의 폭탄 테러, 영국과 프랑스의 인종 폭동 등과 관련된 불안감은 미국의 기독교 우파의 부상이나 서유럽의 반反이민 정서에 기름을 붓고 있는 게 분명하다. 이 책에 새로 추가한 장에서 설명하겠지만, 이라크에서 서구의 점령에 대한 저항으로 시작된 움직임은 수니파와 시아파/쿠르드족 사이의 종파 갈등으로 바뀌었다.

---

3) Mary Kaldor and Diego Muro, "Religious and Nationalist Militant Groups", Mary Kaldor, Helmut Anheier and Marlies Glasius et al., *Global Civil Society 2003*, Oxford: Oxford University Press, 2003.

다시 말해 21세기 초의 정치적 폭력은 어디에나 퍼져 있고, 더욱 직접적으로 민간인을 겨냥하며, 전쟁과 범죄 사이의 구별을 모호하게 만들고, 분열적인 정체성의 정치에 기반을 두고 그런 정치를 조장하는 데 이바지한다——이러한 것이 '새로운 전쟁'의 특징이다. 테러리즘은 '새로운 전쟁'의 한 변종으로 이해해야 한다——현대의 분쟁에서 발전된 전술의 논리적인 귀결인 것이다. 또한 불안감이 정치적 폭력의 결과인 것만은 아니다. 자연재해와 질병은 전쟁과 테러보다 훨씬 더 많은 사람의 목숨을 앗아 가며, 전쟁·빈곤·기후변화 등이 모두 얽힌 세계적 차원의 위험한 환경을 만들어 낸다.

내가 처음 이 책을 쓴 시기를 돌아보면 당시는 낙관의 시대였다. 바야흐로 20세기의 거대한 '낡은 전쟁'의 최종 주자인 냉전이 종식된 뒤였다. 1990년대에 우리는 글로벌거버넌스global governance의 등장을 목도했다——국제기구들의 힘이 더욱 커지고 왕성한 활동을 벌이고, 각국이 더욱 다자주의적인 행동을 보였으며, 전 세계적 시민사회가 부상하여 지뢰, 기후변화, 국제형사재판소International Criminal Court(ICC) 등에 관한 조약을 시급히 조인하라고 압력을 가했다. 나는 이런 이유 때문에 전쟁의 수효가 줄어들었다고 믿는다. 이런 성과를 달성하게 된 데는 교전 당사자들에 대한 다양한 형태의 정치·경제적 압력, 새로운 방식으로 군대와 인도주의 구호기관을 배치하고 활용하기 위한 준비 태세, 전쟁 재원을 통제하는 다양한 기제, 가령 다이아몬드 인증을 위한 킴벌리 프로세스Kimberly Process나 스리랑카 같은 곳에 대한 이주기금 지원 제한 등이 톡톡한 기여를 했다.

국제사회는 분쟁을 중단시키고 전쟁과 관련된 폭력의 수준을 안정시키는 데는 성공을 거두었다. 그렇지만 대다수 분쟁지역에는 여전히 높은 수준의 인권침해와 범죄가 존재한다. 다양한 무장 행위자들이 여전히 자유롭게 거리를 활보하며, 높은 실업률과 대규모의 비공식·불법 경제가 존재한다. 정체성의 정치에 대항하기 위한 움직임은 거의 없다. 모든 국제개입은 공공의 안전(치안과 법의 지배)과 재건(기반시설, 공공사업, 공공서비스)을 제공하는 데서 커다란 약점을 지닌다. 비록 이런 약점을 시정하려는 노력이 계속되고는 있지만 말이다. 이 책에서 나는 새로운 전쟁을 해결하는 열쇠는 정당성 있는 정치권력의 구축이라고 주장할 것이다. 오늘날 많은 문헌이 국가 건설의 필요성을 강조한다.[4] 나는 '정당성 있는 정치권력'이라는 용어가 더 낫다고 본다. 비단 이 용어가 국가뿐만 아니라 지역적·국제적 기구까지 포괄하기 때문만이 아니라 정당성에 초점을 맞출 때만이 기구와 더불어 정치와 시민사회 모두를 아우를 수 있기 때문이다. 국제기구들은 하향식으로 작동하는 경향이 있다. 이런 기구들은 주로 교전 당사자인 엘리트 집단과 대화를 하며, 참여나 동반자 관계 같은 개념들에 대해 입 발린 말만 한다. 이 기구들은 지역의 조언을 구하거나 지역의 역량에 의존하기를 꺼린다. 보스니아-헤르체고비나에 관한 장을 처음 쓸 때 나는 여전히 국제사회가 지역의 민주 세력과 연합하여 민족주의자들의 힘을 약화시킬 수 있다는 희망을 품고 있었다. 고쳐 쓴 장에서 설명하는 것처럼, 오늘날 우리에게는 적절한 거버넌스 기구를 배치하고 모든 민족 집단을 위해 행동하려고 노력하고 있는 자비로운 제국주의와 어느 때보다도 더 강력한 지역 민족주의자들 사이의 선택이 있을 뿐이다. 과거에 이 지역에서 중요한 요소였던 지역의 세계시민주의 cosmopolitanism 집단과 당파들은 패배자로 몰리고 있다.

'새로운 전쟁'을 안정시키려는 국제사회의 노력이 유지될 수 있을까? 지금과 같은 공포와 분열의 분위기에서는 의심스러울 뿐이다. 아프가니스탄 전쟁과 이라크 전쟁은 인도주의 개입과 평화유지라는 개념 자체를 불신

---

[4] 예를 들어 Roland Paris, *At War's End: Building Peace after Civil Conflict*, Cambridge: Cambridge University Press, 2004; Francis Fukuyama, *State-Building: Governance and World Order in the 21st Century*, Ithaca, NY: Cornell University Press, 2004[프랜시스 후쿠야마, 『강한 국가의 조건』, 안진환 옮김, 황금가지, 2005] 등을 보라.

하게 만들었을지도 모른다. '새로운 전쟁'에 대한 정치적·법적 접근의 여지는 줄어들고 있다. 다른 한편, 21세기의 처음 몇 년은 또한 새로운 정치적 동원의 순간이기도 했다——전쟁·민주주의·빈곤·기후변화 등과 관련된 여러 사회운동이 성장하고 있다. 과연 이런 대중적 정서를 기반으로 삼아 1990년대에 가졌던 확신을 일부나마 되찾을 수 있을까? 현재의 상황을 역전시키고 희망과 이성의 분위기를 복원할 수 있을 때만이 우리는 분쟁지역에서 참을 수 없는 삶을 살아가는 사람들을 도울 수 있을 것이다.

이 책을 쓴 뒤 나는 서식스대학에서 런던정경대학으로 자리를 옮겼다. 이 책의 개정판에 많은 도움을 준 글로벌거버넌스연구소Centre for the Study of Global Governance의 동료들에게 감사의 말을 하고 싶다. 나와 함께 공동 소장을 맡고 있는 데이비드 헬드David Held는 초판과 개정판 둘 다를 제안하고 무한한 지원을 아끼지 않았다. 야히아 사이드Yahia Said는 큰 구상뿐만 아니라 이라크에 대한 백과사전식의 지식으로도 톡톡한 도움을 주었다. 베스나 보이치치Vesna Bojičić와 데니사 코스토비코바Denisa Kostovicova는 보스니아와 코소보에 관한 최신 자료를 계속 제공해 주었을 뿐만 아니라 이 지역을 중심으로 한 변화를 꿰뚫어 볼 수 있는 깊은 통찰력을 보태 주었다. 젠['제니퍼'의 애칭——옮긴이] 오토디즈Jen Otoadese는 각기 다른 여러 장을 하나로 묶는 일을 도와주고 또 이 프로젝트를 마무리할 시간을 낼 수 있도록 행정적 지원을 해주었다. 새바인 셀초Sabine Selchow는 참고문헌과 정보 출처를 찾아 주고 여러 개념에 대해 중요한 비판적 논평을 해주었다. 또 책의 일부 또는 전부를 읽어 주고 세계정세를 토론해 준 줄리언 로빈슨Julian Robinson과 조시 캘도어-로빈슨Josh Kaldor-Robinson에게도 감사의 말을 하고 싶다.

3장의 일부는 베스나 보이치치와 함께 새로 쓴 논문[Mary Kaldor and Vesna Bojičić, "The Political Economy of the War in Bosnia-Herzegovina", eds.

Mary Kaldor and Basker Vashee, *New Wars*, Restructuring the Global Military Sector vol. 1, London: Cassell/Pinter, 1997]에 포함시켰다. 4장의 예전 판본은 기존에 발표된 것이다["Cosmopolitanism versus Nationalism: The New Divide?", eds. Richard Caplan and John Feffer, *Europe's New Nationalism: States and Minorities in Conflict*, Cambridge: Cambridge University Press, 1996].

2006년 4월
메리 캘도어

NEW & OLD WARS

새로운 전쟁과 낡은 전쟁
세계화 시대의 조직화된 폭력

| 일러두기 |

1 이 책은 Mary Kaldor의 *New and Old Wars: Organized Violence in a Global Era* (2nd Edition)를 완역한 것이다.
2 본문의 주석은 모두 각주로 표시되어 있다. 옮긴이 주는 끝에 '―옮긴이'라고 표시했으며, 표시가 없는 것은 모두 지은이 주이다.
3 독자의 이해를 돕기 위하여 저자가 인용한 문헌에 첨가한 부분과 옮긴이가 본문에 추가한 내용은 대괄호([ ])로 표시했으며, 이 중 옮긴이가 첨가한 부분은 '―옮긴이'라고 표시했다. 옮긴이가 추가한 국역본의 서지정보도 대괄호로 표시했다.
4 단행본·정기간행물에는 겹낫표(『 』)를, 논문·단편 등에는 낫표(「 」)를 사용했다.
5 외국 인명이나 지명, 작품명은 2002년 국립국어원에서 펴낸 외래어표기법을 따랐다.

1장_서론

1992년 여름, 나는 아제르바이잔과 아르메니아 사이에 전쟁이 한창인 가운데 남캅카스Transcaucasia 지역의 나고르노-카라바흐Nagorno-Karabakh를 방문했다. 바로 그때 나는 앞서 옛 유고슬라비아에서 목격한 바가 특별한 것이 아님을 깨달았다. 내가 보기에 그것은 발칸의 과거로 후퇴한 게 아니라 특히 세계의 탈공산주의 지역에서 쉽게 볼 수 있는 우리 시대의 곤경이었다. 직접 만든 군복을 입은 젊은 남자들과 절망에 빠진 난민들, 흉포한 신참 정치인들이 북적이는 미국의 서부시대 같은 크닌Knin(당시 크로아티아에서 선포된 세르비아계 공화국의 수도)과 나고르노-카라바흐의 분위기는 무척 독특했다. 나중에 나는 새로운 유형의 전쟁의 성격에 관한 연구 프로젝트에 착수했고, 아프리카를 직접 경험한 동료들을 통해 내가 동유럽에서 주목한 내용이 아프리카나 다른 지역, 즉 남아시아 같은 곳에서 벌어지고 있는 전쟁과 공통된 특징이 많다는 점을 발견했다. 사실 다른 지역의 전쟁 경험은 발칸반도와 옛 소련에서 벌어지는 사태에 대한 이해에 새로운 빛을 던져 주었다.[1]

---

1) 이 연구 프로젝트는 유엔대학 세계개발경제연구소(World Institute for Development Economics Research, WIDER)의 의뢰를 받아 수행되었다. 결과물은 다음의 책으로 출간되었다. Mary Kaldor and Basker Vashee eds., *New Wars*, Restructuring the Global Military Sector vol.1, London: Cassell/Pinter, 1997.

내 논의의 핵심은 20세기의 지난 수십 년 동안 특히 아프리카와 동유럽을 중심으로 새로운 유형의 조직폭력organized violence이 전개되고 있으며, 이런 현상이 오늘날 세계화 시대의 한 측면이라는 것이다. 나는 이런 유형의 폭력을 '새로운 전쟁'으로 묘사한다. '새로운'이라는 표현을 쓰는 것은 2장에서 개괄할, 이전 시대로부터 도출된 전쟁에 대한 일반적인 인식과 오늘날의 전쟁을 구별하기 위해서이다. 또 아래에서 분명하게 설명할 것처럼, 비록 새로운 전쟁이란 말이 전쟁(대체로 국가나 조직화된 정치집단이 정치적 목적을 둘러싸고 벌이는 폭력으로 정의된다)과 조직범죄(사적인 목적, 주로 경제적인 이득을 위해 사적으로 조직된 집단이 벌이는 폭력)와 대규모 인권침해(국가나 정치적으로 조직된 집단이 개인에 대해 가하는 폭력) 사이의 구분을 모호하게 만들기는 하지만, 이 새로운 유형의 폭력의 정치적 본성을 강조하기 위해 '전쟁'이라는 표현을 쓰기로 하겠다.

대부분의 문헌은 새로운 전쟁을 내전이나 '저강도 전쟁'low-intensity conflict으로 묘사한다. 그러나 이런 전쟁이 대부분 국지적으로 진행된다 할지라도 무수하게 많은 초국가적인 연계를 수반하는 탓에 내부와 외부, 침략(해외로부터의 공격)과 억압(국가 내부의 공격), 또는 심지어 국지전과 세계전쟁 사이의 구별도 쉽지가 않다. '저강도 전쟁'이라는 표현은 냉전 시기에 미국 군대가 게릴라전이나 테러를 설명하기 위해 만들어 낸 말이다. 냉전 시기의 이른바 저강도 전쟁을 기점으로 해서 새로운 전쟁의 진화를 추적할 수도 있지만, 포괄적인 명칭은 새로운 전쟁의 독특한 특징을 감추는 역할을 한다. 몇몇 저자들은 새로운 전쟁을 사유화된 전쟁이나 비공식적인 전쟁이라고 묘사한다.[2] 그러나 비록 이런 전쟁에서 폭력의 사유화가 중요한 요소이긴 하지만, 사실 사적인 것과 공적인 것, 국가와 비非국가, 비공식과 공식, 경제적 동기의 행위와 정치적 동기의 행위 사이를 뚜렷하게 구별하기는 쉽지 않다. 아마 몇몇 저자가 사용하는 '포스트모던' 전쟁이라는 표현이 더 적절할 것이다.[3] '새로운 전쟁'이라는 용어와 마찬가지로, 이 용어 역시 고전적인 근대성의 특징이라고 말할 수 있는 전쟁과 이 전쟁을 구별하는 방법을 제공한다. 하지만 이 용어는 또한 가상전쟁과 사이버공간의 전쟁을 가리키는 데 사용되기도 한다.[4] 게다가 새로운 전쟁은 전근대성과 근대성의 요소들 또한 포함한다. 마지막으로, 마틴 쇼Martin Shaw는 '퇴화한 전쟁'degenerate warfare이라는 용어를 사용한다. 쇼가 보기에 20세기의 총력전과 이 전쟁의 대량학살genocide의 측면 사이에는 연속성이 존재한다. 이 용어는 특히 군사력 측면에서 국가라는 틀의 쇠퇴에 대한 관심을 환기시킨다.

'새로운 전쟁'에 관한 논의를 비판하는 사람들은 이전의 전쟁에서도 새로운 전쟁의 많은 특징을 발견할 수 있으며 냉전의 지배력 때문에 '소규모 전쟁'이나 '저강도' 전쟁의 중요성이 가려졌다고 지적한다.[5] 이런 주장에는 일말의 진실이 있다. 새로운 전쟁과 낡은 전쟁 사이의 구별에서 중요한 점은 정책 결정자들 사이에 특히 널리 퍼져 있는 전쟁 인식을 변화시키는 것이었다. 특히 나는 이런 전쟁의 부당성이 더욱 커지는 현실과 세계시민주의의 정치적 대응——개인의 권리와 법의 지배를 국제개입(정치, 군사, 시민, 경제 등 등의 개입)에서 가장 중요한 원칙으로 삼는 대응——의 필요성을 강조하고 싶었다. 그렇다 하더라도 나는 '새로운 전쟁' 논의야말로 새로운 현실——냉

---

2) David Keen, "When War Itself is Privatized", *Times Literary Supplement*, 29 December, 1995.
3) Mark Duffield, "Post-modern Conflict: Warlords, Post-adjustment States and Private Protection", *Civil Wars*, April 1998; Michael Ignatieff, *The Warrior's Honor: Ethnic War and the Modern Conscience*, London: Chatto & Windus, 1998.
4) Chris Hables Gray, *Post-Modern War: The New Politics of Conflict*, London and New York: Routledge, 1997.
5) 예를 들어 내가 쓴 다음의 장을 비롯한 여러 장을 보라. "Elaborating the 'New War' Thesis", Jan Angstrom and Isabelle Duyvesteyn et al., *Rethinking the Nature of War*, London and New York: Frank Cass, 2005; Errol A. Henderson and David Singer, "'New Wars' and Rumours of 'New Wars'", *International Interactions* vol. 28 no. 2, 2002; Stathis N. Kalyvas, "'New' and 'Old' Civil Wars: A Valid Distinction?", *World Politics* vol. 54 no. 1, 2001 등도 보라.

전 종식 이전부터 등장하고 있었던 현실——을 반영한다고 생각한다. 세계화는 현재의 시기를 특징지으며 전쟁의 성격에 영향을 미치는 다양한 변화들을 설명하는 데 편리한 포괄적인 용어이다.[6]

미국의 전략 전문가들 사이에서는 바야흐로 이른바 '군사혁신'Revolution in Military Affairs 또는 '국방전환'Defence Transformation에 관한 논의가 이루어지는 중이다.[7] 정보기술의 등장이 탱크와 비행기의 등장만큼이나 중요하고, 심지어 마력에서 기계력으로 전환한 것만큼이나 중요한 의미를 가지며 전쟁의 미래에 대해 심대한 함의를 갖는다는 논의이다. 특히 이런 변화로 인해 현대의 전쟁이 훨씬 더 정밀하고 무차별적으로 바뀌었다고들 주장한다. 그렇지만 이 전문가들은 전쟁과 군대라는 과거로부터 물려받은 제도적 구조 안에서 '군사혁신'을 구상한다. 이 사람들은 전통적인 모델에 입각하여 전쟁을 마음속에 그리는데, 이 모델에서는 새로운 기법이 과거로부터 어느 정도 직선으로 뻗어 나온 연장선 위에서 발전한다. 게다가 이 기법은 냉전 시대에 전형적이었던 상상 속의 전쟁의 성격에 맞게 설계되고 자국의 사상자를 최소화하기 위한 방식으로 이용된다. 전략 전문가들은 휘황찬란한 공중폭격이나 신속하고 극적인 지상 기동전 같은 기법을 선호하는데, 이 기법들은 대규모 파괴라는 고전적 전쟁의 겉모습을 재현하기는 하지만 지상의 현실에 영향을 미치는 도구로서는 다소 서투르다. 그리하여 걸프전쟁은 일어나지 않았다는 보드리야르의 유명한 언급이 나오게 된다.[8] 1991

---

6) Martin Shaw, "War and Globality: The Role and Character of War in the Global Transition", ed. Ho-Won Jeong, *Peace and Conflict: A New Agenda*, Aldershot: Ashgate, 2000.
7) David Jablonsky, *The Owl of Minerva Flies at Twilight: Doctrinal Change and Continuity and the Revolution in Military Affairs*, US Army War College, Carlisle Barracks: PA, 1994; Eliot Cohen, "A Revolution in Warfare", *Foreign Affairs* vol. 75 no. 2, 1996; Robert J. Bunker, "Technology in a Neo-Clausewitzean Setting", ed. Gert de Nooy, *The Clausewitzian Dictum and the Future of Western Military Strategy*, Hague and London: Kluwer Law International, 1997 등을 보라.

년의 걸프 전쟁과 보스니아-헤르체고비나 전쟁의 마지막 국면, 코소보 전쟁, 아프가니스탄 전쟁, 그리고 가장 최근에는 이라크 전쟁에서 이런 복잡하고 정교한 기법이 사용되었다. 대부분의 경우에 이 기법은 분명하게 규정된 제한된 목표를 달성했지만, 지상의 상황을 통제하는 데는 실패했고 많은 민간인 사상자를 낳았다.

나 역시 '군사혁신'이 일어났다는 견해를 갖고 있지만, 그것은 기술 혁신이 아니라 전투의 사회적 관계의 혁신이다. 물론 사회적 관계의 변화는 신기술의 영향을 받고 또 신기술을 활용하기는 하지만 말이다. 화려한 볼거리의 이면에는 실제 전쟁이 자리 잡고 있으며, 쿠르드족과 시아파 수십만 명이 사망한 1991년 이라크 전쟁의 경우도 새로운 전쟁이라는 개념을 가지고 더 잘 설명할 수 있다. 이 개정판에는 이른바 최신 기술로 무장한 '낡은 전쟁'과 현재 벌어지는 '새로운 전쟁' 사이의 충돌을 보여 주기 위해 이라크에서 현재 진행 중인 전쟁에 관한 장을 추가했다.

새로운 전쟁은 세계화라고 알려진 과정의 맥락 속에서 이해해야 한다. 내가 말하는 세계화란——정치·경제·군사·문화의——전 세계적 상호 연결의 강화와 정치권력의 성격 변화를 의미한다. 세계화가 근대나 심지어 그 이전 시기에 뿌리를 둔다는 주장을 받아들인다 할지라도, 나는 1980년대와 1990년대의 세계화가 질적으로 새로운 현상이며 적어도 부분적으로는 정보기술 혁명과 통신 및 데이터 처리의 극적인 향상의 결과로 설명될 수 있다고 본다. 이러한 상호 연결의 강화 과정은 통합과 분열, 균일화와 다양화, 세계화와 지방화를 모두 수반하는 모순적인 과정이다. 새로운 전쟁은 냉전 종식의 결과이며, 세계정세의 과도기에 으레 나타나기 마련인 힘의 공백을 반영한다고 흔히들 주장한다. 냉전 종식의 결과——남아도는 잉여 무기, 사회

---

8) Jean Baudrillard, *The Gulf War*, London: Power Publishers, 1995.

주의 이데올로기의 신뢰 상실, 전체주의 제국의 해체, 종속 정권들에 대한 초강대국의 지지 철회——가 중요한 방식으로 새로운 전쟁에 기여한 것은 의심의 여지가 없는 사실이다. 그러나 마찬가지로 냉전 종식을 동구권이 피할 수 없는 세계화의 잠식에 굴복한 방식으로 볼 수도 있다——영토 내의 자립경제라는 최후의 보루가 무너지는 바로 그 순간 동유럽은 세계에 대해 '문을 열었다'.

많은 새로운 전쟁에서 세계화의 영향을 발견할 수 있다. 새로운 전쟁에 세계가 관여한다는 사실은 옥스팜Oxfam, 세이브더칠드런Save the Children, 국경없는 의사회Médecins Sans Frontières, 휴먼라이트워치Human Rights Watch, 국제적십자위원회 등의 비정부기구에서부터 유엔난민고등판무관(UNHCR), 유럽연합, 유엔아동기금(유니세프), 유럽안보협력기구Organization for Security and Cooperation in Europe(OSCE), 아프리카연합African Union(AU), 그리고 평화유지군을 포함한 유엔기구 자체 같은 국제기구들에 이르기까지 다양한 국제기구들의 '부대'뿐만 아니라 외국 기자들, 용병 부대와 군사고문단, 세계를 돌아다니는 자원봉사자들을 보아도 쉽게 알 수 있다. 실제로 이 전쟁들은 영어를 할 줄 알고 팩스·인터넷·위성텔레비전 등을 이용하며, 달러나 유로, 신용카드를 사용하고 자유롭게 여행을 다니는 전 세계적 집단과, 세계화 과정에서 배제된 사람들, 가진 물건을 팔거나 교환해서, 또는 인도주의 원조에서 받은 생필품으로 살아가고, 길이 막혀 있거나 비자와 비용 문제 때문에 여행을 다니지 못하며, 포위전과 강요된 기근, 지뢰 등의 희생양이 되는 집단 사이에 나타나는 새로운 종류의 세계적/지역적 분할을 극명하게 보여 준다.

세계화에 관한 문헌들의 주된 관심은 전 세계적 상호 연결이 영토에 기초한 주권의 미래에 대해, 즉 근대국가의 미래에 대해 갖는 함의와 관련되어야 한다.[9] 새로운 전쟁은 국가 자율성이 침식되는 상황에서, 몇몇 극단적인 경우에는 국가가 해체되는 상황에서 벌어진다. 특히 이 전쟁들은 합법적으로 조직화된 폭력의 독점이 침식되는 상황에서 발생한다. 이런 독점은 위와 아래로부터 동시에 침식된다. 양차 세계대전 시기에 시작되어 냉전 시기의 블록체제와 전후戰後 시기에 발달한 무장 군대 사이의 무수한 초국가적 연계에 의해 제도화된 군사력의 초국가화는 위에서부터 합법적인 폭력의 독점을 침식했다.[10] 다른 국가에 대해 일방적으로 무력을 사용할 수 있는 국가의 능력은 크게 약해졌다. 부분적으로는 현실적인 이유 때문이다──군사기술의 파괴력이 커지고 특히 군사 분야에서 국가들 사이의 상호 연결이 증대되었기 때문이다. 요즘은 한 국가나 국가 집단이 양차 세계대전 중에 경험한 것보다도 파괴력이 훨씬 더 클 수 있는 대규모 전쟁을 감히 벌이리라고는 상상하기도 힘들다. 게다가 군사동맹과 국제적인 무기 생산 및 거래, 다양한 형태의 군사 협력과 교류, 군축 협정 등으로 인해 일종의 전 세계적 군사 통합이 만들어지고 있다. 일방적인 힘을 행사할 수 있는 국가의 능력이 약화된 것은 또한 국제적인 규범이 진화한 때문이기도 하다. 일방적인 공격이 위법이라는 원칙은 1928년의 켈로그-브리앙조약Kellogg-Briand Pact에서 처음 성문화되었고, 제2차 세계대전 뒤 유엔헌장과 뉘른베르크와 도쿄의 전범재판에서 사용된 논증을 통해 강화되었다.

    이와 동시에 사유화는 조직폭력의 독점을 밑에서부터 잠식한다. 사실 새로운 전쟁이 근대국가가 진화해 온 과정을 어느 정도 역전시킨 과정의 일부인지는 논란의 여지가 있다. 2장에서 논하는 것처럼, 근대국가는 전쟁과

---

9) Malcolm Waters, *Globalization*, London: Routledge, 1995 [맬컴 워터스, 『세계화란 무엇인가』, 이기철 옮김, 현대미학사, 1998]; David Held, *Democracy and the Global Order: From the Modern State to Cosmopolitan Governance*, Cambridge: Polity, 1995 등을 보라.
10) Mary Kaldor, Ulrich Albrecht and Asbjörn Eide, *The International Military Order*, London: Macmillan, 1978을 보라.

깊은 관계 속에서 등장했다. 통치자들은 전쟁을 치르기 위해 조세와 차입을 늘리고, 범죄·부패·비효율의 결과물인 '낭비'를 일소하며, 군대와 경찰을 정규화하고 사병私兵을 제거하고, 돈과 사람을 모으기 위해 대중적 지지를 결집시킬 필요가 있었다. 전쟁이 국가의 배타적인 영역이 됨에 따라 다른 국가에 대한 전쟁의 파괴력이 커질수록 그와 나란히 국내 안보가 향상되는 과정이 진행되었다. 그리하여 '시민'이라는 말이 국내를 의미하게 되었다. 새로운 전쟁은 범죄·부패·비효율이 확산되고 경제가 쇠퇴한 결과 국가 세입이 줄어들고, 조직범죄가 증가하고 준군사 집단이 등장하면서 폭력이 사유화되며, 정치적 정당성이 사라지는 상황에서 발생한다. 그 결과로 외부의 야만과 국내의 시민성/시민인륜civility, 합법적인 무기 소지자인 전투원과 비전투원, 군인이나 경찰과 범죄자 사이의 구별이 무너지고 있다. 국가 간 전쟁의 야만성은 이제 과거의 일이 되고 있는 것 같다. 그 자리를 대신 차지하는 새로운 유형의 조직폭력은 더욱 널리 퍼져 있지만 또한 극단성은 덜하다.

   3장에서는 내가 가장 잘 아는 보스니아-헤르체고비나 전쟁을 사례로 삼아 새로운 전쟁의 주요한 특징을 보여 줄 것이다. 보스니아-헤르체고비나 전쟁은 다른 곳에서 벌어진 전쟁과 비슷한 특징이 많이 있다. 그러나 한 가지 점에서는 예외이다. 이 전쟁은 1990년대에 세계와 유럽의 관심의 초점이 되었다. 이라크에서 최근 전쟁이 벌어지기 전까지 다른 어떤 새로운 전쟁보다도 더 많은 자원 ——정부 자원과 비정부 자원—— 이 그곳에 집중되었다. 한편으로 이것은 이 전쟁이 사례 연구로서 전형적인 특징을 갖지 못함을 의미한다. 그러나 다른 한편으로는 상이한 여러 교훈을 이끌어 내는 모범적인 사례이자 각기 다른 일반적인 견해를 정리하는 데 사용되는 본보기이며, 동시에 새로운 전쟁을 관리하는 상이한 방법들이 실험되는 연구실이 되었음을 의미하기도 한다.

   새로운 전쟁은 전쟁의 목표와 전투 방식, 재정 조달 방식 등의 측면에서 이전의 전쟁과 구별될 수 있다. 이전의 전쟁에서 지정학적 목표나 이데올로기적 목표를 추구했던 것과 달리 새로운 전쟁의 목표는 정체성의 정치와 관련된다. 4장에서 나는 세계화의 맥락 속에서 이전 시대의 이데올로기적/영토적 분할 대신 포용적이고 보편주의적이며 다문화적인 가치에 기초한 이른바 세계시민주의와 특수주의적인 정체성의 정치 사이에 정치적 분할이 점차 나타나고 있다고 주장한다.[11] 이런 분할은 세계화 과정에 속한 사람들과 배제된 사람들 사이에 확대되는 분열의 측면에서 설명할 수도 있지만, 이런 분열과 등치되어서는 안 된다. 세계화 집단 가운데 배타주의적 정체성에 기초한 초국가적 네트워크의 성원들도 있으며, 지방 차원에서 특수주의 정치를 거부하는 용감한 개인들도 많이 있다.

내가 말하는 정체성의 정치란 특수한 정체성——민족, 씨족, 종교, 언어 등등——에 바탕을 두고 권력을 요구하는 것을 의미한다. 어떻게 보면, 모든 전쟁은 정체성의 충돌을 수반한다——영국과 프랑스, 공산주의와 민주주의 식으로 말이다. 그러나 내가 말하고자 하는 요지는 이러한 이전의 정체성들은 모두 국익이라는 개념이나 어떤 미래지향적인 기획——사회가 어떻게 조직되어야 하는가 하는——과 연결되어 있었다는 것이다. 가령 19세기 유럽의 민족주의나 탈식민 시기의 민족주의는 해방을 위한 민족 건설 기획을 자처하고 나섰다. 이에 반해 새로운 정체성의 정치는 정체성을 나타내는 딱지에 기초해서 권력을 요구하는 정치이다——정치 변화나 사회 변화에 관한 사상이 있다 하더라도 회고적인 과거의 이상화된 재현과 관련되는 경우가 많다. 흔히 사람들은 정체성의 정치의 새로운 물결에 대해 과거로 퇴행

---

11) 앤서니 기든스Anthony Giddens는 세계시민주의와 근본주의 사이의 새로운 정치적 분할에 관해 비슷한 주장을 펼친다. Anthony Giddens, *Beyond Left and Right: The Future of Radical Politics*, Stanford, CA: Stanford University Press, 1994[앤서니 기든스, 『좌파와 우파를 넘어서』, 김현욱 옮김, 한울, 2008]를 보라.

하는 것, 즉 식민주의나 냉전의 통제 속에 갇혀 있던 오래된 증오가 부활한 것에 불과하다고 주장한다. 정체성의 정치의 서사가 기억과 전통에 의존하는 것은 사실이지만, 정치적 정당성의 다른 원천이 효력을 잃거나 부식된 상황——사회주의나 탈식민 시기 1세대 지도자들의 민족 건설에 관한 언사가 신뢰를 잃는 것처럼——에서 이런 서사가 '재창조'되는 경우도 있다. 이런 과거지향적인 정치 기획은 미래지향적인 기획의 부재가 만들어 낸 공백 속에서 생겨난다. 모든 것에 열려 있고 따라서 포용하는 경향이 있는 사상의 정치와 달리, 이런 유형의 정체성의 정치는 태생적으로 배타적이며 따라서 분열하는 경향이 있다.

정체성의 정치의 새로운 물결에는 특별히 세계화 과정과 관련된 두 가지 측면이 있다. 첫째, 정체성의 정치의 새로운 물결은 국지적인 동시에 세계적이며 초국가적일 뿐만 아니라 일국적이다. 많은 경우에 여행이 용이해지고 통신이 발달하면서 영향력이 크게 향상된 주요한 이주자 공동체가 존재한다. 선진 산업국이나 산유국의 소외된 이주자 집단은 구상과 자금과 기술을 제공하며 따라서 자신들의 좌절감과 환상을 아주 다른 상황에 강요한다. 둘째, 정체성의 정치는 신기술을 활용한다. 전자 미디어를 활용함으로써 정치적 동원의 속도가 크게 향상된다. 문맹자가 다수인 사람들에게 텔레비전이나 라디오, 비디오가 미치는 영향은 아무리 강조해도 지나치지 않다. 새로운 정치의 주역들은 흔히 자기들 특유의 특수주의적인 문화 정체성을 나타내는 표지와 나란히 세계적 대중문화의 상징——벤츠 자동차, 롤렉스 시계, 레이밴 선글라스——을 드러내곤 한다.

새로운 전쟁의 두번째 특징은 전쟁을 치르는 수단의 변화, 즉 전투 방식의 변화이다.[12] 새로운 전쟁의 전략은 게릴라전과 대對게릴라전 양자 모두의 경험에 의존하지만, 이 둘은 무척 다르다. 통상적인 전쟁이나 정규전에서는 군사적 수단을 통해 영토를 획득하는 것이 목표이며, 전투가 전쟁의 결정적인 대결의 장이 된다. 반면 게릴라전은 통상적인 전쟁의 특징인 군사력의 대규모 집중을 피하는 방편으로 발전했다. 게릴라전에서는 군대의 진출보다는 주민들에 대한 정치적 통제를 통해 영토를 획득하며, 가능한 한 전투를 피한다. 새로운 전쟁 역시 전투를 피하고 주민들에 대한 정치적 통제를 통해 영토를 장악하는 경향이 있지만, 게릴라전이 적어도 마오쩌둥과 체 게바라가 정립한 이론상으로는 '가슴과 머리'를 사로잡는 것을 목표로 삼는 데 반해 새로운 전쟁은 '공포와 증오'의 씨를 뿌리는 것을 겨냥한 대게릴라전의 불안 조성 기법을 차용한다. 새로운 전쟁의 목표는 다른 정체성을 가진 사람들을 모두 제거하고(결국 다른 견해를 모두 제거하고) 공포를 주입시킴으로써 주민들을 통제하는 것이다. 따라서 이 전쟁의 전략적 목표는 공포와 증오에 기초한 극단주의 정치를 동원하는 것이다. 이 과정에서 종종 광범위한 정치·심리·경제적 위협 기법뿐만 아니라 대량학살과 강제이주 같은 다양한 수단을 통한 인구추방이 수반된다. 이 모든 전쟁에서 난민과 실향민의 수가 극적으로 늘어나고, 대부분의 폭력이 민간인을 대상으로 행해진 것은 바로 이 때문이다. 20세기 전환기에 전쟁에서 민간인 사상자와 군인 사상자의 비율은 1:8이었다. 그런데 오늘날에는 이 비율이 거의 정확하게 역전되었다. 1990년대에 벌어진 각종 전쟁에서 민간인 사상자와 군인 사상자의 비율은 약 8:1이다. 고전적인 전투규칙에 의해 금지되고 19세기 말과 20세기 초의 전쟁법규를 통해 금지가 성문화된 행위, 즉 비전투원에 대한 잔학행위, 포위공격, 역사적 기념물 파괴 등의 행위가 새로운 전투 방식에서는 전략의 필수적인 구성요소를 이룬다. 이스라엘과 이라크뿐만 아니라 뉴욕이나 마드리드, 런던 등에서도 경험한 테러는 새로운 전략의 변종으로 이해할 수 있

---

12) 전투 방식 개념에 관해서는 Mary Kaldor, "Warfare and Capitalism", E. P. Thompson et al., *Exterminism and Cold War*, London: Verso, 1981을 보라.

다——공포와 갈등을 조장하기 위해 종종 사람들의 눈길을 확 끄는 소름끼치는 폭력을 행사하는 것이다.

'낡은 전쟁'에 전형적인 종적으로 조직된 위계적 집단과는 달리, 새로운 전쟁을 치르는 부대 가운데는 정규군에서 이탈한 부대를 비롯하여 준군사 부대, 지역 군벌, 범죄조직, 경찰, 용병 집단, 정규군 등등 서로 완전히 다른 광범위한 유형의 집단이 존재한다. 조직적인 면에서 보자면, 이 집단들은 무척 분산되어 있으며, 서로 대립하는 편에 서 있을 때에도 대결과 협력을 번갈아 가면서 움직인다. 이 집단들은 우리가 '첨단 기술'이라고 부르는 것(가령 스텔스 폭격기나 순항 미사일)까지는 아닐지라도 최신 기술을 활용한다. 지난 50년 동안 경무기는 상당한 발전을 이루었다——탐지 불가능한 지뢰나 가볍고 정확하며 작동법이 쉬워서 어린아이도 쓸 수 있는 소형 화기가 대표적인 예이다. 휴대전화나 컴퓨터 연결망 같은 현대 통신수단 또한 전혀 다른 전투집단 사이의 조정과 중재, 협상에 사용된다.

새로운 전쟁이 이전의 전쟁과 대조되는 세번째 특징은 내가 새로운 '세계화된' 전쟁경제라고 이름 붙인 것으로, 전투 방식과 함께 5장에서 자세하게 설명할 것이다. 새로운 '세계화된' 전쟁경제는 양차 세계대전 당시의 전쟁경제와 거의 정확히 반대되는 개념이다. 양차 세계대전 시기의 전쟁경제는 중앙집중화되고 총력적이고 자급자족적이었다. 새로운 전쟁경제는 분산적이다. 전쟁에 대한 참여도는 낮고 실업률은 대단히 높다. 게다가 이 경제는 외부의 자원에 크게 의존한다. 새로운 전쟁에서는 세계적 경쟁이나 물리적 파괴, 정상적인 교역의 중단 등으로 인해 국내 생산이 극적으로 감소하며 조세 수입 역시 줄어든다. 이런 상황에서 전투집단은 약탈과 인질 납치, 암시장, 또는 외부 원조를 통해 자체적으로 자금을 조달한다. 외부의 원조는 국외 이주자들이 보내는 송금, 인도주의 원조에 대한 '과세', 이웃 나라 정부의 지원, 무기나 마약, 또는 원유나 다이아몬드나 인신매매 같은 귀중품의 불법 거래 등 여러 가지 형태를 띨 수 있다. 이런 외부의 자원은 모두 폭력이 계속되어야만 유지될 수 있기 때문에, 전쟁의 논리와 경제 작동의 논리가 서로 결합된다. 전쟁에 의해 확립되는 이러한 일련의 퇴행적인 사회관계는 난민이나 조직범죄, 소수민족 등을 통해 국경을 넘어서 퍼져 나가는 경향이 있다. 발칸반도, 캅카스, 중앙아시아, 아프리카의 뿔[소말리아 반도――옮긴이], 중앙아프리카, 서아프리카 등지에서 이와 같은 전쟁경제나 그에 필적하는 경제를 무수히 확인할 수 있다.

각기 다른 여러 교전 당사자들이 '공포와 증오'의 씨앗을 뿌린다는 목표를 공히 갖고 있기 때문에, 그들은 서로를 강화하는 방식으로, 즉 서로 도와가며 불안정하고 의심스러운 분위기를 만드는 방식으로 움직인다――실제로 동유럽과 아프리카 모두에서 군사·경제적 목적을 위해 상호협력하는 사례들을 찾아볼 수 있다.[13] 다른 정치를 신봉하는 사람들, 즉 포용적인 사회관계와 공공의 윤리를 유지하려고 노력하는 사람들이 민간인으로서 가장 먼저 공격의 목표물이 되는 경우가 다반사이다. 따라서 새로운 전쟁은 비록 서로 다른 언어·종교·부족 집단 사이에서 벌어지는 것처럼 보이지만, 특수주의적인 정체성의 정치를 대표하는 사람들이 협력하여 시민성과 다문화주의의 가치를 억누르는 전쟁으로 나타날 수도 있다. 다시 말해 새로운 전쟁은 배타주의와 세계시민주의 사이의 전쟁으로 이해할 수 있다.

새로운 전쟁에 대한 이런 분석은 분쟁의 관리에 대해 여러 함의를 갖는데, 이에 관해서는 6장에서 탐구한다. 정체성의 정치의 틀 안에서는 장기적인 해법이 전혀 가능하지 않다. 그리고 이런 분쟁은 사회·경제적으로 여러 곁가지가 뻗어 있기 때문에 하향식 접근은 무위로 돌아가기 십상이다. 1990

---

13) 예컨대 David Keen, *Conflict and Collusion in Sierra Leone*, Oxford: James Currey, 2005를 보라.

년대 초반에는 인도주의 개입을 통해 민간인을 보호할 수 있으리라는 대단히 낙관적인 전망이 있었다. 그렇지만 나는 새로운 전쟁에 대한 일종의 근시안적 인식이 인도주의 개입의 실천을 방해했다고 주장하고 싶다. 한편으로 보면, 과거로부터 물려받은 요구의 지속성, 즉 새로운 전쟁을 전통적인 개념으로 해석하려는 경향이야말로 인도주의 개입이 흔히 전쟁을 예방하는 데 실패하고 사실상 여러 가지 방식으로—가령 교전 당사자들에게 주된 수입의 원천이 된 인도주의 원조를 제공하거나 전쟁범죄자들을 협상 테이블에 초청하여 그들을 정당화해 줌으로써, 또는 배타주의자들의 권력 장악에 기초한 정치적 타협책을 모색함으로써—전쟁을 유지시키는 데 일조한 주된 이유였다. 다른 한편, 인도주의 개입은 코소보 전쟁이나 이라크 전쟁 같은 새로워진 '낡은 전쟁'을 정당화하는 데 이용되고 있다.

장기적인 해법의 열쇠는 정당성을 회복하는 것, 즉 지방이든, 한 국가나 세계적인 차원에서든 간에 공적 권력이 조직폭력에 대한 통제를 재건하는 것이다. 이것은 공적 권력에 대한 신뢰와 지지를 다시 세우는 정치적 과정인 동시에 공적 권력이 제대로 기능할 수 있도록 법의 지배를 다시 확립하는 법적 과정이기도 하다. 특수주의적 정치를 기반으로 해서는 이 과정을 이룰 수 없다. 배타주의의 정치에 대항하여 세계적/지방적 분리를 가로질러 포용적이고 민주적인 가치들을 중심으로 정당성을 재건하는 미래지향적인 세계시민주의 정치 기획의 대안을 제시해야 한다. 모든 새로운 전쟁에는 배타주의의 정치에 맞서 싸우는 현지 사람들과 지역이 있다—자신들을 후치족[후투족인 동시에 투치족이거나 후투족도 아니고 투치족도 아니라는, 정체성을 거부하는 뜻이 담겨 있다—옮긴이]이라고 부르면서 대량학살에 맞서 자기 지역을 지키려고 노력한 후투족과 투치족, 보스니아-헤르체고비나의 여러 도시, 특히 사라예보와 투즐라Tuzla에서 다문화주의 가치의 생명력을 유지한 비민족주의자들, 평화 교섭을 일궈 낸 서북부 소말릴란드Somaliland[14]의 원로 등이 대표적인 예이다. 지금 우리에게 필요한 것은 시민성을 지키는 지역의 수호자들과 폭력을 통제하는 것을 목표로 하는 전략을 이끌 초국가기구들 사이의 동맹이다. 이러한 전략에는 정치·군사·경제적 요소가 두루 담길 것이다. 이 전략은 '전쟁법규'와 인권법 모두를 포함하는 국제법의 집합체, 즉 세계시민주의법이라고 이름 붙일 만한 법에 기초를 둔 국제법의 틀 안에서 작동할 것이다. 이런 맥락에서 평화유지는 세계시민주의 법집행으로 새롭게 개념화할 수 있다. 어떻게 보면 새로운 전쟁은 전쟁과 범죄와 인권침해가 뒤섞인 것이기 때문에 세계시민주의법의 집행자 역시 군인과 경찰이 두루 있어야 한다. 나는 또한 구조조정이나 인도주의라는 현재의 지배적인 접근법 대신 사회·시민·제도적 관계의 재건을 포함하는 재건의 새로운 전략이 필요하다고 주장한다.

이라크 전쟁은 전쟁의 성격에 대한 오해가 어떻게 '새로운 전쟁'을 악화시키는지를 보여 주는 생생한 예이다. 부시 행정부는 인력 대신 신기술을 사용해서 사담 후세인을 신속하게 물리치고 전후 독일과 일본을 점령한 방식처럼 새로운 정권을 세울 수 있으리라고 생각했다. 그러나 부시 행정부는 국가와 비국가 행위자, 정체성의 정치, 범죄화된 전쟁경제, 점증하는 민간인 사상자 수 등을 수반하면서 어느 때보다도 더욱 악화되는 나선 운동으로 치닫는 새로운 전쟁의 수렁에 빠져 옴짝달싹할 수도 없었다. 개정판을 위해 따로 쓴 7장의 주제가 바로 이것이다.

책 마지막 장에서는 세계질서를 둘러싼 논의가 갖는 함의를 다룬다. 새

---

14) 역사적으로 영국의 지배를 받았던 소말리아 서북부 지역으로 내전으로 중앙정부가 와해된 와중인 1991년에 독립을 선언했으나 국제사회의 승인을 받지는 못했다. 사실상의 독립국가이다.—옮긴이

로운 전쟁은 비록 아프리카와 동유럽, 아시아에 집중되어 있기는 하지만 전 세계적인 현상이다. 단지 세계적 네트워크가 존재하거나 전 세계적으로 보도되기 때문이 아니다. 내가 묘사한 새로운 전쟁의 특징들은 북미와 서유럽에서도 목격할 수 있다. 미국의 우익 민병대 집단은 동유럽이나 아프리카의 준군사 집단과 크게 다르지 않다. 사실 미국에서는 사설 보안업체 직원 수가 경찰관 숫자보다 두 배 정도 많다고 한다. 또한 정체성의 정치가 두드러지게 대두하고 기존의 공식적 정치에 대한 환멸이 커지는 것은 남반구나 동구만의 현상이 아니다. 어떻게 보면 서유럽과 북미의 도심에서 횡행하는 폭력 역시 새로운 전쟁이라고 말할 수 있다. 2005년 7월 7일 런던에서 자살 폭탄테러를 벌인 이들은 어찌 됐든 영국에서 자란 청년들이었다. 흔히 선진 산업국들은 통합되고 세계의 가난한 지역들은 조각조각 나뉘고 있다고들 말한다. 나는 비록 북반구에서는 통합의 경향이 더 크고 남반구와 동구에서는 분산의 경향이 더 클 수도 있지만, 세계의 모든 지역이 통합과 분산의 결합이라는 특징을 띤다고 주장하고 싶다.

9·11 이래 세계의 일부 지역을 다른 지역으로부터 차단하는 것은 이제 가능하지 않음이 분명해졌다. 조직폭력의 성격 변화에 대한 나의 분석이 현실에 일정한 토대를 둔 것이라면, 정체성에 기초한 양극 또는 다극의 세계질서 ― 이를테면 기독교 대 이슬람의 세계질서 ― 같은 것을 다시 만들어 낼 수 있다는 생각이나 아프리카와 동유럽 같은 곳의 '무정부 상태'를 억제할 수 있다는 생각은 모두 현실성이 없다. 세계시민주의적 기획이 비록 적용할 때는 마땅히 국지적이거나 지역적이어야 하면서도 그 자체는 전 세계적 기획이 되어야 하는 까닭은 바로 여기에 있다.

이 책은 무엇보다도 우선 새로운 전쟁에 관한 직접적인 경험, 특히 발칸 반도와 남캅카스 지역의 체험에 기초한다. '헬싱키시민회의'Helsinki Citizens Assembly(HCA)의 의장단의 일원으로서 나는 이 지역을 두루 돌아다니면서 헬싱키시민회의 지역 지부에 관여하는 비판적인 지식인과 예술가들을 통해 많은 것을 배웠다. 특히 보스니아-헤르체고비나에서는 헬싱키시민회의가 유엔난민고등판무관실의 행정기구 지위를 부여받았으며, 그 덕분에 나는 전쟁 중에 지역 활동가들의 지원을 받으면서 이 나라 곳곳을 돌아다닐 수 있었다. 나는 또 국제사회의 정책을 수행하는 여러 기구에 출입할 수 있는 행운을 누렸다. 헬싱키시민회의 공동의장으로서 다른 이들과 함께 각국 정부와 유럽연합, 나토, 유럽안보협력기구, 유엔 같은 국제기구의 지역 지부에 의견과 제안을 내놓는 것이 임무의 일부였기 때문이다. 최근에는 이라크 시민사회를 지원하는 것을 목표로 한 프로젝트에도 참여하고 있다. 학자로서 나는 자료를 찾아 읽고, 관련 분야에서 일하는 동료들과 의견을 교류하며, 유엔대학(UNU)과 유럽연합 집행위원회의 의뢰를 받아 연구 프로젝트를 진행하면서 이런 지식을 보완하고 상황에 맞게 적용할 수 있었다.[15] 특히 요즘은 매일 인터넷으로 받아 볼 수 있는 각종 회보와 뉴스 다이제스트, 지원 요청서, 감시 보고서 등이 큰 도움이 되었다.

정보를 제공하고 여러 사례를 가지고 나의 주장을 뒷받침하려고 노력하긴 했지만, 단순히 정보를 주는 것이 이 책의 목적은 아니다. 나는 이 책을 통해 다른 관점, 즉 비판적인 사고를 가진 개인들이 현장에서 겪은 경험에서 우러나온 관점, 다양한 국제적 토론의 장에서 누린 경험을 통해 형성한 관점을 제시하고자 한다. 또한 세계의 여러 지역을 서서히 집어삼키고 있는 비극

---

15) 유엔대학 세계개발경제연구소의 의뢰를 받아 수행한 연구 프로젝트 말고도 서식스대학 유럽연구소Sussex European Institute의 동료들과 나는 1995년에 유럽연합 집행위원회를 위해 발칸의 재건에 관한 연구 프로젝트를 진행했다. Vesna Bojičić, Mary Kaldor and Ivan Vejvoda, "Postwar Reconstruction in the Balkans: A Background Report Prepared for the European Commission", *SEI Working Paper* no.14, Brighton: Sussex European Institute, 1995를 보라. 분량을 줄인 수정본이 "Reconstruction in the Balkans: A Challenge for Europe?", *European Foreign Affairs Review* vol.2 no.3, 1997에 발표되었다.

을 멈추는 데 반드시 필요한 폭력과 전쟁 유형의 재개념화에 이바지하고자 한다. 나는 낙관주의자는 아니지만 나의 현실적인 제안이 유토피아주의처럼 보일지도 모른다. 확신보다는 희망을 가지고 이런 제안을 암울한 미래에 대한 유일한 대안으로 제시하는 바이다.

2장_낡은 전쟁

클라우제비츠가 즐겨 지적한 것처럼, 전쟁은 사회적 행위이다.[1] 전쟁은 물리적 폭력을 가하기 위한 목적으로 여성은 거의 전적으로 배제한 채 개개의 남성들을 동원하고 조직하는 것을 필요로 한다. 전쟁은 일정한 유형의 사회관계 조정을 수반하며 특유의 논리를 갖는다. 근대 전쟁을 가장 탁월하게 설명한 인물임이 분명한 클라우제비츠는 전쟁은 기술이나 과학으로 환원될 수 없다고 주장했다. 때로 클라우제비츠는 전쟁을 사업 경쟁에 비유했고, 또 자신의 주장을 설명하기 위해 종종 경제적 비유를 동원했다.

모든 사회에는 나름의 독특한 전쟁 형식이 있다. 우리가 흔히 전쟁이라고 여기는 것, 정책 입안자와 군사 지도자들이 전쟁이라고 정의하는 것은 사실 15세기에서 18세기 사이에 유럽에서 형성된 특수한 현상이다——그 뒤에 몇 차례 다른 단계를 거치긴 했지만 말이다. 우리가 흔히 말하는 전쟁은 근대국가의 진화와 긴밀하게 얽힌 현상이었다. 〈표 2-1〉에서 밝힌 것처럼, 절대주의 국가의 힘의 증대와 결합된 17, 18세기의 상대적으로 제한된 전쟁

---

1) 클라우제비츠에 따르면, "전쟁은 기술과 과학의 영역이 아니라 사회생활의 영역에 속한다. …… 전쟁은 기술에 비유하는 것보다는 인간의 이해와 활동의 충돌이기도 한 사업 경쟁에 비유하는 게 맞다." Karl von Clausewitz, *On War* [1832], Harmondsworth: Penguin, 1968, p.202[카를 폰 클라우제비츠, 『전쟁론』 1, 김만수 옮김, 갈무리, 2006].

⟨표 2-1⟩ 낡은 전쟁의 진화

	17세기와 18세기	19세기	20세기 초반	20세기 후반
정치체제 유형	절대주의 국가	민족국가	국가 연합, 다민족국가, 제국	블록
전쟁의 목표	국가적 이유, 왕조 간 갈등, 국경 확립	민족 간 충돌	민족과 이데올로기의 충돌	이데올로기의 충돌
군대유형	용병/직업군인	직업군인/징병	대중군	과학-군사 엘리트/ 직업군대
군사기술	화기 사용, 방어적 기동전, 포위공격	철도와 전신, 신속한 동원	대규모 화력, 탱크와 항공기	핵무기
전쟁경제	조세와 차입의 정규화	행정과 관료제의 확대	동원경제	군산복합체

에서부터 나폴레옹 전쟁이나 미국 남북전쟁같이 민족국가의 수립과 연결된 19세기의 혁명전쟁을 거쳐, 연합 간 전쟁이었던 20세기 초 두 차례의 총력전과 블록 간 전쟁이었던 20세기 후반 상상의 내전imagined Civil War에 이르기까지, 전쟁은 몇몇 단계를 거쳤다. 이 각각의 단계는 각기 다른 유형의 군사력, 상이한 전략과 기술, 상이한 관계와 전투 수단을 포함한 상이한 전투방식으로 특징지어진다. 그러나 비록 이런 차이가 있긴 하지만, 전쟁은 중앙집중화되고 '합리화되고' 위계적으로 조직되고 영토화된 근대국가의 건설이라는 점에서 명백하게 동일한 현상이었다. 중앙집중화되고 영토화된 근대국가가 새로운 세계화 과정에서 나타난 새로운 유형의 정치체제에 자리를 양보하는 것처럼, 현재 우리가 생각하는 전쟁 역시 시대에 뒤떨어진 존재가 되고 있다.

이 장에서는 낡은 전쟁을 양식에 따라 설명하고자 한다. 실제 전쟁은 결코 이런 식의 양식화된 설명에 정확하게 들어맞지 않는다. 이런 전쟁 유형은 대부분 유럽에 해당한다. 유럽과 또 다른 지역에서는 언제나 반란이나 식민전쟁, 게릴라전이 있었으며, 이런 것들은 때로 '비정규전'이라고 설명되거나 아니면 아예 전쟁이라고 불리지도 않았다. 대신 봉기, 폭동, 또는 최근에는 저강도 전쟁이라고 불렸다. 그렇지만 바로 이러한 전쟁에 대한 양식화된 통념이야말로 여전히 전쟁에 관한 우리의 사고에 심대한 영향을 미치고 심지어 오늘날에도 정책 결정자들의 안보 인식을 지배하고 있다.

전쟁과 근대국가의 등장

클라우제비츠는 전쟁을 "상대에게 우리의 의지를 강제하기 위한 폭력 행위"라고 정의했다.[2] 이 정의에는 '우리'와 '상대'가 국가이며, 한 국가의 '의지'를 명쾌하게 정의할 수 있음이 함축되어 있었다. 그러므로 클라우제비츠식 정의에 따르면 전쟁은 정의 가능한 정치적 목적, 즉 국가의 이익을 위해 국가들 사이에서 치러지는 전쟁이다.

전쟁을 국가의 행위로 보는 통념은 18세기 말에 이르러서야 확고하게 굳어졌다. 이런 유형의 전쟁의 유일한 선례는 고대 로마이지만 이 경우에는 일방적인 전쟁이었다. 국가, 즉 로마가 국가와 사회의 분리에 관한 관념조차 없었던 야만인들을 상대로 싸웠던 것이다. 마르틴 반 크레펠트Martin van Creveld는 그리스 도시국가들 사이의 전쟁의 경우에 당시에는 국가와 시민 사이에 뚜렷한 구분이 존재하지 않았기 때문에 국가 간 전쟁으로 볼 수 없다고 주장한다. 전쟁은 시민 민병대들 간의 싸움이었고, 전쟁에 관한 당대의 설명은 흔히 '아테네'와 '스파르타' 사이의 전쟁이 아니라 '아테네인'과 '스파르타인' 사이의 전쟁이라고 표현했다.[3] 로마제국이 몰락한 뒤부터 중세 후기에 이르기까지 각각 특유한 군사 조직을 가진 다양한 행위자들──교

---

2) Karl von Clausewitz, *On War*, p.101.
3) Martin van Creveld, *The Transformation of War*, New York: Free Press; Oxford: Maxwell Macmillan International, 1991.

회, 봉건 귀족, 야만족, 도시국가——이 전쟁을 치렀다. 따라서 야만적인 전투 방식은 대개 전사 숭배에 기반을 두었고, 전사 개개인이 핵심적인 군사 단위였다. 봉건 귀족들은 기사들에게 의존했는데, 기사들의 명예와 기사도 규범을 뒷받침한 것은 농노였다. 이탈리아 북부의 도시국가들은 대개 그리스 도시국가들과 흡사하게 시민 민병대에 의존했다.

유럽 국가 형성의 초기 단계에서 군주들은 마치 오늘날 유엔 사무총장이 평화유지군을 모집하기 위해 개별 국가들의 자발적인 분담에 의존해야 하는 것처럼 봉건 영주들의 연합을 통해 전쟁에서 싸울 군대를 모집했다. 점차 군주들은 공조貢租와 다양한 형태의 과세, 새롭게 등장하는 부르주아지에게서 끌어모은 차입 등 늘어나는 경제적 자산을 활용하여 용병 군대를 모집했고, 이를 통해 귀족들로부터 일정한 독립성을 확보하여 영토 경계선을 공고히 하고 권력을 집중시킬 수 있었다. 그렇지만 용병 군대는 믿을 수 없는 존재였다. 믿고 의지할 만한 충성심이 없었던 것이다. 게다가 이들은 전쟁이 끝나거나 겨울이 되면 해산되었다. 해산과 재모집 비용이 턱없이 비싼 경우가 많았고, 용병들은 휴업 기간에는 언제나 비록 만족스럽지는 않지만 다른 생계수단을 찾을 수 있었다. 그리하여 용병 군대가 상비군으로 대체되기에 이르렀고, 군주들은 상비군을 통해 전문화되고 직업적인 군사력을 만들어 낼 수 있었다. 스웨덴의 구스타브 아돌프 왕과 오렌지 공 윌리엄이 선구적으로 도입한 교련과 훈련 덕분에 야전이 없는 시기에도 군대의 유지가 가능했다. 존 키건John Keegan에 따르면, 상비 보병부대, 즉 칙령군 compagnies d'ordonnance의 창설은 "국가가 무장 군대에 대한 통제를 확보하는 장치"가 되었다. 칙령군은 요새도시에 주둔했는데, 이 도시들은 '민족의 교련장'이 되었다.[4] 병사들을 민간인과 구별하기 위해 제복이 도입되었다. 마이클 로버츠Michael Roberts의 말마따나 "왕의 외투를 걸치게 된 병사는 왕의 사람이 되었다"[5]——비유가 아니라 말 그대로 그랬다. 왕들이 점차 군사령관으로서 자신의 역할을 드러내 보이기 위해 군복을 입었기 때문이다.

새로운 유형의 군사 조직은 근대성과 결합되어 새롭게 등장하는 행정기구의 표본이 될 터였다. 병사는 막스 베버가 말하는 합리적-법적 권위의 대행자였다.

> 현대의 군 장교는 정해진 계급 구분에 의해 뚜렷하게 특징지어지는 임명된 관료의 한 유형이다.…… 이런 점에서 이런 장교들은 선출된 군 지도자들이나 카리스마적인 용병대장, 또는 일종의 자본주의적 기업으로 용병 군대를 모집하고 이끄는 유형의 장교들이나 돈을 주고 장교 자리를 산 이들과는 근본적으로 다르다. 이 유형들 사이에는 점진적인 이행이 있는 듯 싶다. 자신의 임무를 수행할 수단으로부터 분리된 세습 '가신'과 자본주의적 목표를 추구하는 용병 군대의 소유주가 사적 자본주의 기업가와 더불어 근대적 유형의 관료제의 선구자가 된다.[6]

국가가 통제하는 상비군의 창설은 근대국가의 본질을 이루는 합법적 폭력의 독점에서 없어서는 안 될 부분이었다. 국가의 이익이 전쟁의 합법적인 정당화 근거가 되면서 신학에서 나온 '전쟁의 권리'jus ad bellum, 즉 정당한 전쟁의 개념을 밀어냈다. 전쟁이 국익을 추구하기 위한 합리적인 수단이라는 클라우제비츠의 주장—"다른 수단을 통한 정치의 연장"—은 다른 활동 영역에서 이루어진 발전에 맞먹는 정당성의 세속화를 이루었다. 국익

---

4) John Keegan, *A History of Warfare*, London: Hutchinson, 1993, p.12 [존 키건, 『세계전쟁사』, 유병진 옮김, 까치, 1996].
5) Michael Roberts, "The Military Revolution 1560-1660", ed. David B. Ralston, *Soldiers and States: Civil-Military Relations in Modern Europe*, Boston: Heath & Co., 1966, p.18.
6) Max Weber, *The Theory of Social and Economic Organization*, trans. and ed. A. M. Henderson and Talcott Parsons, New York: Free Press, 1947, p.326.

이 전쟁을 정당화하는 주된 근거가 되자 이제 비국가 행위자들은 정당한 이유에 대한 요구를 폭력적 수단을 통해 추구할 수 없었다.

같은 맥락에서 합법적인 전투행위에 관한 규칙이 발전되었고, 훗날 전쟁법규로 성문화되었다. 모든 유형의 전투행위가 규칙에 의해 특징지어졌다. 전투행위가 사회적으로 승인된 행위이며, 조직되고 정당화되어야 한다는 사실 자체가 규칙을 필요로 한다. 사회가 용인하는 살상과 사회가 배척하는 살상 사이에는 희미한 구분선이 존재한다. 그러나 이 구분선은 시대에 따라 다르게 정의된다. 중세 시대에는 전투규칙jus in bello이 교황의 권위에서 나왔다. 근대국가에서는 일련의 새로운 세속적 규칙이 고안되어야 했다. 반 크레펠트에 따르면,

> 단순한 범죄와 전쟁을 구별하기 위해서 전쟁은 주권국가들이 벌이는, 오로지 주권국가들만이 할 수 있는 어떤 것으로 정의되었다. 병사들은 국가를 대신해서 무장 폭력에 종사할 수 있는 면허를 받은 요원으로 정의되었다.……병사들은 이런 면허를 획득하고 유지하기 위해, 그리고 노략질을 하는 일이 없도록 꼼꼼하게 등록되고 표식을 부여받고 통제되었다. 병사들은 제복을 입었을 때만 싸울 수 있었고, 그들의 행동에 대해 책임질 수 있는 지휘관에게 복종하고 무기를 '공공연하게' 휴대하는 존재였다. 또 병사들은 휴전협정을 위반한다든가 포로로 잡힌 뒤에 다시 무기를 든다든가 하는 등의 '비겁한' 방법을 써서는 안 되었다. '군사적 필요성'이 허용하는 한 민간인은 그냥 내버려 두어야 했다.[7]

상비군의 자금을 조달하기 위해 행정과 과세, 차입이 정규화되어야 했

---

7) Martin Van Creveld, *The Transformation of War*, p.41.

다. 18세기 내내 대부분의 유럽 국가에서 국가 예산의 4분의 3 정도가 군사 지출에 사용되었다. 세금 징수 능력을 향상시키기 위해 행정 개혁을 이루어야 했다. '세금 누수'를 막기 위해서는 부패를 완전히 없애지는 못하더라도 어느 정도 제한해야 했다.[8] 지출의 효율성을 계획하고 향상시키기 위해 전쟁성과 전쟁장관을 신설해야 했다. 차입을 늘리기 위해서는 은행 제도와 통화 발행을 정례화하고, 국왕의 재정을 국가 재정과 분리하며, 궁극적으로는 중앙은행을 설립할 필요가 있었다.[9]

한편, 징세와 차입, 그리고 정당성의 안정적인 기초를 다지기 위해 국가 영토 내에서 법과 질서와 정의를 확립할 수 있는 다른 수단들도 찾아야 했다. 국왕이 자금을 받는 대가로 보호를 제공하는 일종의 암묵적인 계약이 체결되었다. 산적, 사략선私掠船, 노상강도 등의 근절이나 불법화는 사적 형태의 '보호'를 뿌리째 없애 버렸고, 그 결과 국왕의 세입 증대 능력이 향상되고 합법적인 경제활동의 토대가 마련되었다. 그리하여 전쟁이 하나의 대외 활동으로서 국가들 간의 전쟁으로 재정의됨과 동시에 앤서니 기든스가 '대내적 평정'internal pacification이라고 이름 붙인 과정이 진행되었다. 대내적 평정이란 직접적 강압 대신──임금과 지대 같은──화폐 관계의 도입, 태형이나 교수형 같은 폭력적 형태의 처벌의 단계적 폐지, 세금 징수와 국내법 집행을 위한 민간 기관의 설립 등을 의미한다. 국내의 법과 질서를 책임지는 민간 경찰과 군대가 구별되기 시작한 것이 특히 중요했다.[10]

---

8) 여기서 이야기한 몇 가지 점은 로버트 닐드 덕분에 알게 된 것이다. Robert Neild, *Public Corruption: The Dark Side of Social Evolution*, London: Anthem Press, 2002를 보라.
9) Charles Tilly, *Coercion, Capital and European States AD 990-1990*, Oxford: Blackwell, 1990[찰스 틸리, 『국민국가의 형성과 계보: 강압, 자본과 유럽국가의 발전』, 이향순 옮김, 학문과사상사, 1994]; Michael Mann, *States, War and Capitalism: Studies in Political Sociology*, Oxford: Blackwell, 1988 등을 보라.
10) Anthony Giddens, *The Nation-State and Violence*, Cambridge: Polity, 1985[앤서니 기든스, 『민족국가와 폭력』, 진덕규 옮김, 삼지원, 1991].

폭력의 독점화 과정은 결코 매끄럽고 중단 없는 과정이 아니었으며, 각기 다른 유럽 국가들에서 동시에 이루어지거나 같은 방식으로 이루어지지도 않았다. 베스트팔렌 조약 이후 호엔촐레른 가家가 소유한 영토의 여러 조각이 모여 수립된 국가인 프로이센이 흔히 하나의 모델로 여겨진다. 완전히 인위적인 창조물인 이 국가는 대선제후 프리드리히 빌헬름과 그 후계자들이 도입한 군대 개혁과 합리적 행정의 정력적인 결합 덕분에 18세기에 인구가 다섯 배나 많은 프랑스의 군사력에 필적할 수 있었다. 이와 대조적으로 프랑스의 국왕들은 계속되는 귀족의 반란에 맞닥뜨렸고, 행정과 징세를 정례화하는 데 큰 어려움을 겪었다. 테다 스카치폴Theda Skocpol은 프랑스 혁명을 설명할 때 중심적으로 고려해야 할 점은 구체제Ancien Régime가 군사적 야심을 실현하는 데 필요한 행정적·재정적 역량을 발전시키지 못한 사실이라고 주장한다.[11]

또 이 과정은 이와 같은 정형화된 설명에서 시사하는 것처럼 합리적이거나 기능적이지도 않았다. 마이클 로버츠는 상비군의 창설은 군사적인 논리에 따른 결과물이라고 주장했다. 그러나 전쟁의 긴급성과 국내적인 통합의 요구를 구별하기란 쉽지 않은 일이다. 리슐리외 추기경이 상비군 설립을 선호한 것은 상비군이 귀족들을 통제 아래 둘 수 있는 방편이라고 보았기 때문이다. 루소는 전쟁이 다른 국가들을 겨냥하는 것 못지않게 신민들을 상대로 하는 것이라고 일관되게 주장했다.

다른 한편, 누구든지 외부의 전쟁과 정복 및 내부의 전제정의 잠식이 서로서로 상호 지원을 한다는 사실을 이해할 수 있다. 또한 다른 민족에게 노예

---

11) Theda Skocpol, *States and Social Revolutions: A Comparative Analysis of France, Russia, and China*, Cambridge: Cambridge University Press, 1979 [테다 스카치폴, 『국가와 사회혁명』, 한창수·김현택 옮김, 까치, 1989].

의 굴레를 씌우기 위해 노예 민족에게서 내키는 대로 돈과 사람을 앗아가는 일이 다반사이며, 역으로 전쟁이 돈을 강제로 징수하는 구실을 제공하고 또 사람들을 두려움에 빠뜨리기 위해 대규모 군대를 항상 유지시키는 그럴듯한 구실이 된다는 사실은 누구나 알 수 있다. 요컨대, 호전적인 군주들은 적어도 적을 상대로 하는 것만큼이나 자기 신민들을 상대로도 전쟁을 벌이며, 정복하는 민족이 정복당하는 민족보다 더 나을 것도 없다는 사실은 누구나 알 수 있다.[12]

한편으로 합리적인 국익이 전쟁의 목표라고 주장되었지만, 사람들에게 충성심을 불어넣고 목숨을 걸도록 설득하기 위해서는 감정적인 대의명분이 항상 필요했다. 근대 직업군대의 최초의 사례라 할 수 있는 크롬웰의 신형군 New Model Army에 사기를 불어넣은 것은 어쨌든 종교적인 열정이었다. 또 프로이센의 성공은 흔히 루터 교회에 힘입은 것으로 설명되곤 한다.

18세기 말에 이르러 우리가 전쟁으로 간주하는 사회적으로 조직된 특수한 활동을 정의하는 것이 가능해졌다. 이것은 진화하는 국가의 특징인 일련의 전반적인 새로운 구분의 맥락 안에 자리매김할 수 있을 것이다. 이런 구분은 다음과 같다.

- 공과 사의 구분, 국가 활동 영역과 비국가 활동 영역의 구분.
- 내부와 외부의 구분, 명확하게 정의된 국가 영토 안에서 일어난 일과 밖에서 일어난 일의 구분.

---

12) Jean-Jacques Rousseau, "Abstract and Judgment of Saint-Pierre's Project for Perpetual Peace"[1756], eds. Stanley Hoffman and David P. Fidler, *Rousseau on International Relations*, Oxford: Oxford University Press, 1991, pp.90~91 [장 자크 루소, 「생-피에르 사 영구평화안 발췌문」, 「생-피에르 사 영구평화안 비판문」, 김용구 엮음, 『장 자크 루소와 국제정치』, 원, 2004].

- 자본주의의 발흥과 관련된 경제와 정치의 구분, 사적인 경제활동과 공적인 국가활동의 분리, 경제활동에서 물리적 강제의 제거.
- 민간과 군대의 구분, 국내의 비폭력적·법적 교류와 국외의 폭력적 투쟁의 구분, 시민사회와 야만성의 구분.
- 합법적인 무기 소지자와 비전투원이나 범죄자의 구분.

무엇보다도 전쟁과 평화 자체 사이에 구분이 생겨났다. 어느 정도 지속적인 폭력 행위였던 전쟁이 이제는 분리된 하나의 사건, 즉 시민사회로 점진적으로 진화하는 과정에서 벌어진 하나의 일탈이 되었다. 여기서 시민사회의 진화란 적극적인 시민들과 조직화된 비정부기구라는 오늘날의 의미가 아니라 일상적인 안보와 국내 평화, 법과 정의에 대한 존중 같은 의미에서 말하는 것이다. 이제 '영구평화'를 상상하는 것이 가능해졌다. 위대한 자유주의 사상가들은 대부분 국가의 공고화와 전쟁 사이의 연계를 이해했지만, 또한 국가들 사이의 교류가 늘어나고 지식을 갖게 된 대중에 대한 국가의 책임이 커짐에 따라 유럽이 더욱 통합되고 세계가 평화로워지며 국가 간 경계를 넘어 시민사회가 확장될 수 있으리라고 기대했다. 1795년에 지구 공동체가 점점 축소되어 "어느 곳에서 권리가 침해되든 간에 모든 곳에서 그 사실을 느낄 수 있는" 지경에 이르렀다고 지적한 사람은 다름 아닌 칸트였다.[13]

클라우제비츠와 19세기의 전쟁

클라우제비츠는 나폴레옹 전쟁이 끝나고 1년 뒤인 1816년에 『전쟁론』을 쓰기 시작했다. 클라우제비츠는 패전국 편에서 참전했다가 포로로 잡힌 적이 있었으며, 따라서 이 책은 그의 경험에 심대한 영향을 받았다. 나폴레옹 전쟁은 최초의 인민전쟁people's war이었다. 나폴레옹은 1793년에 징집령levée en masse, 즉 징병제를 도입하여 1794년에는 116만 9,000명의 군사를 거느리게 되었다──유럽 역사상 가장 거대한 규모의 군대였다.

『전쟁론』, 특히 클라우제비츠 본인이 완성본이라고 여긴 유일한 장인 1장의 중심 명제는 전쟁은 극단으로 향하는 경향이 있다는 것이다. 전쟁은 국가나 정치 지도자의 층위, 군대나 장성의 층위, 국민의 층위라는 세 층위로 구성된다. 대체로 이 세 층위는 각각 이성, 기회와 전략, 감정을 통해 움직인다. 클라우제비츠는 전쟁에 관한 이러한 삼면적인 설명에서 '절대전쟁' absolute war이라는 개념을 이끌어 낸다. '절대전쟁'은 헤겔의 추상이나 이상 理想 개념으로 해석하는 것이 가장 타당하다. 이것은 각기 다른 세 층위의 논리로부터 도출될 수 있는 전쟁의 내적인 경향이다. '절대전쟁'은 자체의 실존을 가지며 이 실존은 경험적인 현실과 긴장 관계를 이룬다.

이 논리는 세 가지 '상호작용'의 측면으로 표현된다. 정치적인 층위에서 보면, 국가는 자신의 목표를 달성하는 과정에서 언제나 저항에 직면하며 따라서 더 강하게 압박해야 한다. 군사적인 층위에서는 정치적 목적을 달성하기 위해 상대방을 무장해제시키는 것이 목표가 되어야 하는데, 그렇지 않으면 항상 반격을 당할 위험이 있기 때문이다. 그리고 마지막으로, 의지의 강도는 대중의 감정과 정서에 좌우된다. 전쟁은 제어할 수 없는 열정과 적대감을 분출시킨다. 클라우제비츠가 보기에, 전쟁은 비록 감정과 정서를 동원해서 활용하기는 하지만 합리적인 활동이다. 이런 점에서 전쟁은 또한 세계에 대한 전前이성적인 개념에서 파생된 금지에 구속되지 않으며 세속적인 고려에 기반을 두는 근대적인 활동이기도 하다.

현실의 전쟁은 정치와 군사라는 두 가지 중요한 점에서 추상의 전쟁과

---

13) Immanuel Kant, "Perpetual Peace"[1795], ed. Hans Reiss, *Kant's Political Writings*, Cambridge: Cambridge University Press, 1992[임마누엘 칸트, 『영구 평화론』, 이한구 옮김, 서광사, 2008].

다르다. 첫째, 정치적 목표가 제한될 수 있고, 대중의 지지가 불충분할 수도 있다.

전쟁에 앞서는 흥분이 더 폭력적일수록, 그만큼 더 전쟁은 추상적 형태로 가까이 접근하고, 그만큼 더 전쟁은 적의 파괴로 향하며, 그만큼 더 군사적 목표와 정치적 목표가 일치한다. 또 그만큼 더 전쟁은 순수하게 군사적으로 보이고 정치와 관계없는 것처럼 보인다. 그러나 동기와 긴장이 약할수록, 그만큼 더 군사적 요소—군사력—의 자연적 방향과 정치적 요소가 가리키는 방향이 일치하지 않게 된다. 그러므로 그만큼 더 전쟁은 자연적인 방향에서 멀어지게 된다.[14]

둘째, 전쟁은 언제나 클라우제비츠가 '마찰'—병참의 문제, 빈약한 정보, 불확실한 날씨, 규율의 부재, 험한 지형, 부적합한 조직 등등—이라고 말한 특징을 띤다. 이 모든 것은 전쟁의 속도를 늦추고 지면상의 계획과 실제 전쟁을 다르게 만든다. 전쟁은 불확실성과 경직성, 예상치 못한 상황이 모두 나름의 역할을 하는 '저항적인 매체'라고 클라우제비츠는 말한다. 현실의 전쟁은 정치적·실제적인 구속과 절대전쟁을 향한 내적 경향 사이의 긴장의 소산이다.

군대의 규모가 커짐에 따라 한 사람이 조직과 명령을 실행하는 일이 점점 어려워지게 되었다. 그리하여 전쟁을 조직하는 데 필요한 공유된 담론의 기반을 제공할 수 있는 전략 이론의 필요성이 점점 커졌다. 리처드 심킨 Richard Simkin이 지적한 것처럼, 훗날 표준운용절차라고 알려지게 되는 일반적인 군사 교의를 지도할 수 있는 '전문 용어'가 필요했다.[15]

클라우제비츠는 19세기와 20세기 동안 발전하게 되는 전략적 사고의 몸체를 이루는 기본적인 구성요소들을 제공했다. 두 가지 주요한 전쟁 이론——소모전과 기동전——이 공격과 방어, 집중과 분산에 관한 논의와 나란히 『전쟁론』에서 처음 전개되었다. 소모전 이론이란 적을 지치게 만듦으로써, 즉 적에게 더 높은 사상률과 '소모율'을 가함으로써 승리를 달성함을 의미한다. 소모전은 보통 방어 전략 및 고도의 군사력 집중과 결합된다. 기동전 이론은 기습과 선제공격에 의존한다. 이 경우에 불확실성을 조성하고 속도를 얻기 위해 기동성과 분산이 중요하다. 클라우제비츠가 지적한 것처럼, 이 두 이론은 상호보완적일 수밖에 없다. 소모전을 통해서 결정적인 승리를 달성하기란 무척 어렵다. 그러나 동시에 기동전에 입각한 전략이 성공을 거두려면 결국 힘의 우위가 필요하다.

『전쟁론』의 가장 두드러진 결론은 압도적인 힘과 힘을 행사할 준비 태세가 중요하다는 것이다. 언뜻 보기에는 간단한 논지이지만 클라우제비츠가 책을 쓰던 19세기 초의 상황에서는 분명하게 인식되지 않았다. 18세기에는 대개 직업군대를 보호하기 위해 전쟁이 신중하게 진행되었다. 전투를 피하려는 경향이 있었고, 공격적인 돌격보다는 방어적인 포위공격이 많았으며, 겨울에는 군사행동이 중단되고 전략적인 퇴각도 빈번했다. 클라우제비츠가 보기에 전투야말로 "전쟁에서 유일한 활동"이었다. 전투는 시장에서 현금을 지불하는 것과 마찬가지로 결정적인 순간이었다. 군사력의 동원과 적용은 전쟁의 결과를 결정하는 데서 가장 중요한 요소였다.

물리적 힘을 최대한 사용한다고 해서 결코 지능의 협력을 배제한다는 것은 아니기 때문에, 유혈사태에 아랑곳하지 않고 아낌없이 힘을 사용하는 사람이 힘을 행사하는 데 열의를 보이지 않는 적에 비해 우위에 설 것은 분

---

14) Karl von Clausewitz, *On War*, pp.119~120.
15) Richard Simkin, *Race to the Swift: Thoughts on Twenty-First Century Warfare*, London: Brassey's, 1985 [리처드 심킨, 『기동전』, 연제욱 옮김, 책세상, 1999]를 보라.

명하다. 결국 앞의 사람이 뒤의 사람에게 법을 명령하며, 양쪽 모두 서로의 힘이 상쇄하는 정도로만 제한되는 극한까지 나아간다.[16]

모든 시민이 동원되는 나폴레옹 시대의 모델은 제1차 세계대전까지 다시 나타나지 않았다. 그러나 19세기의 몇몇 발전은 클라우제비츠식의 근대 전쟁을 현실에 가깝게 만들었다. 하나는 군사 분야에 적용되기 시작한 산업 기술의 극적인 발달이었다. 훨씬 더 큰 군대를 신속하게 동원할 수 있게 만든 철도와 전신의 발달이 특히 중요했다. 이런 기술은 1871년에 독일 통일과 더불어 끝난 프랑스-프로이센 전쟁에서 커다란 효과를 발휘했다. 총포, 특히 소형 화기의 대량생산이 미국에서 선구적으로 이루어졌기 때문에 미국 남북전쟁은 흔히 최초의 산업화된 전쟁이라고 묘사된다. 군사 기술의 발달은 국가 활동이 산업 영역으로 확장되게 된 한 이유였다. 19세기 말의 해군 군비 경쟁은 독일과 영국 두 나라에서 훗날 군산복합체라 불리게 된 존재의 등장을 낳았다.

두번째 발전은 동맹의 중요성이 커진 것이었다. 압도적인 힘이 전쟁에서 중요한 것이라면, 이런 힘은 동맹을 통해 증대시킬 수 있었다. 19세기 말에 이르러 동맹이 굳어지기 시작했다──이런 사실이야말로 주요 강대국들이 모두 1차대전으로 빠져들게 된 중요한 이유였다.

세번째 중요한 발전은 전시 해상교역을 규제한 19세기 중반의 파리선언(1856년)과 더불어 시작된 전쟁법규의 성문화였다. 미국 남북전쟁 당시 독일의 저명한 법학자에게 의뢰해 작성한 이른바 리버훈령Lieber Code은 지상전의 규칙과 기본 원칙의 토대를 놓았고, 반란자들을 하나의 외국 적국으로 다루었다. 1864년 제네바협약(국제적십자를 창설한 앙리 뒤낭Henry

---

16) Karl von Clausewitz, *On War*, p.102.

Dunant이 고무한 것이다), 1868년 상트페테르부르크선언, 1899년과 1907년의 헤이그회의, 1908년 런던회의 등은 모두 전쟁 수행에 관한 국제법 체제—포로·환자와 부상자·비전투원에 대한 처우, '군사적 필요성' 개념과 이 개념에 맞지 않는 무기와 전술의 정의—의 형성에 이바지했다. 이 규칙들이 항상 지켜진 것은 아니지만, 무엇이 합법적인 전쟁이고 가차 없이 무력을 사용할 수 있는 경계선은 어디까지인지에 관한 윤곽을 그리는 데 중요한 기여를 했다. 어떻게 보면, 이 규칙들은 전쟁의 논리와 극단으로 치닫는 전쟁의 경향이 기술적 능력의 발전과 결합하여 유례없이 높은 수준의 파괴력으로 이어지는 상황에서 국가정책의 합리적인 도구라는 전쟁 개념을 유지하려는 하나의 시도였다.[17]

요약하자면, 19세기에 발전한 근대 전쟁은 규모와 동원이 유례없이 강조되고 이러한 대규모 군사력 결집을 관리하기 위한 '합리적' 조직과 '과학적' 교의의 필요성이 커진 가운데 국가들 사이에 이루어진 전쟁이다.

20세기의 총력전

클라우제비츠의 저작에는 이성에 대한 집착과 의지·감정에 대한 강조 사이에 항상 긴장이 존재한다. 『전쟁론』의 중심인물은 천재적인 사람들과 군사

---

17) 불필요한 피해를 야기하는 무기를 제한한 1868년의 상트페테르부르크선언은 다음과 같다. "문명의 진보가 전쟁의 재난을 최대한 약화시키는 효과를 발휘해야 한다는 사실을 고려할 때, 각국이 전쟁 중에 이루기 위해 노력할 수 있는 유일한 합법적인 목표는 사회의 군사력을 약화시키는 것이고, 이러한 목적을 위해서는 최대한 많은 수의 사람을 불구로 만드는 것으로 충분하며, 불구가 된 사람들의 고통을 쓸데없이 악화시키거나 그들을 불가피하게 죽게 만드는 무기의 사용은 이러한 목적을 넘어서는 것이다. 그러므로 이런 무기의 사용은 인도주의의 법에 어긋난다." Michael Howard, "Constraints on Warfare", eds. Michael Howard, George J. Andreopoulos and Mark R. Shulman, *The Laws of War: Constraints on Warfare in the Western World*, New Haven, CT and London: Yale University Press, 1994에서 재인용.

영웅들이며, 애국·명예심·용기 같은 감정이 이 책의 구조를 이룬다. 그렇지만 전쟁의 도구적인 성격이나 규모의 중요성, 전쟁을 분석적으로 개념화할 필요성 등에 관한 결론 역시 마찬가지로 중요하다. 사실 이성과 감정, 예술과 과학, 소모전과 기동전, 방어와 공격, 도구주의와 극단주의 사이의 긴장이야말로 클라우제비츠 사상을 구성하는 핵심적인 요소이다. 이런 긴장은 20세기에 한계점에 이르렀다고 말할 수 있다.

무엇보다도 20세기 전반기의 전쟁은 전투를 치르기 위해서뿐만 아니라 무기와 필수품의 생산을 통해 전투를 지원하기 위해서도 국가 에너지가 거대하게 동원된 총력전이었다. 클라우제비츠는 대량생산과 대중정치, 대중매체가 멋들어지게 결합되어 대량살상에 이용되리라고는 아마 꿈도 꾸지 못했을 것이다. 그렇지만 20세기의 전쟁은 클라우제비츠의 '절대전쟁' 개념으로 이해해도 될 만큼 거기에 가까워졌고, 이론적으로는 아무 '마찰' 없이 전면적인 파괴를 가할 수 있는 핵무기의 발명으로 정점에 달했다. 그러나 동시에 20세기의 총력전에서 새로운 전쟁의 일부 특징이 슬쩍 모습을 드러냈다. 총력전에서는 공적 영역이 사회 전체를 통합하려고 노력함에 따라 공과 사의 구분이 사라진다. 그에 따라 군대와 민간, 전투원과 비전투원 사이의 구분 역시 무너지기 시작한다. 1차대전 당시 경제와 관련된 목표물은 합법적인 군사 목표물로 간주되었다. 2차대전에서는 유대인 절멸의 결과로 '대량학살'genocide이라는 말이 법률 용어에 포함되었다.[18] 연합국 쪽에서는, (설사 나치가 실행한 절멸의 규모에는 미치지 못한다 할지라도) 대량학살에 맞먹는 규모의 파괴를 낳은 무차별적인 민간인 폭격이 적의 사기를 꺾는다는

---

[18] 애덤 로버츠Adam Roberts가 지적하는 것처럼, 전후에 '반인도적 범죄'라고 불리게 된 이 범죄는 기술적으로 보자면 19세기의 전쟁법규를 위반한 것으로 간주되지 않았다. 점령 지역에서 벌어진 일이기 때문이었다. Adam Roberts, "Land Warfare: from Hague to Nuremberg", eds. Michael Howard, George J. Andreopoulos and Mark R. Shulman, *The Laws of War*를 보라.

이유로 정당화되었다 ─ 전쟁법규의 용어를 사용하자면 '군사적 필요'에 따른 조치였다.

둘째, 점점 더 많은 사람들이 전쟁에 휘말림에 따라, 국익이라는 면에서 본 전쟁의 정당화는 설사 설득력 있는 타당성이 조금이라도 있다 할지라도 점점 공허해지게 되었다. 반 크레펠트가 지적하는 것처럼, 전쟁은 인간이 이기적이지 않다는 증거이다. 어떤 개인주의적 공리주의의 계산을 동원해도 죽음을 무릅쓰는 것을 정당화할 수는 없다. 용병 군대가 그토록 만족스럽지 못했던 주된 이유는 경제적 동기는 그 본성상 전쟁의 동기로 적합하지 않기 때문이다. 근대 경제학을 탄생시킨 동일한 실증주의 사고의 학파에서 파생된 개념인 '국익'의 경우도 마찬가지이다. 사람들은 모험심, 명예, 두려움, 동지애, '따뜻한 가정'의 보호 같은 여러 가지 개인적인 이유에서 전쟁에 뛰어들지만, 사회적으로 조직된 합법적 폭력에는 개별 군인이 믿을 수 있고 다른 군인들과 공유하는 공통된 목적이 필요하다. 군인들을 범죄자가 아니라 영웅으로 대우하려면, 군인들의 에너지를 끌어모으기 위해, 그들에게 사람을 죽이고 자기 목숨을 걸도록 설득하기 위한 영웅적 정당화가 필요하다.

1차대전에서는 애국심이 희생을 요구할 만큼 충분히 강력해 보였으며, 수백만 명의 젊은이가 국왕과 조국의 이름 아래 자발적으로 전쟁에 나섰다. 1차대전의 끔찍한 경험은 환멸과 절망을 낳았고, 이제 사람들은 어니스트 겔너Ernest Gellner가 세속적 종교라 이름 붙인 더 강력한 추상적인 대의명분에 이끌리게 되었다.[19] 연합국에서 보기에 2차대전은 말 그대로 악에 대항하는 전쟁이었다. 1차대전 당시의 사람들은 알지 못했던 방식으로, 전쟁이 수반할 결과를 알면서 사회 전체가 동원되었다. 이 전쟁은 나치즘에 대항

---

19) Ernest Gellner, *Conditions of Liberty: Civil Society and its Rivals*, London: Hamish Hamilton, 1994를 보라.

하는 싸움이자 자신들의 생활방식을 지키기 위한 싸움이었다. 사람들은 파시즘에 맞서서 민주주의나 사회주의의 이름 아래 싸웠다. 냉전의 경우에도 끝없이 계속되는 군비 경쟁을 정당화하기 위해 동일한 이데올로기들에 의존했다. 대량살상의 위협을 정당화하기 위해서 냉전은 전시 경험의 연장선상에서 악에 맞선 선의 싸움으로 설명되었다. 이러한 정당화가 설득력이 없거나 불충분하다는 점이 아마 전후의 군사개입, 특히 미국의 베트남 개입과 소련의 아프가니스탄 개입이 실패한 주된 이유일 것이다. 대게릴라전의 성공을 가로막은 장애물이 폭넓게 분석된 바 있지만, 중요한 점은 병사들이 자신을 영웅이라고 느끼지 못했다는 사실이다. 머나먼 이국땅인 이 나라들에서는 상황의 옳고 그름이 자명하지 않았다. 전쟁에 뛰어들었던 이들은 자신이 기껏해야 도무지 이해할 수 없는 국제정치라는 장기놀이의 졸 신세라고 생각하거나 최악의 경우에는 살인자에 불과하다고 느꼈다. 정치 지도자들이 여론을 크게 의식하는 미국에서는 이런 경험 때문에 미국인 사상자가 발생하는 사태를 대단히 꺼리게 되었다──반면 여론을 별로 신경 쓰지 않는 러시아는 체첸에서 같은 실수를 되풀이하게 된다. 그 결과, 에드워드 러트웍 Edward Luttwak이 '탈영웅 시대의 전쟁'Post-Heroic Warfare라고 이름 붙인 전략, 즉 미국 쪽에서는 인명 손실 위험을 감수하지 않은 채 군사력을 행사하는 공군력 중심의 전략이 발전했다.[20] 이라크에서는 하도 병력 보호를 강조하는 바람에 상황을 안정시키는 능력조차 방해를 받았고, 그렇다고 사상자 발생을 막지도 못했다.

게이브리얼 콜코Gabriel Kolko는 20세기 전쟁에 관한 기념비적 저서[21]에서 전쟁은 항상 "사회적으로 승인받은 시각장애"를 앓는 "한 줌의 사람

---

20) Edward Nicolae Luttwak, "Toward Post-Heroic Warfare", *Foreign Affairs* vol.74 no.3, 1995.

들"에 의해 시작된다고 주장한다. 정치 지도자들은 반대자들을 배제하는 엘리트 집단의 합의의 틀 안에서 움직이며, 그 결과 전쟁이 수반하는 결과에 관한 그릇된 정보와 오도된 환상이 확산된다는 것이다. 콜코의 주장은 민주주의 체제일수록 전쟁에 휩쓸릴 가능성이 적다는 명제를 강력하게 뒷받침한다. 지도자들에게 더 많은 책임이 지워질수록 성공 불가능한 모험에 나설 공산이 작다는 데는 의심의 여지가 없다. 그렇지만 1차대전의 경우에는 보통사람들도 정치 지도자들처럼 눈이 멀었던 것 같다. 2차대전의 경우에 적어도 영국에서는 유화적인 정치 지도자들보다 여론이 더 호전적이었다. 그러나 전쟁에 착수하는 것은 단지 시작일 뿐이다. 전쟁을 지속하는 데서 중요한 것은 전쟁에 참여하는 사람들이 어느 정도나 전쟁의 목표를 정당하다고 인식하는가 하는 점이다. 전쟁은 역설적인 행동이다. 한편으로 전쟁은 사회적으로 조직된 질서·규율·위계·복종 등을 수반하는 극단적인 강압 행위이다. 다른 한편으로 전쟁은 각 개인의 충성과 헌신, 신념을 필요로 한다. 전후 시기에 분명해진 사실은 적어도 서구 국가들에서는 사람들이 죽음을 각오하고 전쟁을 벌일 만큼 정당한 목표가 되는 대의명분은 거의 없다는 것이다.

사실 1차대전의 외상을 겪은 뒤부터 이미 전쟁이 불법이라는 생각이 널리 받아들여지기 시작했다. 1928년의 켈로그-브리앙조약은 자위수단인 경우를 제외하고는 전쟁을 '정책의 도구'로 삼기를 포기했다. 독일과 일본 지도자들을 "침략 전쟁을 계획한" 죄로 기소한 뉘른베르크와 도쿄 재판은 이런 금지를 더욱 강화했고, 유엔헌장은 이를 성문화했다. 오늘날에는 자위권을 행사하거나 국제사회, 특히 유엔안전보장이사회의 승인을 받은 경우에만 무력사용이 정당화된다는 생각이 널리 받아들여지는 것 같다. 심지어는

---

21) Gabriel Kolko, *Century of War: Politics, Conflicts, and Society since 1914*, New York: New Press, 1994.

조지 W. 부시의 미국 행정부도 '선제 자위'라는 새로운 교의를 통해 이라크 전쟁을 정당화하고 적어도 '의지의 동맹'의 모양새라도 갖출 필요가 있다고 느꼈다.

셋째, 근대 전쟁의 기술 발달은 효용이 급격하게 감소하는 지경에까지 이르렀다. 19세기 말의 거대한 전함은 1차대전에서 별 위력이 없음이 드러났다. 중요한 것은 대량생산되는 화력이었다. 1차대전은 19세기의 전략적 사고를 교육받은 장군들이 무력을 아낌없이 사용하도록 지휘하는 가운데 횡렬로 늘어선 젊은이들이 기관총 세례 속에 줄줄이 쓰러져 간 방어적인 소모전이었다. 전쟁이 막바지로 향해 갈 무렵 탱크와 항공기가 도입되어 공세적인 돌파가 가능해졌고, 이는 훗날 2차대전의 특징이 된 기동전의 토대를 마련했다. 전후 시기에는 적어도 부분적으로는 전자공학의 혁명 덕분에 모든 총포의 치사율과 정확성이 향상됨으로써 모든 무기 체계의 취약성이 더욱 커졌다. 2차대전의 무기 기반 체계는 이례적으로 복잡하고 비싸졌고, 그 결과 효용이 줄어들었다. 성능 개선 속도는 계속 줄어드는 반면 비용은 높아지고 병참 요건은 까다로워진 때문이었다.[22] 동원과 경직성의 문제, 그리고 소모전의 위험은 전후 시기에 더욱 크게 보였고, 결국 1982년의 포클랜드/말비나스 전쟁이나 1991년의 걸프 전쟁처럼 명백하게 열등한 적을 상대로 하는 경우를 제외하고는 대규모 군사작전을 벌이는 일은 거의 불가능해졌다.

근대 전쟁의 기술이 따라간 궤도의 논리적인 귀착점은 물론 대량살상무기, 특히 핵무기이다. 핵전쟁은 순식간에 군사력이 극단적으로 사용되는 전쟁이 될 것이다. 그런데 어떤 합리적인 목표가 핵무기의 사용을 정당화할 수 있을까? 전후 시기에 많은 전략사상가들이 이 문제를 놓고 고심했다. 핵무기

---

22) 이 문제에 관해서는 Mary Kaldor, *The Baroque Arsenal*, London: Andre Deutsch, 1982에서 탐구한 바 있다.

는 국익이라는 근대 전쟁의 전제 자체를 무효로 만들어 버리는 게 아닐까?[23]

마지막으로, 전후 시기에 동맹이 확고해짐에 따라 대내적인 것과 대외적인 것 사이의 구별 또한 희미하게 되었다. 이미 2차대전을 통해 개별 민족 국가들이 일방적으로 전쟁을 치를 수 없음이 분명해졌다. 북대서양조약기구(나토)와 바르샤바조약기구 같은 전후의 동맹 건설은 이런 교훈이 적용된 결과물이었다. 통합된 지휘 체계는 초강대국들만이 전면전을 벌일 독자적인 능력이 있는 군사적 분업 구조를 확립시켰다. 근본적으로 전후 시기에 유럽 나라들은 주권의 본질적인 속성 중 하나——합법적으로 조직화된 폭력의 독점——를 포기했고, 적어도 서유럽에서는 사실상 초국가적인 시민사회가 일군의 나라들로 확대되었다. 민주주의 국가들은 서로 전쟁을 벌이지 않는다는 사회과학적 발견을 둘러싼 광범위한 논의가 존재한다.[24] 흥미롭게도 문헌에서는 거의 논의되지 않는 이 발견에 대한 하나의 설명은 군사력이 초국가적인 토대 위에 통합된 결과로 전쟁이 실질적으로 제한된다는 것이다. 클라우스 오페Claus Offe는 1989년의 동유럽 혁명에 관해 비슷한 주장을 펼친다. 이 혁명들이 그토록 평화롭게 진행된 것은 바르샤바조약기구의 군사력 통합 때문이며, 루마니아가 예외를 보인 것도 이 때문이라고 오페는 주장한다.[25]

유럽의 동맹 바깥에서는 느슨한 동맹과 무기 거래, 군사원조 제공과

---

23) 한 예로 Lawrence Freedman, *The Evolution of Nuclear Strategy*, London: Macmillan, 1981 [로렌스 프리드먼, 『핵전략의 발전』, 김종휘 옮김, 국방대학원 안보문제연구소, 1985]을 보라.
24) 이 문제는 미국 저널인 『국제안보*International Security*의 지면을 통해 폭넓게 논의된 바 있다. 핵심적인 연구로는 Michael Doyle, "Liberalism and World Politics", *American Political Science Review* vol.80 no.4, 1986; Bruce Russett, *Grasping the Democratic Peace: Principles for a Post-Cold War World*, Princeton, NJ: Princeton University Press, 1993 등이 있다.
25) Claus Offe, "Western Nationalism, Eastern Nationalism, and the Problems of Post-Communist Transition", International Conference of Europe and the Balkans International Network, Bologna, 5~7 December, 1996.

훈련 등을 통해 군사적 연결망이 확립되면서 일련의 후견 관계patron-client relationship가 생겨났다——이 관계 또한 일방적으로 전쟁을 벌일 수 있는 능력을 억제했다. 1945년 이래 국가 간 전쟁은 극히 드물었고, 설사 인도와 파키스탄, 그리스와 터키, 이스라엘과 아랍 국가의 경우처럼 전쟁이 벌어지더라도 대개 초강대국의 개입으로 억제되었다. 예외 없는 규칙은 없듯이, 이란-이라크 전쟁은 예외적인 경우였다. 8년 동안 이어진 이 전쟁은 석유 수익 덕분에 일방적으로 계속될 수 있었다. 양쪽 모두 근대 재래식 전쟁이 효용성이 떨어졌다는 교훈을 배웠다. 다시 반 크레펠트의 말을 인용하자면,

> 100만 이상의 사상자가 나오고 나서야 두 교전국은 다시 원점으로 돌아왔다는 사실을 깨달았다. 이란 사람들은 가스가 포함된 대규모 화력에 맞닥뜨리면서 자국의 광신적인 젊은 군대가 돌파할 수 있는 길은 천국으로 가는 길뿐임을 깨달았다. 이라크 사람들은 재래식 무기의 우위만으로는 인구가 거의 세 배나 많은 큰 나라에 결정적인 타격을 가할 수 없음을 알게 되었다.[26]

공과 사, 군대와 민간, 국내와 국외 간의 구분이 점점 희미해지면서 전쟁과 평화의 구분 자체도 의문에 부쳐졌다. 2차대전은 전체주의 사회의 전형적인 특징인 전쟁과 국가와 사회의 융합을 나타내는 총력전이었다. 냉전은 조지 오웰의 『1984』에 나오는 "전쟁은 평화이다"라는 구호로 잘 요약되는, 전쟁억지이론에 기초한 일종의 영구적인 전쟁이라는 정신장애를 지속시켰다. 군사동맹에 통합된 대규모 상비군을 유지하고, 신기술 무기 경쟁을 계속하고, 평시에 전혀 경험해 본 적이 없는 높은 수준의 군비를 지출함으로

---

26) Martin Van Creveld, *The Transformation of War*, p.16.

써 평화가 보장되었다고 사람들은 생각했다. 이 장에서 설명한 정형화된 전쟁이 유럽 땅에서는 전혀 일어나지 않았기 때문이다. 이와 동시에 유럽을 비롯한 세계 곳곳에서 수많은 전쟁이 벌어져 2차대전 당시보다도 더 많은 사람이 목숨을 잃었다. 그러나 이 전쟁들은 우리의 전쟁 개념에 들어맞지 않았기 때문에 고려의 대상에서 제외되었다.

전시 레지스탕스 운동과 마오쩌둥과 그 후계자들의 게릴라전으로 시작된 20세기 후반의 비정규적이고 비공식적인 전쟁은 새로운 형태의 전쟁의 전조를 보여 준다. 근대 전쟁의 틈새에서 나타난 행위자와 기법, 그리고 그에 대항하는 기법은 사회가 폭력을 조직하는 새로운 방식의 토대를 마련해 주었다. 냉전 시기에는 동구와 서구의 갈등이 워낙 압도적이어서 이 새로운 방식의 성격이 제대로 눈에 띄지 않았다. 그저 중심적인 갈등의 곁가지로 여겨졌을 뿐이다. 그러나 냉전이 종식되기도 전에, 또 다른 '근대 전쟁'의 위협이 실제로 줄어들기 시작했을 때, 우리는 러트웍이 말하는 이른바 새로운 호전성을 인식하기 시작했다.

3장 _ 보스니아-헤르체고비나: 새로운 전쟁의 사례 연구

보스니아-헤르체고비나 전쟁은 1992년 4월 6일에 발발하여 미국 국무부 차관보 리처드 홀브룩Richard Holbrooke이 중재한 휴전협정이 발효된 1995년 10월 12일까지 지속되었다. 전쟁의 결과로 26만 명 정도가 사망하고 인구의 3분의 2 가량이 고향에서 쫓겨났다. 강제 구금, 고문, 강간, 거세 등의 인권침해가 대규모로 이루어졌다. 헤아릴 수 없는 가치를 지닌 많은 역사 유적이 파괴되었다.

보스니아-헤르체고비나 전쟁은 전형적인 사례, 즉 1990년대에 나타난 새로운 전쟁의 전범이 되었다. 부트로스 부트로스-갈리Boutros Boutros-Ghali 전 유엔 사무총장이 1992년 12월 31일에 사라예보를 방문했을 때 그곳 시민들에게 무신경하게 말한 것처럼, 이 세계에는 다른 수많은 전쟁이 존재한다. 인간의 비극을 수치로 측정할 수 있다면, 부트로스-갈리가 그러했듯 다른 곳에서 더 끔찍한 일이 벌어지고 있다고 주장할 수도 있다.[1] 그러나 보스니아-헤르체고비나 전쟁은 20세기의 마지막 10년 동안 다른 어떤 전

---

1) 부트로스-갈리는 이렇게 말했다. "여러분이 좌절한 것을 이해하지만 사실 여러분이 처한 상황은 이를테면 세계의 다른 10개 지역보다 더 낫습니다.……원하시면 목록을 제시할 수도 있습니다." David Rieff, *Slaughterhouse: Bosnia and the Failure of the West*, New York: Vintage, 1995, p.24에서 재인용.

쟁보다도 세계인의 의식에 깊은 각인을 남겼다.

　이 전쟁을 계기로 언론의 광범위한 관심뿐만 아니라 주요 정부를 총망라한 고위급 정치 회담과 국제기구·비정부기구들의 인도주의적 노력 등 엄청난 국제적인 노력이 모아졌다. 각기 경력을 쌓거나 무너뜨리면서 탈냉전 시대의 세계 속 지위가 적어도 부분적으로는 결판이 났다――유럽연합은 정책을 입안하는 데 처참할 정도로 무능했고, 유엔은 허둥대느라 바빴으며, 미국이 컴백하고 러시아는 자신의 역할을 다시 정의했으며, 무슬림들이 세계의 희생자라는 널리 퍼진 신념조차 여기서 출발했다. 나토와 '평화를 위한 동반자 관계'Partnership for Peace[2] 국가들이 초기에 주도한 대규모 군대 배치와 이후 유럽연합의 군대 파견은 공히 나토의 역할과 유럽 안보의 제도적 틀에 대해서뿐만 아니라 평화유지를 사고하는 방식에 대해서도 원대한 함의를 나타냈다.

　이런 이유 때문에 보스니아-헤르체고비나 전쟁은 기존에 확립된 정치적 가정과 전략적 사고, 국제적 조정에 이의를 제기하는 동시에 이것들을 재구성하는 결정적인 사건들 중 하나로 볼 수 있다. 1991년 걸프 전쟁이 탈냉전 시대에 벌어진 첫번째 국제적 위기로서 중요했다면, 보스니아 위기는 더 오래 지속되었으며 1990년대 전쟁의 양상을 대표적으로 보여 주었다. 전쟁이 발발했을 때, 이른바 국제사회의 주요 행위자들은 전쟁의 성격이나 유고슬라비아에 관해 기존에 갖고 있던 인식을 조정할 만한 시간적 여유가 없었다. 국제사회는 기껏해야 혼란스럽거나 때로는 어리석은 반응을 보였고, 최악의 경우에는 비난받을 일을 저지르기도 했다. 그러나 전쟁이 진행되는 동안 일부 사람들, 특히 현장에서 활동한 이들은 태도를 바꿨다. 보스니아 현지

---

[2] 동유럽 사회주의 국가 붕괴 직후인 1994년에 나토와 소련 및 그 위성국가들 사이에 신뢰 관계 형성을 위해 시작된 프로젝트의 이름이다. 이 프로젝트의 가맹국 가운데 10개국은 현재 나토에 가입했다.――옮긴이

나 국제기구의 소수 분별 있는 사람들은 주변적인 방식으로나마 새로운 사고방식을 제안하고 부추길 수 있었다. 특히 보스니아-헤르체고비나의 경험은 안보 문제에 관한 미국과 유럽의 심대한 차이를 어느 정도 설명해 준다.

이 장에서는 전쟁에 대한 기존의 사고방식의 결함을 추적하는 한편, 새로운 세기에 전쟁이 벌어지는 이유와 방식에 관한 정치·군사적 가정들과 관련하여 새로운 유형의 분석의 필요성과 국제적 개입에 대해 그런 분석이 갖는 함의를 제시할 것이다.

전쟁은 왜 일어났나 – 정치적 목표

보스니아-헤르체고비나는 옛 유고슬라비아에서 가장 많은 인종이 뒤섞인 공화국이었다. 1991년 인구조사에 따르면, 무슬림(43.7%), 세르비아계(31.4%), 크로아티아계(17.3%)가 인구 대부분을 차지하는 가운데 유고슬라비아인[3], 유대인, 집시, 그리고 '기린족'giraffes이나 '전등갓족'lampshades 같이 다양한 명칭으로 불리는 민족 등이 균형을 이룬다. 사실 전체 인구의 4분의 1 정도는 다른 민족과 결혼했고, 도시 지역에서는 세속적인 다원주의 문화가 번성했다. 민족 집단 사이의 주된 차이는 종교였다——세르비아계는 정교회였고 크로아티아계는 가톨릭이었다. 1990년 11월에 치른 첫번째 민주 선거에서 각 민족 집단을 대표한다고 주장하는 정당들이 70% 이상을 득표하여 국회를 장악했다. 이슬람 민족주의 정당인 민주행동당Stranka Demokratske Akcije(SDA), 세르비아민주당Srpska Demokratska Stranka(SDS), 크로아티아민주당Hrvatska Demokratska Zajednica(HDZ) 등이 그 주인공이었다.

---

[3] 요시프 브로즈 티토(Josip Broz Tito, 1892~1980) 정권 시절 시행한 민족 간 결혼 정책에 따라 형성된 혼혈인을 가리킨다.——옮긴이

선거운동 당시 이 당들은 세 공동체가 평화롭게 공존하는 것이 목표라고 공언했지만, 세 집단은 갈등의 당사자가 되었다.

각각 세르비아와 크로아티아의 지원을 받는 보스니아 세르비아계와 크로아티아계의 정치적 목표는 '인종청소'였다. 유엔 전문가위원회Commission of Experts는 이 현상을 "무력이나 위협을 통해 다른 민족이나 종교 집단에 속한 사람들을 한 지역에서 몰아냄으로써 그 지역을 단일 민족 지역으로 만드는 것"이라고 정의한 바 있다.[4] 세르비아계와 크로아티아계는 단일 민족 지역을 만들어서 결국 세르비아와 크로아티아의 일부로 통합되기를 원했다. 민족이 혼재된 보스니아-헤르체고비나를 세르비아와 크로아티아의 일부로 분할하기를 원했던 것이다. 그들은 이런 목표를 정당화하기 위해 예전 공산주의 시절 제3세계 민족해방 전쟁을 설명한 언어에서 끌어온 자결권이라는 용어를 사용했다. 무슬림이 장악한 보스니아 정부의 목표는 보스니아-헤르체고비나 영토의 보전이었다. 보스니아-헤르체고비나에서 다수를 이루고 있던 무슬림들은 영토가 분할되는 경우에 잃을 것이 많았기 때문이다. 때로 보스니아 정부는 이슬람 잔여 국가rump Muslim state[5]나 민족별 자치ethnic cantonization를 고려할 준비도 했다.

인종청소는 20세기 동유럽 민족주의의 특징이었다. 이 용어가 처음 사용된 것은 1920년대 초에 터키에서 그리스인과 아르메니아인을 추방한 것을 가리키기 위해서였다. 인종청소는 경제적·법적 차별에서부터 소름끼치는 폭력 행동에 이르기까지 다양한 형태를 띤다. 1990년 선거 이후 크로아

---

4) The Commission of Experts on the Former Yugoslavia, *Final Report of the Commission of Experts Pursuant to Security Council Resolution 780 (1992)*, S/1994/674, 27 May, 1994, vol.I, Annex IV, par.84.
5) '잔여 국가'는 한때 큰 나라였으나 재난, 침략, 군사 점령, 계승, 부분적인 정부 전복 등으로 인해 권력이나 권한이 제한된 채 남은 정부를 가리킨다.— 옮긴이

티아에서 세르비아계가 일자리를 잃고 세르비아계가 다수인 지역에서 세르비아인 경찰관이 다른 민족으로 대체된 것은 비교적 온건한 형태의 인종청소라고 할 수 있다. 보스니아-헤르체고비나 전쟁에서 전형적으로 나타난 폭력적인 인종청소는 크로아티아에서 세르비아계가 유고슬라비아인민군(JNA) 및 잡다한 준군사 집단들과 함께 시작한 것이었다. 보스니아-헤르체고비나의 세르비아계와 그 동맹자들은 이런 폭력적인 인종청소를 조직적으로 실행했고, 보스니아-헤르체고비나와 크로아티아의 크로아티아인들은 이를 그대로 모방했다.

이런 극악한 형태의 인종 민족주의를 어떻게 설명해야 할까? 전쟁에 대한 지배적인 시각은 '발칸반도의 소국 분할'Balkanization이나 '종족주의'라는 용어로 표현된다. 문명의 합류점에 자리한데다가 역사적으로 오스만 제국과 오스트리아-헝가리 제국의 유동적인 국경 사이에 끼여 있던 발칸 국가들은 항상 민족 간 분열과 경쟁, 그리고 옛날부터 수면 아래서 면면히 이어진 증오를 특징적으로 보여 준다고들 말한다. 이런 분열은 공산주의 시기 동안 잠시 억눌렸으나 첫번째 민주 선거에서 다시 폭발적으로 터져 나왔다. 양차 대전 사이에 이보 안드리치Ivo Andrić가 쓴 단편인 「1920년에 쓴 편지」 *A Letter from 1920*는 이런 시각을 보여 주는 증거로 널리 인용된다. 이 단편에서 젊은이는 보스니아를 영원히 떠나기로 결심한다. 보스니아는 '공포와 증오의 나라'이기 때문이다.[6]

가령 데이비드 오언David Owen의 책에서 뚜렷하게 보이는 전쟁에 대한

---

6) 이 이야기는 『저주받은 안뜰 외』*The Damned Yard and Other Stories*(London and Boston: Forest Books, 1992)라는 제목의 이보 안드리치 단편집에 수록되어 있다[이보 안드리치, 「1920년에 쓰어진 편지」, 조준래 옮김, 『제파 강의 다리 외』, 책세상, 2004]. 이야기 마지막에 젊은이는 스페인 내전에 자원 참전하고, 결국 공습으로 목숨을 잃는다. "증오를 피해 도망친 한 젊은이의 생은 이렇게 끝났다." 어디에나 증오가 있다는 말일까? 아니면 스페인에서 싸우겠다고 자원하면서 젊은이는 증오를 극복하려는 일말의 희망을 가졌던 것일까?

이런 시각은 유럽의 정책 결정권자들과 고위급 협상에 영향을 미쳤다.[7] 분쟁 당사자들 가운데 일부는 이런 시각을 의도적으로 조장했다. 그리하여 보스니아 세르비아계 지도자 카라지치Radovan Karadžić는 세르비아계와 크로아티아계와 무슬림이 '견원지간' 같다고 말했고, 크로아티아 대통령 투즈만 Franjo Tudjman은 세르비아계와 크로아티아계는 함께 살 수 없다고 거듭 역설했다. 크로아티아인은 유럽인인 반면 세르비아인은 터키인이나 알바니아인처럼 동양인이기 때문이라는 것이었다.[8] (흥미롭게도 투즈만은 적어도 가끔은 무슬림과는 함께 살 수 있다고 생각하는 것 같다. 그가 보기에 무슬림은 실은 크로아티아인이며 크로아티아와 보스니아-헤르체고비나는 전통적으로 하나로 묶였기 때문이다. 다른 한편, 세르비아인은 무슬림을 터키인처럼, 즉 크로아티아인의 생각에 따르면 그들 자신처럼 여긴다.)

이런 사고는 민족주의에 관한 원초론적 견해, 즉 민족주의는 유기적으로 발전된 원민족ethnie[9]에서 유래한 인간 사회에 깊이 뿌리를 둔 고유한 것이라는 견해와 일치한다.[10] 그렇지만 이런 견해는 왜 각기 다른 공동체나 민

---

7) 아마 이런 시각이 유럽 정치인들의 세계관에 들어맞았기 때문일 것이다. 데이비드 오언의 책은 오언 자신이 사람들을 민족적인 측면에서 분류하고 있음을 보여 주는 언급들로 가득하다. 그리하여 예컨대 오언은 당시 유고슬라비아 대통령 초시치Dobrica Ćosić를 "이제까지 세르비아인을 중요한 민족으로 만들어 왔고 장래에도 그렇게 만들 몇몇 특징"을 보여 주는 인물로 묘사한다. 오언의 말에 따르면, 협상의 과제는 보스니아-헤르체고비나의 통일성을 유지하면서도 세르비아계가 "자기 민족의 정체성을 보존하고 지킬 수 있게" 하는 구조를 만들어 내는 것이다. David Owen, *Balkan Odyssey*, London: Victor Gollancz, 1995, pp.48, 67을 보라.
8) "크로아티아인은 다른 문화에 속한다──세르비아인과는 다른 문명인 것이다. 크로아티아인은 서유럽의 일원이자 지중해 전통의 일원이다. 우리 작가들은 셰익스피어와 몰리에르 등장하기 훨씬 전에 유럽 각국 언어로 번역, 소개되었다. 반면 세르비아인은 동양에 속한다. 그들은 터키인이나 알바니아인처럼 동양 사람이다. 그들은 비잔티움 문화에 속한다. …… 언어가 비슷하긴 하지만 우리는 절대 함께 살 수 없다." Leonard J. Cohen, *Broken Bonds: Yugoslavia's Disintegration and Balkan Politics in Transition*, Oxford and Boulder, CO: Westview Press, 1995, p.211에서 재인용.
9) 앤서니 D. 스미스Anthony D. Smith는 근대적인 민족주의에서 생겨난 민족nation의 원형에 해당하는 집단을 가리키기 위해 그리스어 'ethnos'에서 유래한 프랑스어 단어인 'ethnie'를 사용한다. 문화·언어·교양을 공유하는 인간 집단을 가리킨다. ──옮긴이
10) 예를 들어 Anthony D. Smith, *Theories of Nationalism*, London: Duckworth, 1971을 보라.

족이 오랜 기간 동안 공존했는지, 또는 민족주의의 물결이 왜 특정한 시기에 일어났는지를 설명하지 못한다. 또한 다문화주의와 대립되는 것으로서 보스니아 사회와 유고슬라비아 사회를 다양한 종교 공동체와 언어, 그리고 또 세속주의의 중요한 요소들을 아우르는 통일된 풍부한 문화로 구성하려 했던 대안적인 구상의 존재를 설명하지도 못한다.[11] 물론 보스니아-헤르체고비나는 특히 20세기 동안 냉혹한 역사를 거쳤지만, 유럽 다른 지역도 사정은 마찬가지이다. 침략적 민족주의가 어쨌든 발칸반도의 독특한 특징이라는 견해 때문에 우리는 다른 유럽 지역이 보스니아 현상을 겪지 않을 것이라고 가정한다. 옛 유고슬라비아는 예전에 공산주의 체제 가운데 가장 자유로운 나라로 여겨지고 유럽연합의 새 회원국 후보 중 1순위로 손꼽혔지만, 이제는 다른 이른바 좀더 '문명화된' 사회들에 둘러싸인 유럽 한가운데에 있는 위험 지역이 되었다──남쪽으로는 그리스, 동쪽으로는 불가리아와 루마니아, 북쪽과 서쪽으로는 오스트리아와 헝가리, 이탈리아에 둘러싸인 채 말이다. 그런데 오늘날 높아지는 민족주의의 물결이 당대에 그 원인이 있다면 어떨까? 민족주의에 관한 원초론적 견해는 기껏해야 일종의 근시안, 즉 무능에 대한 변명이 되는 게 아닐까?

민족주의가 정치적인 목적을 위해 재건된 것이라는 다른 견해도 존재한다. 이런 견해는 '도구주의적' 민족주의 개념에 좀더 긴밀하게 부합한다.

---

11) 사라예보의 독립적 지식인들의 결사체인 '99서클'Circle 99의 성원인 세아드 페타하기치Sead Fetahagić는 이렇게 말했다. "우리 대부분은 이런 다문화주의에 반대한다. 다문화주의는 서구가 그것을 수용한 방식을 받아들이기 때문이다──한 문화 옆에 다른 문화가 있고, 그 옆에 또 세번째 문화가 있는 식 말이다. 그러나 보스니아-헤르체고비나에 사는 우리에게는 언제나 하나의 문화가 있었다. 나는 세르비아, 크로아티아, 이슬람, 유대, 체코, 유럽, 미국 문화 속에서 자라났다. 우리는 몇 개 문화가 나란히 발전하는 게 아니라 하나의 문화가 존재한다고 생각한다"("The Force of Irreality", *bCa Quarterly* no.15/16, 1996). 이와 마찬가지로 1939년에 수행된 어느 사회학 연구는 이렇게 말한다. "이 모든 역사적, 민족-정치적 분화와 나란히 진정한 민족적·기질적 일체감이 여전히 살아 있다." Leonard J. Cohen, *Broken Bonds*, pp.19~20에서 재인용.

이 개념에 따르면, 민족주의 운동은 정치적 동원을 위해 활용할 수 있는 새로운 문화 형식을 구축하기 위해 특별하게 해석된 역사와 기억을 재발명한다.[12] 유고슬라비아에서 일어난 일은 연방 차원과 크로아티아와 보스니아-헤르체고비나의 경우에 공화국 차원의 국가 해체였다. 막스 베버식 의미에서 국가를 "합법적으로 조직화된 폭력의 독점을 성공적으로 유지하는" 조직으로 정의한다면, 우선 정당성의 붕괴를 추적할 수 있고, 둘째로 조직폭력의 붕괴를 추적할 수 있다. 특정한 전통 사회의 분할과 편견 ― 이런 분할은 결코 당대 유고슬라비아 사회 전체를 망라하지 못했다 ― 에 기초하여 세워진 극악한 민족주의의 등장은 점점 필사적으로 변해 가는 (부패한) 엘리트들이 국가의 잔여물을 장악하기 위해 벌이는 투쟁의 측면에서 이해해야 한다. 게다가 탈전체주의 사회에서는 열린 사회보다 통제가 훨씬 광범위해서 기업·학교·대학·병원·언론 등 모든 사회 기관에 미친다.

국가가 민족의 구분선을 따라 갈라진 이유를 이해하기 위해서는 공산주의 이전의 과거를 탐구하는 것보다는 유고슬라비아의 최근 역사를 살펴보는 게 더 도움이 된다. 티토 체제는 사회생활의 모든 면을 중앙집중적으로 통제했다는 의미에서 전체주의 체제였다. 이 체제는 동유럽의 다른 체제에 비해 자유로웠고 경제적 다원주의를 어느 정도 허용했다. 1960년대부터 유고슬라비아 국민은 여행을 하고 외환 계좌를 가질 수 있었다. 그리고 다른 공산주의 나라에 비해 예술과 학문의 자유가 훨씬 많이 보장되었다. 유고슬라비아 체제의 정치적 정체성은 어느 정도 제2차 세계대전 중의 파르티잔 투쟁에 그 뿌리를 두었다. 또 일부분은 국민들에게 적절한 생활수준을 제공하는 체제의 능력에 있었고, 일부분은 토착적인 사회주의와 비동맹 운동 지

---

12) Ernest Gellner, *Nations and Nationalism*, Oxford: Blackwell, 1983 [어니스트 겔너, 『민족과 민족주의』, 최한우 옮김, 한반도국제대학원대학교출판부, 2009]을 보라.

도자로서의 역할 등과 더불어 동구와 서구를 잇는 다리라는 특별한 국제적 입지에 그 뿌리가 있었다. 2차대전의 기억이 가물가물해지고 전후戰後 시기에 쌓은 경제·사회적 성과가 사라지기 시작함에 따라 체제의 정당성이 의문시될 수밖에 없었다. 베를린 장벽의 붕괴와 동유럽 다른 나라들의 민주화 운동, 동서 분열의 종식은 옛 유고슬라비아의 정체성에 마지막 일격을 가했다.

일찍이 유고슬라비아 파르티잔은 '형제애와 단결'이라는 구호 아래 싸웠고, 또 소련의 경우처럼 새로운 유고슬라비아 사회주의의 인간형을 발전시키는 것을 목표로 했지만, 체제는 어떤 민족 집단도 지배적인 위치를 차지하지 못하도록 복잡한 견제와 균형의 체계를 만들어 냈다. 사실 이 과정에서 체제는 민족의 차이를 제도화했다. 세르비아계의 수적 우세를 상쇄하기 위해 여섯 개의 공화국이 만들어졌다. 세르비아, 몬테네그로, 크로아티아, 보스니아-헤르체고비나, 슬로베니아, 마케도니아 등의 공화국은 (보스니아-헤르체고비나를 제외하고) 한 민족이 지배적이었다. 게다가 세르비아 내에는 두 개의 자치주가 있었다──알바니아계가 다수인 코소보, 그리고 세르비아계·크로아티아계·헝가리계 인구가 혼재된 보이보디나Vojvodina가 그곳이었다. 그렇지만 1980년대까지만 해도 여론조사에 따르면 유고슬라비아주의Yugoslavism에 대한 지지는 꾸준히 높아졌다. 각 공화국과 자치주에 권력을 양도하고 민족 수효에 기초한 지배엘리트 교대 메커니즘을 확립한 1974년 헌법은 이런 체계를 강화했다. 공산주의자동맹League of Communists[이하 유고슬라비아 공산당──옮긴이]이 여전히 독점적 지위를 유지했지만, 1974년 이후 당 자체가 점차 민족의 구분선을 따라 갈라졌다. 다른 정치적 도전이 허용되지 않은 상황에서 민족주의 정치 담론이 합법적인 논쟁의 유일한 형식이 되었다. 사실 공산당만 열 개가 존재했다──각 공화국과 자치주별로 하나씩, 그리고 연방 공산당과 유고슬라비아인민군 공산당까지 말이다. 이반 베이보다Ivan Vejvoda가 지적하는 것처럼, 1974년 헌법은 집단적

행위자들, 특히 공화국과 자치주 차원의 노멘클라투라nomenklatura 집단에게 권력을 부여하는 한편 시민 개인들에게서는 권리를 앗아 갔다. 전체주의의 탈집중화였다.[13] 이런 맥락에서 보자면, 민족 공동체의 정체성이야말로 유고슬라비아주의가 쇠퇴하면서 생겨나는 공백을 채울 유력한 후보였다.

유고슬라비아는 다른 동유럽 나라에 비해 10년 정도 일찍 경제 전환의 긴장을 경험했다.[14] 1950년대와 1960년대 동안 유고슬라비아는 중앙계획경제의 전형적인 특징인 국방 지향의 급속한 중공업 산업화 모델에 입각한 빠른 경제성장을 겪었다. 유고슬라비아의 경우에, 농업이 대부분 개인의 수중에 남아 있다는 사실과 자주관리 모델 덕분에 이 과정이 다소 완화되었다. 이 시기 동안 유고슬라비아는 혹 있을지 모르는 동남부 유럽에 대한 소련의 공격을 막기 위한 완충국으로 여겨졌던 탓에 상당한 양의 해외원조를 받았다. 1970년대에 서구 원조가 줄어들기 시작하면서 그 대신 상업 차관이 들어왔다. 석유 위기 이후 상대적으로 차관을 얻기가 쉬웠기 때문이다. 다른 중앙계획경제 국가들의 경우처럼, 유고슬라비아 역시 경제구조 조정에 큰 어려움을 겪었다. 서구 국가들의 성장 속도가 저하되면서 어려움은 더욱 커졌다. 수출 증대가 가로막히고, 해외에서 일하는 유고슬라비아인들이 국내로 보내는 송금 수입이 줄어들었기 때문이다. 각 공화국과 자치주의 자치권이 커진 것도 한몫했다. 공화국과 자치주가 수지 균형에 대한 책임을 전혀 느끼지 않으면서 경쟁적으로 돈을 찍어 냈기 때문이다.

---

13) Ivan Vejvoda, "Yugoslavia 1945-91, from Decentralisation without Democracy to Dissolution", eds. David Dyker and Ivan Vejvoda, *Yugoslavia and After: A Study in Fragmentation, Despair and Rebirth*, London and New York: Longman, 1996을 보라.

14) 이 점에 관한 좀더 폭넓은 논의로는 Susan Woodward, *Socialist Unemployment: The Political Economy of Yugoslavia 1945-90*, Princeton, NJ: Princeton University Press, 1995; Vesna Bojičić and Mary Kaldor, "The Political Economy of the War in Bosnia-Herzegovina", eds. Mary Kaldor and Basker Vashee, *New Wars*, Restructuring the Global Military Sector vol. 1, London: Cassell/Pinter, 1997 등을 보라.

1979년에 이르러 채무는 위기 수준에 다다랐다—200억 달러까지 치솟은 것이다. 1982년에 국제통화기금(IMF)과 합의한 경제회복 계획 Recovery Plan은 경제 자유화와 긴축이 주 내용이었다. 이 계획이 미친 주된 효과는 공화국 사이에 자원 경쟁이 격화되고 경제가 점차 범죄화된 것이었다. 연방은 화폐 발행을 통제할 수 없었고, 결국 1989년 12월에 이르러 인플레이션율이 2,500%에 달했다. 1980년대 내내 실업률은 평균 14%를 유지했다. 대부분 국가 급여와 연금에 의존하는 도시 중간계급과 작은 농토에서 나는 소출로 먹고살 수밖에 없었던 농촌에 기반을 둔 산업 노동자가 특히 큰 타격을 입었다. 1980년대 말에 보스니아-헤르체고비나를 필두로 하여 잇따라 부패 스캔들이 터져 나왔다. 타락한 지배 엘리트와 일종의 새로운 마피아 계급 사이에 연계가 점점 많아지고 있음이 드러난 것이다. 비하치Bihać에서 오랫동안 당 우두머리를 지내고 훗날 전쟁에서 핵심 인물이 되는 피크레트 아브디치Fikret Abdić의 극악한 활동이 폭로된 아그로코메르츠 스캔들[15]은 이런 점에서 전형적인 사례였다. 민족주의 주장은 경제적 불만에 대처하고 경제 불안의 희생자들에게 호소하며 점점 늘어나는 노멘클라투라와 마피아의 동맹을 은폐하는 한 방편이었다.

1980년대 말에 이르면 유고슬라비아 국가는 점점 빠른 속도로 해체되고 있었다. 최후의 연방 총리 안체 마르코비치Antje Marković는 1990년 1월에 '충격 요법'shock therapy 프로그램을 도입하여 연방 차원에서 다시 통제를 부과하려고 노력했다. 이 프로그램은 인플레이션을 줄이는 데는 성공을 거뒀지만, 각 공화국 차원에서는 엄청난 분노를 불러일으켰다. 공화국들에게서 "화폐를 찍어내는 자유"를 사실상 박탈해 버렸기 때문이다.[16] 1990년

---

15) 1987년의 아그로코메르츠(원문에는 'Agromerc'라고 되어 있으나 'Agrokomerc'의 오기이다) 스캔들은 거대 식품 제조회사인 아그로코메르츠에서 자산가치를 훨씬 상회하는 고금리 약속어음을 대규모로 발행하여 비자금을 조성하고 인플레이션을 촉발한 사건을 가리킨다.—옮긴이

11월에 이르러 단일한 경제 공간으로서의 유고슬라비아는 여러 가지 일방적인 경제 행동의 도전을 받았다——무엇보다도 세르비아는 코소보 지배에 드는 비용을 치르기 위해 이른바 '은행 대강도'Great Bank Robbery라는 대규모 차입을 단행했고, 슬로베니아는 저발전지역지원기금Fund for Underdeveloped Regions 출자를 거부했으며, 크로아티아는 외제차를 저렴하게 살 수 있다는 약속으로 유권자를 매수하기 위해 자동차 소비세를 일방적으로 폐지했다.

단일한 통신 공간으로서의 유고슬라비아 역시 해체되었다. 1970년대에 이르러 각 공화국과 자치주는 자체적인 텔레비전과 라디오를 통제했다. 이따금 제1채널의 뉴스 프로그램을 교대로 진행하고, 제2채널에서는 다른 공화국과 자치주의 뉴스를 (교대로) 볼 수 있었다. 그러나 1980년대에는 이런 시스템이 중단되었다.[17] 마르코비치가 범유고슬라비아 텔레비전인 유텔Yutel을 설립하려고 최후의 노력을 기울였지만, 언론은 사실상 민족별로 분리되었고 이렇게 분리된 언론들은 민족주의 선전의 강력한 기반이 되었다.

1990년에 이르면 입법과 사법 양 차원에서 모두 이미 연방의 정당성이 도전을 받았다. 첫번째 민주 선거는 연방 차원이 아니라 공화국별로 치렀다. 저발전지역지원기금에 출자하지 않기로 한 슬로베니아의 결정이나 슬로베니아와 크로아티아의 주권선언같이 새로 선출된 각 공화국 의회가 내린 결정에 대해 연방 헌법재판소가 이의를 제기했지만, 이런 법률적 의견은 무시되었다. '세르비아 자치지역'Serbian Autonomous Region을 선포하기를 원한

---

16) David Dyker, "The Degeneration of the Yugoslav Communist Party as a Managing Elite: A Familiar East European Story?", eds. David Dyker and Ivan Vejvoda, *Yugoslavia and After* 를 보라.
17) Mark Thompson, *Forging War: The Media in Serbia, Croatia, and Bosnia-Hercegovina*, London: Article 19, 1994를 보라.

크로아티아의 세르비아계도 공화국 차원에서 내린 헌법적 결정에 대해 비슷하게 무시하는 모습을 보였다.

마지막으로, 1991년에 조직폭력에 대한 독점이 무너지면서 유고슬라비아 국가의 마지막 흔적이 사라졌다. 유고슬라비아인민군은 유고슬라비아주의의 보루였다.[18] 1968년 소련의 체코슬로바키아 침공 이후 '일반인민방위제'Generalized Popular Defence System가 도입된 결과로 이미 1970년대에 각 공화국에 국토방위군Territorial Defence Forces(TO)이 창설되었다. 1991년에 이르면 유고슬라비아인민군은 점차 세르비아 대통령 슬로보단 밀로셰비치Slobodan Milošević의 도구가 되었고, 다른 한편 슬로베니아인과 크로아티아인들은 국토방위군과 경찰에 기초하여 비밀리에 독자적인 군대를 조직하고 무장시키고 있었다. 당시 동유럽에서 점점 확대되던 잉여 무기의 암시장을 통해서 말이다. 이와 동시에 세르비아인들은 독자적인 준군사 조직을 형성하고 있었다. 특히 세르비아인들은 크로아티아와 보스니아-헤르체고비나에 있는 세르비아계를 비밀리에 무장시키고 조직하기 위해 '람'RAM('기틀'이라는 뜻이다) 계획에 착수했다. 준군사 집단을 무장해제하려는 유고슬라비아인민군의 시도는 무위로 돌아갔고(크로아티아와 슬로베니아는 자신들의 군대가 준군사 조직이 아니라 합법적인 방위군이라고 주장했다), 결국 인민군은 크로아티아와 보스니아의 세르비아계 준군사 조직 편을 들었다.[19]

새로운 형태의 민족주의가 등장하는 것과 나란히 유고슬라비아의 해체가 진행되었다. 이 민족주의가 새롭다 함은 국가 건설을 목표로 한 과거의 '근대' 민족주의들과 대조적으로 국가의 해체와 연결되었다는 점, 그리고 예전의 민족주의들과 달리 근대화 이데올로기가 없었다는 점에서였다. 또

---

18) James Gow, *Legitimacy and the Military: The Yugoslav Crisis*, London: Pinter, 1992를 보라.
19) Miloš Vasić, "The Yugoslav Army and the Post-Yugoslav Armies", eds. David Dyker and Ivan Vejvoda, *Yugoslavia and After*를 보라.

한 동원 기법과 조직 형태의 면에서도 새로웠다. 민족주의 메시지를 전파하기 위해 처음으로 전자매체를 광범위하게 활용한 것은 다름 아닌 밀로셰비치였다. 세르비아인들을 차별하는 것으로 여겨진 티토식 견제와 균형 시스템을 제거하는 것을 목표로 한 밀로셰비치의 '반反관료 혁명'은 기존 공산당 위계의 우두머리들에 대한 인민주의적 정치적 호소의 기반을 제공했다. 밀로셰비치는 대중집회를 통해 자신의 권력 장악을 정당화했다. 전자매체에서 오늘날의 상황 사이사이에 2차대전 당시의 장면을 끼워 넣으면서 1389년에 터키인들이 처음 자행하고 최근에는 알바니아인들이 벌인 코소보의 '인종말살'과 크로아티아와 보스니아-헤르체고비나에서 벌어지는 대학살 이야기를 계속 늘어놓은 결과, 스스로 소수라고 느끼는 다수에게 특유한 희생자 심리가 커져 갔다. 사실 세르비아 사람들은 실제 전쟁이 벌어지기 오래 전부터 가상전쟁을 경험했다――이 가상전쟁은 진실과 허구가 워낙 뒤섞여 있던 탓에 1389년의 코소보 전투[20]와 2차대전, 보스니아 전쟁이 모두 동일한 현상의 일부처럼 보일 정도였다. 데이비드 리프는 보스니아의 세르비아계 병사들이 하루 종일 사라예보 주변 언덕에서 총을 쏜 뒤 시내에 있는 무슬림 친구들에게 전화를 걸어 안부를 묻곤 했다고 말한다. 병사들이 이런 모순투성이 행동을 천연덕스럽게 할 수 있었던 건 이런 가상현실이 심리적 불일치를 만들어 냈기 때문이다. 병사들은 친한 친구가 아니라 터키인들에게 총을 쏜 것이었다. 한 병사는 리프에게 이렇게 말했다. "여름이 끝나기 전에 터키 군대를 도시에서 몰아낼 겁니다. 1389년에 터키군이 우리를 코소보 들판에서 몰아낸 것처럼요. 그 사건이 우리 땅을 터키가 지배한 발단이었습니다. 잔인했던 오랜 세기를 겪은 지금, 이제 끝을 맺는 거죠.……유럽이 우리

---

[20] 세르비아 왕국의 라자르 왕자가 헝가리인과 알바니아인 등 당시 주변 기독교 민족들과 연합해 오스만투르크를 상대로 벌인 전투. 전투에서 패배한 세르비아는 이후 500여 년 동안 오스만투르크의 지배를 받게 된다. ― 옮긴이

의 노력을 고맙게 여기지 않을망정 우리 세르비아인들은 유럽을 구하고 있는 겁니다."[21]

밀로셰비치가 미디어 기법을 완성했다면, 초국가적인 수평적 조직 형태를 발전시킨 주인공은 투즈만이었다. 밀로셰비치와 달리 투즈만은 반체제 인사 출신으로 한때 유고슬라비아인민군 장군이었지만 민족주의적 견해 때문에 1970년대 초반을 감옥에서 보냈다. 투즈만이 이끄는 당——크로아티아민주당(HDZ)——은 최초의 민주 선거를 준비할 시간이 별로 없었고 언론을 장악하지도 못했다. 그렇지만 투즈만은 북미 지역에 거주하는 크로아티아 이민자들 사이에서 지지를 결집해 놓은 상태였다. 투즈만은 크로아티아민주당이 북미 지역에 35개 지부가 있으며 각 지부마다 50명에서 수백 명에 달하는 당원이 있고 어떤 곳은 당원이 2,000명에 달한다고 주장했다. 공산주의 당국은 이 이민자들을 항상 의심의 눈초리로 보았다. 이민자들은 대부분 '우스타셰'Ustaše, 즉 2차대전 당시 크로아티아 파시스트 출신으로 여겨졌다. 훗날 투즈만은 1990년 2월에 크로아티아민주당 전당대회에 이민자들을 초청한 것이야말로 자신이 내린 정치적으로 가장 중대한 결정이었다고 말했다.[22] 이러한 초국가적인 조직 형태는 무척 중요한 자금과 선거 기법의 원천이었고, 따라서 무기와 용병의 원천이 되기도 했다. 이런 조직은 자신들이 조국을 떠날 당시로 거슬러 올라가는 크로아티아의 이미지를 현재 상황에 부과하는 이민자 당원들의 시공간 거리두기에서 기인하는 또 다른 형태의 가상현실을 만들어 냈다.

줄곧 혼합된 사회였던 보스니아-헤르체고비나는 이러한 해체 과정과 새로운 형태의 극악한 민족주의를 압축적으로 보여 주었다. 오스만 지배 후기 동안 밀레트millet[오스만 제국에서 자치권을 인정한 비非이슬람 종교자치

---

21) David Rieff, *Slaughterhouse*, p.103.

체——옮긴이] 체제를 통해 종교적 구분선에 따른 공동체의 구별(정교회, 가톨릭, 이슬람, 유대교)이 제도화되었는데, 그자비에 부가렐Xavier Bougarel이 '제도화된 공동체주의'institutionalized communitarianism[23]라 지칭한 이런 구조는 오스트리아-헝가리의 지배기(1878~1914년)와 첫번째와 두번째 유고슬라비아[24] 시기에도 다양한 형태로 유지되었다. 그렇지만 전후 시기에 민족 간 결혼이 많이 이루어졌고, 특히 도시에서는 종교 공동체의 논리 대신 현대적인 세속 문화가 자리를 잡았다. 유고슬라비아주의는 특히 보스니아-헤르체고비나에서 강력했다. 유텔 방송이 가장 큰 인기를 누린 곳도 이 공화국이었고, 마르코비치가 개혁 정당을 출범시키는 지역으로 택한 것도 이곳이었다.

부가렐은 '제도화된 공동체주의'를 정치적·영토적 민족주의와 구별한다. '제도화된 공동체주의'는 이른바 '콤실루크'komsiluk(선린 관계)라는, 양차 세계대전 당시와 같이 정치적 동원이나 군사적 동원에 의해 위협을 받는 공동체들 사이의 균형에 의존한다. 1980년대 말에 정치적 민족주의가 재등장한 것은 과거의 경우와 마찬가지로 도구적인 이유 때문이었다. 부가렐에 따르면, 그것은 경제적이고 과학적인 엘리트 집단과 후진적인 농촌 지역 사이의 불균등한 발전과 점차 벌어지는 분열에서 생겨난 불만에 대한 하나의

---

22) "대규모 회의를 위해 이민자들을 본토로 초청하는 것은 위험한 일이었다. 어느 정도였냐 하면 나중에 당 지도부에 몸담게 되는 이들조차도 최후의 순간까지 우리가 체포될까봐 주변을 살피며 기다렸다. 정책 결정이라는 면에서 이 일이 내 인생의 전환점이 된 것은 바로 이 때문이다.……가능한 것과 불가능한 것 사이의 아슬아슬한 위기 상황에서, 개인의 창의적인 측면에서, 특히 사회적 혁신이라는 점에서, 그리고 군사적으로도 대단한 행동을 한 셈이다." Laura Silber and Alan Little, *The Death of Yugoslavia*, London: Penguin, 1995, p.91에서 재인용.
23) Xavier Bougarel, "Bosnia and Hercegovina: State and Communitarianism", eds. David Dyker and Ivan Vejvoda, *Yugoslavia and After*.
24) 각각 1918년에 오스트리아-헝가리에서 독립하여 수립되었다가 1941년에 추축국에 점령되어 소멸한 유고슬라비아왕국과 1943년에 티토가 수립한 유고슬라비아사회주의연방공화국을 가리킨다.——옮긴이

반응이었다. 이런 분열은 특히 보스니아-헤르체고비나에서 심각했고, 1980년대 동안 더욱 악화되었다. 정치적 민족주의의 재등장은 또한 지배 정당의 정당성 상실에 대한 반응이기도 했다.

1990년 선거를 6개월 앞두고 보스니아-헤르체고비나에서 실시된 여론조사에 따르면, 전체 인구의 74%가 민족주의 정당들을 금지하는 데 찬성했다. 그러나 선거를 실제로 치렀을 때는 유권자의 70%가 민족주의 정당을 지지했다. 이런 불일치는 부가렐의 주장으로 설명할 수 있다. 사람들은 대부분 민족주의 정당들이 나타내는 '선린 관계'에 대한 위협을 염려했다. 그러나 일단 정치적 동원이 이루어지자, 사람들은 자기 공동체로 모일 필요가 있다고 생각했다. 그렇더라도 다른 요인들도 고려할 필요가 있다. 한편으로, 보스니아-헤르체고비나 공산당은 전통적으로 강경파로 여겨졌고, 동유럽 다른 나라들에 영향을 미친 민주주의의 물결에 느리게 적응했다——그 결과, 민족주의 정당들이 공산주의자들에 대한 가장 뚜렷한 대안을 표상했다. 게다가 1980년대 말에 잇따라 터진 부패 스캔들 때문에 공산당은 신뢰를 잃었다. 다른 한편, 민족주의가 빠르게 결집할 수 있었던 데에는 크로아티아와 세르비아의 역할도 어느 정도 작용했다. 크로아티아계 민족주의 정당인 크로아티아민주당은 사실상 투즈만의 당의 지부였고,[25] 세르비아계 민족주의 정당인 세르비아민주당은 세르비아계가 지배하는 크로아티아 지역인 크라이나Krajina에서 창설된 세르비아계 민족주의 정당의 지부였다. 게다가 세르비아 민족주의 강령을 처음 자세하게 서술한 것으로 악명 높은 1986년 비망록을 작성한 세르비아과학아카데미Srpska Akademija Nauka와 자그레브의 크로아티아 문화센터인 크로아티아센터Matica Hrvatska는 둘 다 종교기관들

---

25) 크로아티아에 있는 투즈만의 크로아티아민주당과 보스니아-헤르체고비나 크로아티아계의 당인 크로아티아민주당은 당명이 똑같다.——옮긴이

과 함께 민족주의 정서를 결집하는 데 적극적인 역할을 했다.

선거에서 승리를 거둔 민족주의 정당들은 불편한 연정을 구성했다—그들이 추구하는 정치적 목표가 본질적으로 상충한다는 점을 감안하면 전혀 놀라운 일이 아니었다. 특히 세르비아민주당의 국회의원들은 의회 표결 때마다 민주행동당SDA[이슬람계—옮긴이]과 크로아티아민주당에게 밀렸다. 비민족주의 계열의 시민 정당은 28%를 득표했다. 이런 당들은 대개 도시 지식인과 산업노동자의 지지를 받았다. 국제사회가 슬로베니아와 크로아티아를 인정하고 옛 유고슬라비아의 다른 공화국도 국민투표를 치르며 소수민족의 권리를 존중하기만 하면(크로아티아와 보스니아의 경우에는 소수민족의 권리를 무시했다) 독립을 인정하겠다고 결정한 것은 전쟁을 촉발시키는 처사였다. 민주행동당과 크로아티아민주당은 독립을 선호한 반면, 세르비아계는 독립을 원하지 않았다.

부가렐은 관용과 공존의 땅인 동시에 공포와 증오의 나라라는 보스니아-헤르체고비나의 모순적인 모습이 사실 둘 다 진실이라고 결론을 내린다. 공포와 증오는 이 지역에 고유한 풍토가 아니라 특정한 시기에 정치적 목적을 위해 동원된 것이다. 보스니아-헤르체고비나에서 벌어진 폭력의 규모는 '공포와 증오'의 결과물이 아니라 '공포와 증오'를 재구축하는 것이 쉽지 않음을 반영하는 것이라고 보아야 한다. 전쟁 기간 내내 세르비아계가 장악한 지역에 남아 있었던 독립적 사고의 자유주의자 지바노비치Živanović는 이렇게 말했다. "전쟁이 그렇게 유혈적일 수밖에 없었던 이유는 우리를 묶어 주는 연계가 너무 강력했기 때문이다."[26] 이와 같은 '공포와 증오'의 동원은 특정한 시기에 특정한 형태를 띠며, 따라서 특정한 원인의 측면에서 설명해야 한다. 다시 말해, 새로운 민족주의는 최근 역사에서 생겨나고 현재의

---

26) 저자와 개인적으로 나눈 인터뷰.

맥락에서 모양을 잡아 가는 동시대의 현상이다.

간혹 이슬람 민족주의는 세르비아 민족주의나 크로아티아 민족주의와 다른 현상이라고 주장하는 사람들이 있다. 전쟁을 내전으로 보는 지배적인 인식에 반대하는 이들은 종종 이 전쟁을 세르비아와, 그보다는 덜하지만 크로아티아의 침략 전쟁이라고 주장한다. 세르비아 정부와 유고슬라비아 정부의 지원과 부추김을 받은 보스니아의 세르비아계 민족주의자들이 이 전쟁에서 공격자 쪽이었음은 분명하며, 인종청소 정책을 가장 조직적으로 광범위하게 개시하고 활용한 것도 세르비아계였다. 마찬가지로, 크로아티아 정부의 지원을 받는 크로아티아계 민족주의자들 역시 규모는 작았지만 세르비아계의 사례를 따랐다. 이슬람 민족주의 정당인 민주행동당이 줄곧 보스니아-헤르체고비나를 통일된 다문화 국가로 유지하고자 한 것도 사실이다. 그렇지만 이슬람 민족주의자들이 생각하는 다문화주의는 민족 공동체별 정치 조직을 의미했다——이제트베고비치Alija Izetbegović[27]가 세르비아시민회의Serb Civic Council나 크로아티아농민당Hrvatska Seljačka Stranka(HSS) 같은 '수용 가능한' 민족 단체를 조직하려 시도한 것은 이 때문이었다. 게다가 민주행동당 역시 다른 민족주의 정당의 성향을 일부 드러냈다——모든 기관에 대해 엄격한 정치적 통제를 부과하려는 경향을 보이거나 다른 민족 공동체를 상대로 가상전쟁을 벌이기 위해 언론을 활용한 것이다. 민주행동당의 기관지 『보스니아의 용』*Dragon of Bosnia*은 특히 새된 목소리로 민족주의적 폭력을 호소했다.[28] 유엔 전문가위원회는 보스니아 군대가 전쟁범죄를 저질렀을망정 인종청소는 벌이지 않았다고 말한다. 그러나 무슬림-크로아티아계가 충돌한 당시에 보스니아 군대가 장악한 보스니아 중

---

27) 보스니아의 작가이자 정치가. 1990년 보스니아-헤르체고비나의 초대 대통령에 취임하여 1996년까지 재임했다.——옮긴이

부 지역에서 크로아티아계가 쫓겨나거나 스스로 떠나야 했던 것은 분명하며, 전쟁 막바지 며칠 동안 장악한 지역에서 세르비아계도 같은 운명에 처했다. 요컨대, 이 전쟁은 세르비아와 크로아티아의 침략 전쟁이었지만 또한 새로운 민족주의 전쟁이기도 했다.

공포와 증오가 보스니아 사회의 고유한 풍토가 아니라는 점은 전쟁으로 치닫던 시기에 시민운동이 폭발한 데서 명백히 드러났다.[29] 보스니아 언론과 노동조합, 지식인·학생·여성 단체 등이 강력하게 지지하는 가운데 대대적인 평화운동이 전개되었다. 1991년 7월에는 수만 명의 사람들이 인간 사슬을 이루어 모스타르Mostar의 모든 다리를 에워쌌다. 1991년 8월 사라예보에서 유텔 방송이 조직한 집회에는 10만 명이 참석했다. 9월에는 유럽의 평화운동가 400명이 헬싱키시민회의 평화행진단Peace Caravan으로 사라예보에 와서 보스니아인 수천 명과 함께 정교회 교회와 가톨릭 성당, 유대교 회당을 에워싸는 인간 사슬을 만들었다. 투즐라와 바냐루카Banja Luka를 비롯한 다른 도시와 마을에서도 비슷한 시위가 벌어졌다.

평화운동의 정점과 종언은 1992년 3월과 4월에 찾아왔다. 3월 5일, 평화운동가들은 누군가 결혼식장에서 세르비아계 신랑에게 총을 쏜 사건이 벌어진 뒤 이슬람과 세르비아계 민족주의 그룹이 세운 바리케이드를 무너뜨리는 데 성공했다. 4월 5일, 5~10만에 이르는 시위대가 사라예보 시내를 관통해 의사당까지 행진하면서 정부가 퇴진하고 국제보호령을 실시할 것을

---

28) 가령 기관지의 한 사설은 다음과 같이 말했다. "세르비아인은 무슬림 이웃을 구하려고 하지 않지만, 무슬림은 본능적으로 세르비아인 이웃을 구하려고 한다. 그렇지만 이제 모든 무슬림은 세르비아인 한 명씩 정해서 그를 죽이겠다고 서약해야 한다"(*Dragon of Bosnia*, 1 April, 1993). Tadeusz Mazowiecki, *Report on the Situation of Human Rights in the Territory of Former Yugoslavia*, E/CN.4/1994/3, 5 May, 1993에서 재인용.
29) 전쟁 전에 나타난 평화운동에 관한 자세한 정보는 박사과정 학생인 네벤 안젤리치Neven Andjelić 덕분에 알게 되었다. Neven Andjelić, *Bosnia-Herzegovina: The End of a Legacy*, London: Frank Cass, 2003을 보라.

요구했다. 또 투즐라와 제니차Zenica, 카카니Kakanj 등에서 수천 명이 버스를 타고 왔지만 세르비아계와 무슬림이 쳐 놓은 바리케이드 때문에 도시에 들어오지 못했다. 홀리데이인 호텔에 숨어 있던 세르비아계 저격수들이 시위대를 향해 총을 쏘면서 전쟁이 시작되었다——처음으로 죽은 이는 두브로브니크Dubrovnik에서 온 스물한 살의 의대생이었다.[30] 다음날, 유럽 각국은 보스니아-헤르체고비나를 독립국가로 인정했고, 세르비아계는 보스니아 의회를 박차고 나왔다. 국가는 인정받는 바로 그 순간 해체되기 시작했다.

부가렐에 따르면, 보스니아 전쟁은 민간인과 시민사회를 **상대로 한** 전쟁이라는 점에서 시민전쟁, 즉 내전이었다.[31] 또 유엔 인권위원회 특별보고관 타데우시 마조비에츠키Tadeusz Mazowiecki의 보고에 따르면, 일부 관찰자들은 "공격하는 군대가 사라예보와 그 도시가 표상하는 관용과 조화의 전통을 '학살하겠다'는 단호한 태도를 보인다"고 생각한다.[32] 달리 말하자면, 보스니아 전쟁은 배타주의적인 민족주의자들이 세속적이고 다문화적인 다원주의 사회를 상대로 벌인 전쟁으로 볼 수 있다.

---

30) 동료 학생 중 한 명은 다음과 같이 말했다. "많은 이들이 당시 전쟁이 다가오고 있음을 보았다고 말할 테지만, 나는 그렇게 생각하지 않았고 수아다[Suada, 당시 사망한 학생]도 같은 생각이었을 거라고 생각한다.……5월 졸업 예정인 의과대학생이던 수아다는 그날 시위에 굳이 나서지 않아도 되었다. 수아다는 사라예보 출신이 아니었다. 보스니아인도 아니었다.……모인 사람들은 성난 군중이 아니었다.……우리 주변에 있던 이들은 대부분 젊은이들이었는데 명랑한 표정에 평화로운 방식으로 자신들의 주장을 열렬히 표명했다. 대여섯 발인가 총소리가 났을 때 나는 다리에서 50m쯤 떨어져 있었다. 너나 할 것 없이 뛰기 시작했다. 일단 건물 뒤에 몸을 숨기자 참을 수 없이 화가 났다. 맨손의 시위대에게 총을 쏘리라고는 생각지도 못했다. 이상하게 들리겠지만, 그래도 전쟁이 불가피한 것 같지는 않았다. 며칠이 지나고 나서야 돌이킬 수 없는 상황이 되었고, 우리는 수아다를 보스니아 전쟁 최초의 사망자라고 말하기 시작했다. 무작위적인 폭력 행위이자 커다란 인간 비극처럼 보였던 일이 머릿속에서 서서히 거대한 드라마의 첫번째 사건으로 자리를 잡아 갔다. 바야흐로 50년 만에 유럽 최악의 전쟁이 벌어지고 있었다." Laura Silber and Alan Little, *The Death of Yugoslavia*, pp.251~252에서 재인용.
31) 보스니아에서 이제 막 생겨나던 시민사회는 최후의 노력으로 정치 영역에서 공동체주의를 몰아내려고 노력했다. 상황이 불안정해지자 민족주의 정당들은 일상생활을 전쟁으로 몰아넣는 것으로 보복했다. Xavier Bougarel, "Bosnia and Hercegovina"에서 인용.
32) *Mazowiecki Report*, E/CN.4/1992/S-1/9, New York, 28 August, 1992, par.17.

어떻게 전쟁을 했는가 — 군사적·경제적 수단

유고슬라비아는 아마 소련을 제외하고 유럽에서 가장 군사화된 나라일 것이다. 1986년까지 군사 지출이 국민총생산(GNP)의 4%에 달했다 — 유럽에서 그리스를 제외한 어떤 비소비에트권 나라보다도 높은 수준이었다.[33] 유고슬라비아인민군은 정규군 장교와 참모 7만 명 정도에 징집병 약 15만 명으로 구성되었다. 게다가 공화국과 자치주마다 국토방위군을 조직하고 무장시킬 책임이 있었다. 대부분 예비군인 국토방위군은 100만 명에 달하는 규모였다.

유고슬라비아인민군은 1991년까지 유고슬라비아의 군대로 남았다. 인민군은 상호 연결된 기지망과 무기창고, 그리고 다른 경제 부문과 달리 유고슬라비아 차원에서 조직된 기업 등을 통제했다. 유고슬라비아인민군 조직에 특징을 부여한 파르티잔 전략은 원래 탈집중화된 지역별 전투조직에 입각한 것이었지만, 여전히 유고슬라비아 차원에서 통제가 집중되었다. 사회의 다른 영역에서는 유고슬라비아주의가 쇠퇴하는 시기에도, 70%가 세르비아계나 몬테네그로계인 유고슬라비아인민군 장교 사이에서는 이 이념이 계속 확산되었다. 인민군은 연방예산의 상당 부분을 차지했고, 1991년에 이르면 유고슬라비아라는 인식에는 사실상 인민군과 공산당만이 남게 되었다 — 그리하여 유고슬라비아주의는 전체주의 및 군사주의와 연결되었다.

1986년부터 1991년까지 군사비 지출이 1988년 가치로 24억 9,100만 달러에서 13억 7,600만 달러로 극적으로 줄어들었고,[34] 그 결과 유고슬라비아인민군 내에서는 자신들이 희생양이 되고 있다는 인식과 내·외부의 적에

---

33) Stockholm International Peace Research Institute, *SIPRI Yearbook 1992: World Armaments and Disarmament*, Oxford: Oxford University Press, 1992.
34) Stockholm International Peace Research Institute, *SIPRI Yearbook 1992*.

대한 과대망상증이 커졌다. (1988년에 제3세계에 대한 무기 수출을 비판한 슬로베니아의 젊은 언론인들이 체포되어 악명 높은 재판을 받은 것은 이런 과대망상이 표출된 사건이었다.) 슬로베니아와 크로아티아, 그리고 무엇보다도 보스니아-헤르체고비나의 전쟁은 유고슬라비아의 군산복합체가 붕괴되는 과정이었다. 유고슬라비아인민군과 각 공화국 및 자치주의 국토방위군은 해체되어 정규군과 비정규군이 결합된 군대가 되었고, 범죄자와 의용병, 외국 용병들이 옛 유고슬라비아의 군사 자산을 장악하기 위해 앞다퉈 달려들었다.

보스니아-헤르체고비나 전쟁이 발발한 초기에는 군대와 준군사 집단이 어지럽게 엉켜 있었다. 이론상 전쟁에는 세 당사자가 존재했다—세르비아계, 크로아티아계, 보스니아 무슬림계가 그 주인공이었다. 그러나 실제로는 전쟁 내내 상이한 세력들이 상이한 조합을 이루면서 서로 협력했다. 그리하여 전쟁 초기 단계에는 크로아티아계와 보스니아계가 세르비아계에 대항해 협력했다. 그리고 1993년에 민족별 자치에 기초한 밴스-오언 안Vance-Owen Plan[35]이 발표된 뒤, 크로아티아계와 무슬림이 서로 싸우기 시작했다. 크로아티아계가 '자신들의' 주州에 대한 지배권을 수립하려고 했기 때문이다. 뒤이어 무슬림과 크로아티아계 사이에 미국이 강제한 정전협정인 워싱턴협정Washington Agreement이 체결되었고, 전쟁 마지막 단계에서는 무슬림계와 크로아티아계가 적어도 공식적으로는 다시 협력했다. 전쟁이 진행되는 동안 각각의 군대는 점차 중앙집중되고 정규화되었다. 전쟁이 끝날 무렵, 보스니아세르비아군Bosnian Serb Army(BSA), 크로아티아방위위원회Hrvatsko Vijeće Obrane(HVO), 보스니아-헤르체고비나군Army of Bosnia-Herzegovina(ABiH) 등이 주요 정규군으로 자리를 잡았다.

---

35) 보스니아를 10개 지역으로 나누고 3개 민족 집단이 3개 지역씩 통치하고, 사라예보와 그 인근 지역은 중립지역으로 하자는 계획안. 유엔 특사 사이러스 밴스(Cyrus Vance. 전 미국 국무장관)와 유럽공동체 특사 데이비드 오언(David Owen. 전 영국 외무장관)의 이름을 딴 것이다. — 옮긴이

1991년 6월 슬로베니아의 10일 전쟁 이후, 유고슬라비아인민군은 (무기를 남겨 둔 채) 크로아티아로 철수했다. 1991년 7월 중순까지 인민군은 7만 명 정도의 군대를 크로아티아로 이동시켰다. 지역 의용병과 (대개 범죄 집단인) 세르비아 본토에서 옮겨 온 집단이 대부분인 세르비아계 비정규군 1만 2,000명과 함께 인민군은 후에 보스니아-헤르체고비나에서 활용하는 전략을 실험했다. 크로아티아에서 정전이 이루어진 뒤, 인민군은 장비를 그대로 지닌 채 보스니아-헤르체고비나로 철수했다. 1992년 5월, 인민군은 보스니아-헤르체고비나에서 공식적으로 철수했다. 그러나 실제로는 1만 4,000명 정도만이 세르비아와 몬테네그로로 철수했다. 8만 명 정도는 보스니아세르비아군으로 소속을 바꾸었다.

   크로아티아방위위원회는 크로아티아민주당에 속한 민병대를 중심으로 창설되었다. 이 군대는 크로아티아군Hrvatska vojska(HV)과 함께 움직였다. 크로아티아 국토방위군을 기반으로 창설된 크로아티아군은 전쟁이 진행되는 동안 미군 퇴역 장성들이 설립한 군사전문인력회사Military Professional Resources Incorporated(MPRI)라는 이름의 민간 기업의 훈련 지원을 받으면서 군사력을 증강했다.[36]

   전쟁이 발발했을 때 보스니아는 군대가 전혀 없었다. 사실 보스니아는 영토 방위를 지역 차원에서 조직했다. 사라예보는 대부분 지하운동이 조직한 애국동맹을 비롯한 준군사 집단이 혼성군을 이루어 방어했다. 투즐라를 방어한 것은 현지에서 조직된 애국동맹의 지원을 받은 지역 경찰대였다.

---

36) 이 회사는 데이턴협정Dayton Agreement 이후 보스니아-헤르체고비나연방의 군대를 훈련시키기도 했다. David Shearer, *Private Armies and Military Intervention*, Adelphi Paper no.316, London: International Institute for Strategic Studies, 1998을 보라. [데이턴협정은 보스니아 내전을 종식시키기 위해 미국이 강제한 평화협정이다. 1995년 12월에 체결된 이 협정에 따라 보스니아-헤르체고비나는 보스니아-헤르체고비나연방(무슬림-크로아티아계 연방)과 스르프스카공화국(세르비아계 공화국)으로 이루어지는 1국가 2체계가 되었다. ─ 옮긴이]

〈표 3-1〉 1995년 당시 보스니아-헤르체고비나의 정규군

	병력(명)	주력전차(대)	대포(문)	다연장로켓 발사기(개)	박격포(문)
보스니아-헤르체고비나군	92,000	31	100	2	200
크로아티아 방위위원회	50,000	100	200	30	300
보스니아 세르비아군	75,000	370	700	70	900

출처: International Institute for Strategic Studies, *Military Balance 1995-6*, London:IISS, 1996.

1992년 5월에 이제트베고비치가 정규군 창설을 발표하긴 했지만, 실라이지치Haris Silajdžić가 총리가 된 1993년 가을에 이르러서야 다양한 조직폭력 집단을 통제하고 군 사령부를 중앙집권화할 수 있었다. 그렇지만 유엔 전문가 위원회의 추산에 따르면, 이 무렵에도 7만 명의 군대 가운데 무장을 갖춘 것은 4만 4,000명뿐이었다.[37]

〈표 3-1〉에서 보듯이, 보스니아세르비아군은 다른 정규군에 비해 장비가 우월했다. 특히 전차, 대포, 로켓발사기, 박격포 등 중화기에서 상당한 우위에 있었다. 보스니아세르비아군은 유고슬라비아인민군의 장비를 고스란히 물려받았고, 또 결정적으로 인민군의 무기창고 대부분을 장악했다. 유고슬라비아의 무기창고는 대부분 게릴라전에 입각한 국토방위의 중심부로 여겨진 보스니아-헤르체고비나의 구릉 지대에 위치했고, 또 장기전에 대비해 많은 무기가 저장되어 있었다. 장비 숫자가 가장 적고 특히 중화기 부족에 시달리던 보스니아-헤르체고비나군은 무기를 조달하기 위해 크로아티아의 공급 루트에 의존했다.[38] 크로아티아방위위원회는 크로아티아에서 장비

---

37) The Commission of Experts on the Former Yugoslavia, *Final Report of the Commission of Experts*.

를 조달했다. 크로아티아의 비축 무기에서 얻은 장비 외에도, 다양한 암시장을 통해 옛 바르샤바조약기구 국가들의 잉여 무기를 조달했다. (몇몇 증거에 따르면, 흥미롭게도 크로아티아와 슬로베니아, 세르비아에 있던 옛 유고슬라비아인민군 기업들은 계속해서 예비부품과 장비를 생산하는 데 협조했다.)[39]

정규 군대 외에도 세 가지 주된 유형의 비정규 군대를 확인할 수 있다. 대개 개인이 지휘하는 준군사 조직, 외국 용병 집단, 무장 민간인을 보강한 지역 경찰이 그것이다. 유엔 전문가위원회는 옛 유고슬라비아 영토에서 총 83개의 준군사 집단을 확인했다—세르비아계가 56개, 크로아티아계가 13개, 보스니아계가 14개였다. 이런 준군사 집단의 규모는 각각 2~4만, 1만 2,000~2만, 4,000~6,000명 정도로 추산되었다. 이런 집단은 대부분 지역 차원에서 활동했지만, 일부 집단은 정규군과 합동하여 훨씬 넓은 활동범위를 자랑하면서 상당한 악명을 얻었다.

세르비아계에서는 아르칸Arkan이 이끄는 호랑이파Tigers와 셰셸리Vojislav Šešelj가 이끄는 체트니크파Chetniks[40], 일명 흰독수리파White Eagles가 가장 이름을 날렸다. 본명이 젤리코 라주나토비치Željko Ražnatović인 아르칸은 베오그라드 암흑가의 거물이었다. 아르칸은 밀수 사업을 은폐하기 위한 것이라고 소문난 아이스크림가게 체인을 소유했는데, 이 체인은 전쟁

---

38) 전쟁의 해법으로 보스니아-헤르체고비나에 대한 무기 수출 금지령을 해제해야 한다고 주장한 이들은 대개 이런 점을 간과했다. 상징적 중요성이 어떻든 간에 이런 조치는 실질적인 의미가 거의 없었다. 보스니아 군대가 무기를 구할 수 있는지 없는지는 사실상 크로아티아 정부의 태도에 좌우되기 때문이다. 아마 가장 긍정적인 결과는 자그레브에서 활약하는 불법 무기 거래상들을 무력화할 일일 것이다.
39) 크로아티아와 세르비아 두 나라의 보도에 따르면, 유고슬라비아인민군과 크로아티아 공장들은 협력 관계를 지속하면서 M-84 전차를 생산했다. 보스니아-헤르체고비나의 세 세력 모두 탄약 생산에 서로 협력했다는 보도도 있었다. 7.62mm 라이플 총탄 같은 경우는 세 당사자들이 각각 제조하는 부품으로 이루어졌기 때문이다. Milan Nikolić, "The Burden of the Military Heritage", unpublished, Helsinki: WIDER, 1993.
40) 체트니크는 원래 1차대전 전의 세르비아 민족주의 준군사 집단이나 2차대전 당시의 유고슬라비아 게릴라를 가리키는 말이다. — 옮긴이

중에 크게 확장되었다. 전쟁 전에는 유고슬라비아 정부가 정치적 망명자들을 암살하기 위해 창설한 특수부대에서 활약했다. 아르칸은 또 레드스타 베오그라드Red Star Belgrade 축구단 팬클럽의 소유주이기도 했는데, 이 팬클럽을 통해 호랑이파 성원을 충원했다. 호랑이파는 원래 크로아티아에서 활동했다. 보스니아-헤르체고비나에서는 28개 군county에서 활동한 것으로 알려졌다. 유엔 전문가위원회에서 수집한 보도에 따르면, "그들은 짧게 자른 머리에 검은 모직 모자와 검은 반장갑을 착용하고 팔뚝에 검은색 배지를 달았다. 다른 보도에 따르면, 화려한 색깔의 제복에 붉은색 화살 장식, 니트 모자 차림이고, 오른팔 팔뚝에는 세르비아 깃발 배지를 달고 어깨에는 호랑이 한 마리와 '아르칸의 용사들'Arkanove delije이라는 말이 새겨진 기장을 달았다."[41] 호랑이파는 전차와 박격포를 비롯하여 무장을 완비했다. 셰셸리는 한때 반체제 인사였다. 사라예보대학에서 교편을 잡은 적도 있고, 들리는 말로는 미시건대학에서 1년을 보냈다고도 한다.[42] 1980년대 초에는 반공 성향의 저술 때문에 투옥되었다. 감옥에서 나온 뒤에는 베오그라드로 옮겨가 세르비아 민족주의자 대열에 합류했다. 셰셸리가 이끄는 세르비아민족혁신당 Srpska Narodna Obnova은 1990년 선거에서 의석을 확보했고, 특히 1992년 연방선거에서는 138석 가운데 33석을 확보하는 성공을 거두었다. 호랑이파와 마찬가지로 체트니크파 역시 원래는 크로아티아에서 활동했다. 보스니아-헤르체고비나에서는 34개 군에서 활동한 것으로 알려졌다. 셰셸리파는 '턱수염을 기른 남자들'이었다. 정면에 세르비아군 깃발이 그려진 세르비아군 베레모나 세르비아 전통 꽃 모양 모표를 단 검은 털모자를 늘 썼다. 들리는 말로는 항상 술에 절어 있고, 계속 '주말 전사'들을 모집했다고 한다.

---

41) "Ethnic Cleansing", The Commission of Experts on the Former Yugoslavia, *Final Report of the Commission of Experts,* Annex IV, par.238.
42) 1976년에 완성한 셰셸리의 박사학위 논문은 전쟁에 대한 맑스주의적 정당화에 관한 것이었다.

아르칸과 셰셸리 모두 유고슬라비아인민군과 함께 활동한 것으로 보인다. 유엔 전문가위원회에 따르면, "이 군(郡)들 대부분에서 셰셸리와 아르칸은 그 지역에서 활동하는 다른 군대를 지배했다. 현지 준군사 조직이나 간혹 유고슬라비아인민군이 그런 군대였다. 어떤 군에서는 셰셸리 군대와 아르칸 군대가 유고슬라비아인민군의 지휘 아래 활동했다."[43] 셰셸리는 항상 밀로셰비치가 자기 군대에게 무기와 장비를 공급한다고 주장했다.

가장 유명한 크로아티아계 준군사 조직은 크로아티아권리당Hrvatska Stranka Prava(HSP) 계열의 크로아티아방위군Hrvatske obrambene snage (HOS)이었다. 크로아티아방위군 성원들은 2차대전 당시의 우스타셰같이 검은 제복에 크로아티아 전통 체크무늬 방패를 들고 다녔다. 지도자 도브로슬라브 파라가Dobroslav Paraga가 크로아티아 정부를 전복하려 한 혐의로 체포된 1993년까지 크로아티아방위군은 크로아티아권리당과 협력하여 활동했다. 또 다른 크로아티아계 준군사 조직은 유수프 프라지나Jusuf Prazina, 일명 유카Juka가 이끄는 늑대파Wolves였다. 전쟁이 발발하기 전에 유카는 사라예보 출신의 암흑가 인물로 다섯 차례나 감옥신세를 졌다. 늑대파는 "상고머리에 검은색 낙하산병 군복과 선글라스 차림이고 간혹 마스크를 쓰기도 했다."[44] 늑대파는 1992년 8월까지 보스니아-헤르체고비나군과 함께 활동하다가 그 뒤에는 크로아티아방위위원회와 손을 잡았다.

악명 높은 두 조직폭력배인 차초Ćaco와 첼로Celo는 1993년 가을까지 사라예보에서 활동했다. 차초는 한때 무산 토팔로비치Musan Topalović라는 이름의 클럽 뮤지션이었고, 첼로는 강간죄로 8년을 복역하고 막 출소한 범죄자였다. 보스니아 쪽의 준군사 조직은 대부분 그린베레Green Berets나 이

---

43) "Ethnic Cleansing", Annex IV, par.103.
44) "Special Forces", The Commission of Experts on the Former Yugoslavia, *Final Report of the Commission of Experts*, Annex III A, par.68.

슬람무장군Muslimanske Oryžane Snage(MOS)이라는 이름으로 불렸는데, 들리는 바로는 보스니아-헤르체고비나군의 지휘 아래 활동했다고 한다.

다른 준군사 조직들로는 검은 백조파Black Swans, 노랑개미파Yellow Ants(약탈 솜씨 때문에 붙은 이름이다), '메체트의 아이들'Mečet's Babies, 사원 비둘기파Mosque Pigeons, 기사파Knights, 세르비아 송골매파Serbian Falcons 등이 있다. 용병들 가운데는 대부분 아프가니스탄 전쟁 퇴역 군인인 무자헤딘Mujahidiin이 가장 유명했다. 무자헤딘은 원래 데이턴협정에 따라 추방되었어야 했다. 제니차, 트라브니크Travnik, 노비트라브니크Novi Travnik, 모스타르, 코니츠Konjic 등이 무자헤딘의 활동 무대였다고 한다. 크로아티아 쪽 정보에 따르면, 트라브니크에 있는 '팔마'Palma 비디오가게를 소유한 압둘라Abdulah라는 남자가 무자헤딘을 조직했다고 한다. 유엔 전문가위원회는 무자헤딘이 보스니아-헤르체고비나군과는 어느 정도 독립적으로 활동한 것으로 본다. 다른 용병들로는 가리발디부대Garibaldi Unit(크로아티아계와 손잡고 싸운 이탈리아인들)와 세르비아계 편에서 싸운 러시아인들 외에도 덴마크, 핀란드, 스웨덴, 영국, 미국 등에서 온 이들이 있었다. 냉전이 끝난 뒤 군대 감축으로 남아돌게 된 영국인 병사들이 보스니아계와 크로아티아계 양쪽 군대를 훈련시키는 임무를 맡았다.

지역 민병대를 조직한 주체는 투즐라의 경우처럼 지자체거나 벨리카크루샤[Velika Kruša. 원문에는 'Velika Klusa'라고 되어 있으나 오기인 듯하다—옮긴이]나 피크레트 아브디치의 아그로코메르츠, 또는 옛 공산주의자들이 여전히 제강소를 장악하고 있던 제니차의 경우처럼 대기업이었다.

전쟁 기간 동안 공식 경제는 붕괴해 버렸다. 물리적인 파괴, 투입 요소 조달이 불가능한 상황, 시장 파괴 등 여러 요인이 결합된 결과였다. 산업 생산은 전쟁 전 수준의 10%로 줄어든 것으로 추정되었고, 실업률은 60%에서 90% 사이였다. 통화 가치는 폭락했다. 환율은 물물교환과 독일 마르크의 조합에 따라 정해졌다. 대부분의 경우에 사람들은 고통스러운 선택에 직면했다. 인도주의 원조에 의존해 근근이 살든지, 군대에 지원하거나 범죄자가 되든지(또는 둘 다 되든지), 아니면 살던 땅을 등지고 떠나야 했다. 젊은이와 식자층을 중심으로 많은 사람들이 고향을 떠난 탓에 인종청소에서 연상되는 것보다 훨씬 극적인 규모로 인구가 감소했다.

이런저런 군대들은 외부 원조에 자원을 전적으로 의지했다. 외국 정부의 직접 지원, 인도주의 원조에 대한 '과세', 개인 송금 등이 주요 원천이었다. 정규군은 후원하는 각국 정부가 자금과 장비를 대주었다. 보스니아세르비아군은 1994년 8월에 밀로셰비치가 통상금지를 부과할 때까지 세르비아 정부에서 자금을 받았다. 크로아티아방위위원회는 크로아티아에서 자금을 받았고, 보스니아-헤르체고비나군은 이슬람 국가들과 미국의 지원을 받았다(미국은 비밀리에 지원했다). 준군사 조직들은 약탈과 난민을 상대로 한 강탈뿐만 아니라 정복한 지역에 대한 장비 등의 징발, 여러 곳에 세운 검문소를 통한 인도주의 원조에 대한 '과세', 암시장 등을 통해 자금을 조달했다. 지역 민병대는, 관할 영토에서 인도주의 원조에 대해 '세금'을 받고 또 외국에 사는 이들을 비롯한 시민들과 기업들로부터 계속해서 세금을 걷는 지자체로부터 자금을 받았다. 세 종류의 군대 모두 군사적으로나 경제적으로나 서로 협력했다.

정규군과 비정규군의 이런 조합이 택한 전략——보스니아 크로아티아계와 더불어 보스니아 세르비아계가 가장 일관되고 체계적으로 실행한 전략——은 군사 공격보다 정치적 통제를 통한 영토 확보였다. 폭력 행사는 영토를 얻기보다는 주민들을 통제하기 위한 조치였다. 군사 공격을 통해 영토를 확보하는 게 어렵다는 사실은 이미 크로아티아 전쟁에서 확인된 바 있었다. 유고슬라비아인민군은 군사 공격의 고전적인 문제를 몸소 겪었다. 이란-이라크 전쟁에서 극명하게 드러난 근대 전쟁의 전형적인 특징이었다.

크로아티아 동슬로보니아East Slovonia의 도시인 부코바르Vukovar를 상대로 1991년 9월부터 10월까지 두 달 동안 치른 포위공격은 화력과 병력의 압도적인 우위로도 조그만 도시 하나 손에 넣기가 쉽지 않음을 보여 주었다. 1991년 11월 20일에 마침내 함락된 부코바르는 잿더미로 변한 상태였다. 당시 국방장관 카디예비치Veljko Kadijević 장군의 회상에 따르면, 스플리트Split와 달마티아Dalmatian Coast 지방을 점령하려는 계획의 일부였던 두브로브니크 장악 시도도 실패로 돌아갔다.[45] 보스니아 전쟁의 특징은 보스니아 주요 도시들에 대한 포위공격이었다. 도시를 장악할 수는 없었지만 계속해서 포격을 가하고 보급선을 끊어 놓을 수는 있었다.

보스니아 세르비아계가 파죽지세로 밀어붙였던 보스니아-헤르체고비나 전쟁의 초기 단계와 세르비아계가 무기력해진 마지막 단계를 제외하고는 영토의 임자는 거의 바뀌지 않았다. 사실 이 전쟁은 대립하는 편 사이의 전쟁이 아니라 민간인을 상대로 한 전쟁이었다. 연속된 전선이 전혀 형성되지 않은 것도 이 때문이다. 연속된 전선 대신 상이한 당파가 각기 다른 지역을 장악했고, 각 군대는 유엔 전문가위원회의 표현처럼 '체크무늬' 군사 지도를 그리며 산재한 채 장악한 지역을 둘러싼 도시 내부와 주변을 따라 대치선을 형성했다. 실제로 무슬림과 크로아티아계 사이에 워싱턴협정이 체결되기 전인 1993년 말 당시, 보스니아가 장악한 영토는 적대 세력에게 둘러싸인 고립지역enclave 몇 곳이었다. 어떤 이들은 이를 두고 '표범무늬' 영토라고 이름 붙였다. 세르비아계가 장악한 바냐루카와 크로아티아계와 무슬림이 나눠 가진 모스타르를 제외하면, 도시는 여전히 대부분 보스니아가 장악했고 시골은 세르비아계와 크로아티아계가 양분했다.

세르비아계 영토들을 연결하는 동시에 북부 보스니아와 자그레브를 잇

---

45) Miloš Vasić, "The Yugoslav Army and the Post-Yugoslav Armies", p.129를 보라.

는 통신로를 제공할 후보지인 브르치코Brčko 회랑지대 같은 몇몇 전략적 요충지를 제외하면, 대립하는 편 사이에 전투가 벌어지는 경우는 비교적 드물었다. 사실 암시장을 중심으로 여러 가지 협력의 사례가 존재했고, 각기 다른 당파 사이에 단기적이고 국지적인 군사적 협력도 여러 가지로 이루어졌다. 한 예로, 유엔보호군United Nations Protection Force(UNPROFOR)은 모스타르의 현지 무슬림 지휘관과 세르비아계 지휘관이 세르비아계가 크로아티아계를 포격하면 독일 마르크화로 얼마를 지불해야 하는지를 논의하는 전화 대화를 감청한 적이 있다. 1993년 7월에 세르비아계가 사라예보를 내려다보는 이그만Igman 산을 장악했을 때가 최악의 경우였다. 당시 이그만 산을 방어하던 준군사 조직들은 암시장 루트를 장악하기 위해 자신들의 진지를 기꺼이 '팔아먹었다'. 폭력은 대부분 민간인을 겨냥한 것 — 저격수가 사격하는 가운데 진행된 도시와 소읍 폭격 및 소읍과 마을 내에서 벌어진 다양한 형태의 잔학행위 — 이었고, 이런 폭력이 이른바 인종청소로 바뀌었다.

보스니아 세르비아계는 자신들의 자치령을 만들고 싶어 했다. 그러나 바냐루카를 제외하고는 세르비아계가 수적으로 우세하거나 또 더 중요하게는 세르비아계 극단주의자들의 수가 압도적인 지역이 거의 전무했기 때문에 인종청소를 통해 자치령을 만들 수밖에 없었다. 세르비아계가 장악한 크라이나 영토를 세르비아와 연결하고 유고슬라비아인민군 기지와 무기 창고를 장악한다는 전략적인 이유에서 자치령 지역을 선택한 것으로 보인다. '세르비아계 자치 지역'을 수립한다는 전술은 크로아티아 전쟁에서 처음 만들어진 일관된 패턴을 따른 것처럼 보인다. 언론인들과 유엔기구, 헬싱키감시단Helsinki Watch 같은 독립적인 비정부기구 등의 수많은 보고에서 이 과정에 대한 설명을 볼 수 있다.

마을과 소읍 같은 농촌 지역에 전형적인 패턴이 적용되었다. 우선 정규군이 지역을 포격하고 공포 분위기를 조성하기 위해 무시무시한 내용의 선전을 한다. 이웃 마을들에서 벌어진 테러 소식이 공포를 더욱 부추긴다. 그러고 나서 준군사 조직들이 몰려와서 닥치는 대로 죽이고 강간하고 약탈하면서 비세르비아계 주민들을 공포로 몰아넣는다. 뒤이어 지역 행정을 확실히 장악한다. 더 극단적인 경우에는 비세르비아계 남자들만 골라내서 죽이거나 구금시설에 가뒀다. 남은 여자들은 가진 것을 빼앗고 강간을 한 뒤 쫓아내거나 특별 강간 구금시설로 보냈다. 가옥과 사원 같은 문화적 건물은 약탈하고 불태우거나 폭파했다. 준군사 조직들은 또 유력 인사들——공동체 지도자나 지식인, 민주행동당 당원, 부자 등——의 명단을 갖고서 그들을 선별해서 처형한 것으로 보인다. "뚜렷한 반대파와 정치적 온건파에 대한 의식적인 제거 과정이었다. 이것은 또한 공동체를 위로부터 파괴하는 과정이기도 했다."[46] 방송기자 마이클 니컬슨Michael Nicholson은 이 과정을 '엘리트 말살'elitocide이라고 지칭했고, 투즐라 시장은 '지식인 청소'intellectual cleansing라고 이름 붙였다.

구금시설의 존재는 1992년 8월에 알려졌다. 유엔 전문가위원회는 보스니아 세르비아계가 운영하는 곳 237개, 보스니아-헤르체고비나군과 정부가 운영하는 곳 89개, 보스니아 크로아티아계가 운영하는 곳 77개 등 총 715곳의 구금시설을 확인했다. 위원회에 따르면, 구금시설은 집단 처형, 고문, 강간, 그밖에 온갖 형태의 성폭력을 비롯한 "최악의 비인도적 행위"가 펼쳐지는 공간이었다. (보스니아계 진영에서도 제네바협약을 심각하게 위반하긴 했지만, 세르비아계와 크로아티아계 진영에 비하면 빈도도 덜했고 그만큼 체계적이지도 않았다고 한다.) 인종청소 과정에서 특별한 점은 강간이 광범위하게 자행되었다는 사실이다. 다른 전쟁에서도 대규모 강간이 벌어지긴 했지만, 구금시설의 존재와 특정 장소와 시간에 체계적으로 강간이 자행된 점은

---

46) Laura Silber and Alan Little, *The Death of Yugoslavia*, p.270.

그것이 주도면밀한 전략의 일환이었음을 보여 준다.[47]

도시 지역, 특히 바냐루카에서는 인종청소가 비교적 완만하고 법적인 과정이었다. 비세르비아계 주민들은 생활을 유지할 수 없었다. 가령 일자리에서 쫓겨나고 치료를 받을 수도 없었다. 통신은 두절되었고, 네 명 이상 모일 수도 없었다. 여러 도시에 비세르비아계나 비크로아티아계가 자기 재산을 포기하고 많은 돈을 지불해 그곳을 떠날 수 있는 허가를 받는 장소인 다양한 이름의 주민교환소Bureau for Population Exchange가 설치되었다.[48]

크로아티아계가 장악한 지역에서도 비슷한 수법이 자행되었다. 보스니아계가 장악한 지역의 경우에 의도적인 인종청소가 이뤄졌다는 증거는 없지만, 많은 비무슬림 주민, 특히 세르비아계가 심리적인 압박이나 차별, 강제징집 등 여러 이유로 살던 곳을 등졌다.[49] 〈표 3-2〉에서 볼 수 있는 것처럼, 1995년 말에 이르면 인종청소가 거의 완료되었다. 유엔난민고등판무관실의 추산에 따르면, 북보스니아의 경우 35만 명 정도였던 무슬림 원주민 가운데 1만 3,000명만이 남았고, 동보스니아와 남헤르체고비나에서는 30만 명에 달했던 무슬림과 크로아티아계 가운데 4,000명만이 남았다. 투즐라와 제니차에서는 많은 수의 세르비아계와 크로아티아계가 도시를 등졌다.

전쟁 초기 단계에서는 확실히 준군사 조직들이 최악의 잔학행위를 벌인 것으로 보인다. 유엔 위원회의 말을 들어 보자. "준군사 조직의 활동에 관한 보고와 강간, 성폭력, 구금시설, 집단 매장지 등에 관한 보고 사이에는 강

---

47) Shems Hadj-Nassar, "Has Rape been Used as a Systematic Weapon of War in the Conflict in the Former Yugoslavia?", unpublished Master's Thesis, University of Sussex, 1995.
48) 바냐루카와 비엘리나Bijeljina, 야냐Janja 등지에서는 전쟁이 끝나는 순간까지 인종청소가 계속되었다. 유엔난민고등판무관실은 1994년 말에 투즐라에 도착한 한 남자의 이야기를 전했다. "이제 아이도, 친구도, 정보도, 생활도, 사원도, 무덤도 다 없어졌다." UNHCR, *Information Notes on Former Yugoslavia*, Zagreb, November 1994.
49) *Mazowiecki Report*, E/CN.4/1994/3, 5 May, 1993.

<표 3-2> 보스니아-헤르체고비나의 인종청소

(단위: 명)

	1991년 인구조사			
	세르비아계	크로아티아계	무슬림	총계
비하츠	29,398	6,470	202,310	238,178
북보스니아-헤르체고비나	624,840	180,593	355,956	1,161,389
제니차	79,355	169,657	328,644	577,656
투즐라	82,235	38,789	316,000	437,024
사라예보	157,526	35,867	259,085	432,478
고립지역	20,000		80,000	100,000
서헤르체고비나/중-서보스니아	43,595	245,586	111,128	400,309
동보스니아/남헤르체고비나	304,017	40,638	261,003	605,658
총계	1,340,966	717,600	1,655,300	3,972,692
	1995년 11월 추정치[a]			
비하츠	1,000	5,000	174,000	180,000
북보스니아-헤르체고비나	719,000	9,000	13,000 [38,000]	741,000
제니차	16,000	115,000	439,000	570,000
투즐라	15,000	19,000	659,000 [629,000]	693,000
사라예보	해당 없음	해당 없음	해당 없음	455,000
고립지역			50,000 [115,000]	50,000
서헤르체고비나/중-서보스니아	5,000	320,000	160,000	485,000
동보스니아/남헤르체고비나	450,000	4,000[b]	왼쪽 칸 참조	454,000
총계	1,206,000 (사라예보 제외)	470,000	1,497,000	3,628,000

주: 대괄호 안의 숫자는 1994년 11월의 수치를 보여 준다. (단, 북보스니아-헤르체고비나의 무슬림은 1994년 12월의 수치이다.
   a 이 수치들은 과장된 게 거의 확실하다. 100만 명이 넘는 보스니아 난민이 나라를 떠났기 때문이다.
   b 이 수치는 크로아티아계와 무슬림 공동체 모두를 포괄한다.
출처: UNHCR, *Information Notes on Former Yugoslavia 11/95*, Zagreb, 1995.

한 상관관계가……존재한다. 이런 행위(즉 준군사 행동과 제네바협약의 심각한 위반)는 대개 같은 군部에서 벌어졌고 지역화된 특성을 나타냈다."⁵⁰⁾ 세르비아계에서는 아르칸과 셰셸리의 활동이 유명했다. 유엔 위원회에 따르면, 이 두 준군사 조직의 활동이 유고슬라비아인민군(보스니아세르비아군)의 활동과 조정되면서 이루어진 반면, 크로아티아계와 보스니아계의 준군사 조직들은 정규군과 독립적으로 활동했다. 크로아티아계에서는 파라가Paraga가 카플리나Capljina와 드레텔리Dretelj에 구금시설을 세웠다고 하며, 유카는 모스타르에서 무슬림 700명 가량을 살해한 것으로 알려졌고 또 헬리콥터 이착륙장에 구금시설을 만들었다.⁵¹⁾ 보스니아계에서는 무자헤딘이 최악의 잔학행위를 저지른 것으로 보인다.

물론 민족주의 광신자들이 일부 있긴 하지만, 준군사 조직들의 동기는 대개 경제적인 것으로 보인다. 바시치Miloš Vasić에 따르면, 준군사 조직 성원들의 80% 정도는 통상적인 범죄자이고 20%는 광신적 민족주의자였다. "광신적 민족주의자들은 오래가지 못했다(광신주의는 사업에 도움이 되지 않기 때문이다)."⁵²⁾ 들리는 말에 따르면, 아르칸은 금과 돈을 가진 부자 무슬림들의 명단을 갖고 있었다고 한다. "먼저 약탈할 권리"가 일종의 보수로 여겨졌다.⁵³⁾ 많은 예전의 범죄 집단이 전쟁 전에 하던 돈벌이를 확장할 수 있었다. 준군사 조직들은 대부분 암시장 사업에 관여했고, 포위된 고립지역의 상황

---

50) "Special Forces", Annex III A, par. 70.
51) 드레텔리에서는 "희생자들이 성고문을 당하고, 곤봉과 막대기로 두들겨 맞고, 담배와 촛불로 살을 지지고, 소변을 마시고 풀을 먹어야 했다고 말했다. 어느 희생자는 전문직 여성 세 명과 한 방에 갇혀 있었는데, 그동안 네 명이 몇 번이고 강간을 당했다고 밝혔다"(ibid., par. 67).
52) Miloš Vasić, "The Yugoslav Army and the Post-Yugoslav Armies", p. 134.
53) The Commission of Experts on the Former Yugoslavia, *Final Report*, Annex III, par. 239. 흥미롭게도, 크로아티아 전쟁 당시 유고슬라비아인민군의 내부 메모는 아르칸과 셰셸리가 '군대의 사기'를 해칠 위험이 있고, 그들의 "주된 동기는 적과 싸우는 게 아니라 사유재산을 강탈하고 크로아티아 시민을 비인도적으로 대우하는 것"이라고 지적했다. ibid., par. 100.

을 이용해 돈을 벌기 위해 가짜 전선을 넘나들며 서로 협력했다. 사실 준군사 조직들은 보스니아 사회에 아직 만연하지 않은 '공포와 증오'를 불어넣는 데 필요한 더러운 일을 하기 위해 '고용된' 셈이었다. 그리하여 교전 행위와 나란히 마피아 경제가 생겨나면서 수익성 높은 소득 원천을 유지하는 동시에 평시가 되면 실시될지도 모를 사법 절차로부터 범죄자들을 보호하기 위한 전쟁의 자기변호 논리가 만들어졌다.

지방 정부기관이 살아남은 몇몇 곳에서는 그래도 상황이 나았다. 1990년 선거에서 비민족주의자들이 승리한 투즐라가 대표적인 예이다. 투즐라를 방어한 지역 경찰과 지원병들은 후에 보스니아 군대의 지역 여단이 되었고, 다문화 공존이라는 시민적 가치의 이데올로기가 열렬하게 장려되었다. 도시는 전쟁 기간 내내 광산을 비롯한 지역의 에너지원과 지역 생산을 유지했다. 전쟁이 최고조에 달해 도시가 완전히 두절되었을 때, 사람들은 인도주의 원조와 유엔보호군이 현물로 치르는 임대료에 의존해 살았다. 전쟁이 끝날 무렵 투즐라에서 걷은 세금이 보스니아 정부 전체 세입의 60%를 차지했다. 그렇지만 결국 드러난 것처럼, 부가렐이 '공동체주의화한 약탈경제' communitarianized predatory economy라고 이름 붙인 경제 아래서 상대적으로 시민성을 유지하는 이런 고립된 섬들이 살아남기란 무척 어려웠다.[54]

전쟁이 막바지로 치달으면서 지역 민병대와 준군사 조직들이 정규군에 흡수되었다. 민병대는 지역 여단이 되고 준군사 조직은 '특수부대'가 되었다. 인종청소 작전의 고전적 전범인 1995년 7월의 스레브레니차 Srebrenica 점령은 보스니아세르비아군이 전적으로 수행했다. 3일째 되는 날, 성인과 아동 남자 8,000명을 학살하는 소름끼치는 임무를 수행하기 위해 특수부대가 투입되었다. 모든 진영에서 동원 경제를 만들어 내려는 시도가 있었으나

---

54) Xavier Bougarel, *L'Anatomie d'un conflit*, Paris: La Découverte, 1995.

모두 실패했다. 특히 1994년 8월 세르비아가 보스니아 세르비아계에 대해 봉쇄를 부과한 뒤, 보스니아세르비아군은 재원을 자력 조달할 수밖에 없었다. 보스니아 세르비아계 정부는 재정을 중앙집중화하고 핵심 부문을 통제하려고 했지만, 범죄 경제와 연결된 국회의원들로 이루어진 이른바 세르비아계 의회는 이 조치를 거부했다. 전쟁 막바지에 이르러서는 모든 진영에서, 특히 세르비아계 진영에서 사기가 땅에 떨어졌다. 바시치는 보스니아세르비아군이 실전에 투입할 수 있는 병력이 3만 명에 불과했다고 지적한다. 젊은이들을 중심으로 많은 사람이 떠났고, 가난과 범죄와 무질서가 만연했다.

인종청소 전략은 얼마나 미리 계획되었을까? 단지 크로아티아의 세르비아계 군대가 어쩌다가 저지른 일일까? 유엔 위원회에 따르면, 유고슬라비아인민군의 심리전 담당국에서 "내무부가 통제하는 특수부대를 동원해 지역을 도발하고 '인종청소'를 하기 위한 몇 가지 계획을 세웠다"고 한다.[55] 유엔 위원회에서 인용한 슬로베니아 일간지 『델로』Delo['노동'이라는 뜻―옮긴이]의 기사는 유고슬라비아인민군이 '람'RAM 계획(크로아티아와 보스니아-헤르체고비나의 세르비아계를 무장시키는 계획) 외에도 심리전의 무기로 무슬림을 대량학살하고 대량강간하는 계획을 세워 두었다고 주장했다. "무슬림의 행태를 분석한 결과, 여성, 특히 미성년자와 아동까지 강간하고 종교시설 안에서 이슬람 민족 성원들을 살해하는 것이야말로 그들의 사기와 전투 의욕과 의지를 짓밟는 손쉬운 방법임이 드러났다."[56]

유고슬라비아인민군이 파르티잔 운동 시절의 역사에서 교훈을 끌어냈다고 주장하는 이들도 있다. 지역적이고 탈집중적인 전쟁의 성격이 게릴라전과 많은 유사점이 있음은 분명하다. 각 공화국과 자치주에 국토방위군 조

---

55) The Commission of Experts on the Former Yugoslavia, *Final Report*, Annex III, par. 102.
56) ibid., Annex IV, par. 142.

직이 있었기 때문에 지역 차원에서 많은 훈련된 예비군이 전쟁에 투입되고 지역 무기창고에서 쉽게 소형 무기를 손에 넣을 수 있을 수 있었다. 그렇지만 인종청소는 지역 주민의 지지에 의존한 게릴라전과는 여러 면에서 정반대이다. 마오쩌둥의 말을 빌자면, 게릴라는 '물속의 물고기'가 되어야 했다. 인종청소의 목적은 공동체를 철저하게 파괴하고 '공포와 증오'를 조성하는 것이었다. 미국이 베트남에서 개발하고 1980년대에 저강도 전쟁에서 시험한 대對게릴라 이론이 유고슬라비아인민군의 사고에 영향을 주었을 것이라는 추측이 있다. 알렉스 드왈Alex de Waal은 아프리카 군사전략가들이 이 이론에 영향을 받았으며, 아마 이런 점 때문에 보스니아 전쟁과 아프리카 각지의 전쟁이 유사한 모습을 보였을 것이라고 지적한 바 있다.[57] 확실히 유고슬라비아인민군 참모들은 아프리카에서 벌어진 전쟁들을 연구했을 것이다. 유고슬라비아의 마지막 국방장관인 카디예비치 장군은 미국 웨스트포인트 육군사관학교에서 6개월을 보냈다. 물론 이 사관학교의 교과과정에서 대게릴라전은 사소한 일부분에 불과했지만, 유고슬라비아인민군의 다른 장교들도 미국에서 공부했다. 사전에 이루어진 논의와 경험이 어느 정도 관련은 있는 게 분명하지만 인종청소 전략이 현장에서 만들어졌다는 주장이 아마 더 설득력이 있는 것 같다.

    인종청소 전략의 대상이 되었던 것은 비단 다른 민족 집단 성원만이 아니었다. 증오를 거부하는 온건파들도 표적이 되었다. 크라이나의 세르비아계 지도자인 바비치Milan Babić와 마르티치Milan Martić가 파크라츠Pakrac 시를 장악하고 권력의 자리에 있는 다른 민족 사람들뿐만 아니라 세르비아계도 쫓아냈을 때 이런 사실이 처음 드러났다. 전쟁 기간 내내 어느 쪽에서든

---

57) Alex de Waal, "Contemporary Warfare in Africa", eds. Mary Kaldor and Basker Vashee, *New Wars*.

간에 '공포와 증오'의 수렁에 이끌려 들어가기를 거부한 사람들이 있었다. 유엔 인권위원회 특별보고관이 작성한 각종 보고서는 무슬림과 크로아티아계 이웃을 보호하려고 애쓴 용감한 세르비아계의 행동을 시종일관 지적한다. 일간지 『가디언』*Guardian*은 친구와 이웃을 조직해서 무슬림을 보호한 프리예도르Prijedor에 사는 세르비아계 '쉰들러'에 관해 보도했다. 모스타르의 유대인 공동체는 힘을 모아 무슬림의 탈출을 도왔다. 비록 많은 사람이 사망하고 도주해서 성원이 크게 줄긴 했지만, 보스니아-헤르체고비나의 여러 지역에는 여전히 비민족주의 단체와 정당이 존재한다.

국제사회 개입의 성격

보스니아-헤르체고비나 전쟁, 아니 옛 유고슬라비아 영토에서 벌어진 모든 분쟁에 대한 국제사회의 개입은 처음부터 광범위했다. 공식적인 차원과 시민사회 차원 모두에서 개입이 이루어졌다. 전쟁은 언론과 평화·인도주의·인권 단체들뿐만 아니라 교회나 대학 같은 시민기관의 관심의 초점이 되었다. 옛 유고슬라비아 내에서는 국제사회의 역할에 큰 희망을 걸었다. 많은 사람들에게 '유럽'이라는 말은 거의 신비적인 의미를 지녔다. 이 말은 문명화된 행동과 동의어였고, 민족주의에 반대하는 이들이 열망하는 대안적인 '시민적' 전망의 상징으로 여겨졌다. 그러나 실제로 벌어진 일은 무척이나 실망스러웠고 결국 냉소와 절망이 자라났다.

 사실 국제사회의 개입은 두 가지 매우 다른 형태가 존재했다. 하나는 고위급 정치 회담과 대표단이었다. 다른 하나는 사실상 새로운 형태의 인도주의 개입이었다. 인도주의 개입이 국제사회의 행동의 목표와 규모, 그리고 국제기구와 시민사회 사이의 협력을 조성한 방식에서 상당한 혁신을 보여 주었다는 것이 내가 주장하는 바이다. 그러나 인도주의적 차원에서 실제로 벌어진 일과 상위정치high politics의 차원에서 벌어진 일 사이의 모순, 그리고 이와 관련되는 것으로 전쟁의 정치·군사적 성격에 대한 오해 때문에 인도주의 개입은 치명적인 손상을 입었다.

국제사회가 옛 유고슬라비아에서 잇따라 일어난 전쟁을 미리 막거나 중단시키지 못한 이유에 대해서 많은 설명이 있었다——유럽연합의 응집력이 부족했다거나, 각국 정부가 적절한 자원을 제공할 의지가 없었다거나, 정치인들이 근시안적 시각으로 접근했다거나 하는 식이다. 이런 설명들은 모두 어느 정도 일리가 있다. 그러나 근본적인 문제는 인식의 문제였다. 왜 전쟁이 일어났고 어떻게 진행되었는가, 그리고 유고슬라비아가 붕괴된 뒤 등장한 새로운 민족주의 정치 구조의 성격은 무엇인가를 이해하지 못했던 것이다. 정치적으로나 군사적으로나, 국제사회는 이 전쟁을 전통적인 본질주의적 유형의 민족주의들이 서로 경쟁하면서 일어난 충돌로 보았다. 세르비아계처럼 모든 민족주의를 똑같이 비난해야 한다고 주장한 유럽인들이나, 세르비아계를 나쁜 '전체주의적' 민족주의자로 보고 크로아티아계와 무슬림을 착한 '민주주의적' 민족주의자로 본 미국인들이나 사정은 마찬가지였다. 물론 세르비아계와 크로아티아계의 민족주의는 확실히 나쁜 민족주의이고 무슬림 민족주의는 그렇게까지 나쁘지는 않았지만, 이런 분석은 이 전쟁이 새로운 형태의 인종 민족주의와 문명화된 가치 사이의 충돌이라는 점을 보지 못했다. 민족주의자들은 옛 유고슬라비아 내에서나 세계적으로나 국제주의와 인도주의의 전망을 제거하는 데 공통된 이해관계를 가졌다. 다시 부가렐의 주장을 되풀이하자면, 정치적으로나 군사적으로나 민족주의자들의 전쟁은 서로에 대항한 것이 아니라 민간인과 시민사회를 상대로 한 것이었다.

이른바 국제사회는 민족주의자들이 전파하고 싶어 한 분쟁에 대한 인식을 받아들이고 정당화하면서 민족주의의 덫에 걸려들었다. 정치적인 면에서 민족주의자들은 공통된 전체주의적 목표를 추구했다. 한때 공산당이 민족 공동체들에 기초해서 누렸던 것과 같은 정치적 통제를 재확립한다는 것이었다. 이런 목표를 위해서는 사회를 민족의 구분선에 따라 분할해야 했다. 국제사회의 협상자들은 '공포와 증오'가 보스니아 사회의 고유한 특징이고 민족주의자들이 사회 전체를 대표한다고 가정한 탓에 민족주의자들 스스로 달성하고자 하는 것과 같은 타협 말고 다른 해결책을 찾지 못했다. 또 '공포와 증오'가 보스니아에 고유한 것이 아니라 전쟁 중에 조작된 것임을 이해하지 못한 탓에 사실상 민족주의의 목표에 기여하고 국제주의와 인도주의의 전망을 약화시키는 데 일조했다.

군사적인 면에서 보자면, 사람들은 이른바 교전 당사자들 사이에 주로 폭력이 벌어지고 민간인은 말하자면 십자포화에 갇힌 것처럼 생각했다. 인종청소의 증거가 분명하게 보였지만, 사람들은 이를 전쟁의 목표가 아니라 전투의 부작용으로 치부했다. 민간인을 보호하기 위해 보스니아-헤르체고비나에 파견된 유엔군은 무기력하기만 했다. 지휘관들이 재래식 전쟁에 휘말려 들어갈까봐 끔찍이 염려했기 때문이다. 평화유지와 전투수행 사이에 뚜렷한 구분선이 그어졌다. 평화유지란 유엔군이 교전 당사자 사이의 동의에 입각해서 활동하는 것을 의미했다. 반면 전투수행은 한쪽 편을 드는 것을 의미할 터였다. 무력을 조금이라도 사용하면 한쪽 편을 드는 셈이 되고 결국 국제적인 군사개입이 확대될 것이라는 염려 때문에 유엔군은 전쟁 기간 내내 원래 자신의 일인 인도주의 업무를 효과적으로 수행할 수 없었다. 전통적인 의미에서 전쟁 당사자들 사이의 교전이 거의 없고, 주된 문제는 민간인을 상대로 계속되는 폭력이라는 점을 대부분 이해하지 못했다. 유엔군은 평화유지군 역할을 하러 온 것이었고, 따라서 동의에 입각해서 활동했다. 그 결과 원조 물자 수송이나 안전한 피난처를 보호할 수 없었다. 어느 사라예보계 사람이 비웃은 것처럼, 유엔군은 그저 "섹스파티에 온 고자처럼" 수수방관하기만 했다.

고위급 회담을 지배한 접근법은 '위에서부터' 다가가는 방법이었다. 정당 지도자들이 그들이 대표하는 사람들을 진짜로 대변한다고 가정하는 현실정치realpolitik의 접근법이었다. 그리하여 유고슬라비아의 잔해를 어떻게 처리할 것인가 하는 문제는 이 지도자들과 타협에 도달하는 문제로 이해되었다. 본질적으로, 이것은 정치·사회 조직의 문제가 아니라 국경과 영토의 문제로 여겨졌다. 인종청소를 전쟁의 부작용 정도로 보았기 때문에, 어떻게 하면 교전 당사자들이 받아들일 수 있는 정치적 타협책을 찾아서 전투를 중단시킬 수 있는지가 주된 관심사가 되었다. 옛 유고슬라비아의 정치 지도자들이 함께 살 수 없다고 고집하면, 유고슬라비아가 남긴 정치 공간에 대해 새로운 일련의 영토 조정을 해야 했다. 그 결과로 나온 해법이 분할이었다. 그러나 분할은 전쟁의 해법인 만큼 원인이기도 했다. 또 분할은 무한정일 수밖에 없었다. 누구나 알다시피 인구 전체를 완전히 교체하지 않고서는 인종적으로 순수한 영토를 만들 수는 없기 때문이다. 인종청소가 전쟁의 목표였기 때문에 유일한 해법은 인종청소의 결과를 수용하는 것뿐이었다. 그리하여 분할의 원칙 자체가 민족주의적인 권리 주장을 정당화했다.

첫번째 분할은 슬로베니아와 크로아티아, 그리고 뒤이어 보스니아-헤르체고비나가 독립 승인을 받으면서 이루어진 유고슬라비아의 분할이었다.[58] 이와 동시에 1991년 12월에 유엔 특사 사이러스 밴스가 정전을 중재한 뒤 크로아티아가 분할되었다. 보스니아-헤르체고비나의 독립 인정은 전

---

58) 유고슬라비아 분할은 독일이 제안한 것으로서 다른 유럽 나라들은 마지못해 동의했을 뿐이다. 실제로 유럽연합은 독일의 압력 아래 바댕테르위원회Badinter Commission[정식 명칭은 옛 유고슬라비아 평화회담 중재위원회Arbitration Commission of the Peace Conference on the former Yugoslavia이며 위원장 로베르 바댕테르Robert Badinter의 이름을 딴 별칭이다 ――옮긴이]를 구성하여 유고슬라비아 승계 국가들에 대한 독립 인정 기준을 마련하기 위한 보고서를 작성하도록 했다. 결국 마케도니아와 슬로베니아만이 소수민족이 만족하는 조정 기준을 충족시켰지만, 마케도니아 독립 인정은 그리스의 반대로 연기되었다.

쟁이 발발한 바로 그날 이루어졌다. 전투를 중지시키려는 시도 속에서 보스니아-헤르체고비나를 분할하기 위한 단명한 계획들이 잇따라 제출되었고, 데이턴협정은 그 정점을 이루었다. 첫번째 계획은 1992년 봄에 나온 캐링턴-쿠틸레이루 안Carrington-Cutileiro Plan[59]으로 보스니아-헤르체고비나를 세 부분으로 나누자는 안이었다. 계획이 실패로 돌아간 뒤, 캐링턴 경은 유럽연합 중재역을 그만두었고 데이비드 오언이 그 자리를 물려받았다. 오언은 밴스와 함께 1992년 8월 런던회의London Conference 이후 설립된 옛 유고슬라비아에 관한 국제회의International Conference on Former Yugoslavia(ICFY) 공동의장이 되었다. 밴스-오언 안은 캐링턴-쿠틸레이루 안을 개선한 것으로 여겨졌다. 보스니아-헤르체고비나를 10개 지역으로 분할하고, 그중 9개를 어느 한 민족 집단의 지배 아래 두도록 했기 때문이다. 1993년 5월에 결국 보스니아 세르비아계 의회는 이 안을 거부했지만, 그 사이에 크로아티아계는 이 안을 구실로 삼아 자신들이 지배하게 될 지역에서 인종청소를 자행했다. 이런 행동은 크로아티아계와 무슬림이 충돌하는 계기가 되었다. (크로아티아방위위원회HVO는 '흐발라 밴스 오언'Hvala Vance Owen, 즉 '밴스 오언 고마워요'의 약자라고 사람들은 말했다.) 1994년 봄, 미국의 압력 아래 무슬림과 크로아티아계의 정전 교섭이 이루어졌다. 사실 정전협정인 워싱턴협정은 원래 알려진 바대로 훨씬 더 작은 인종별 지배 지역으로 분할한 보스니아-크로아티아 연방을 성립시켰다. 한편, 밴스-오언 안은 오언-스톨텐베르그 안Owen-Stoltenberg Plan으로 대체되었고(토르발 스톨텐베르그 Thorvald Stoltenberg가 사이러스 밴스 대신 공동의장을 맡았다), 오언-스톨텐베르그 안은 다시 접촉그룹안Contact Group Plan으로 대체되었다——접촉

---

[59] 나토 사무총장을 지낸 영국의 피터 캐링턴 경Sir Peter Carrington과 포르투갈 대사 주제 쿠틸레이루José Cutileiro의 이름을 딴 것이다. 원문에는 'Cuteleiro'라고 되어 있으나 이는 오기인 듯하다.——옮긴이

그룹은 외부의 주요 관계자들(미국, 러시아, 영국, 프랑스, 독일)을 망라한 새로운 교섭 회의체였다. 이 두 안과 결국 교전을 중단시키는 데 성공한 데이턴협정은 원래의 캐링턴-쿠틸레이루 안과 무척 유사한 내용이었다.

데이턴협정은 마침내 휴전을 이루는 데 성공했다. 군사적 압력 때문이기도 했고(나토는 결국 공습을 수행했고, 영국과 프랑스는 신속대응군을 보스니아에 파견했다), 보스니아 세르비아계의 사기가 떨어진 때문이기도 했지만, 아마 가장 중요한 이유는 세르비아계가 동부의 고립지역 두 곳을 장악하고 크로아티아계가 크라이나를 장악하면서 현장의 군사적 상황이 '합리적으로 조정'된 때문일 것이다.[60] 요컨대 인종청소가 사실상 완료된 것이었다. 막바지 전투가 무척 쉬웠던 탓에 세르비아와 크로아티아 사이에 모종의 암묵적 양해가 있거나 심지어 외부 관계자들이 부추긴 것 아니냐는 추측도 있었다.[61] 확실히 최종적으로 결정된 분할은 일찍이 1991년 3월에 밀로셰비치와 투즈만이 유명한 카라조르제보Karadjordjevo 회담에서 논의한 내용과 유사했다.[62]

협상가들은 교전 당사자들과 대화를 했다는 이유만으로도 큰 비판을 받았다. 이런 상황에서 어떻게 전범으로 거명한 사람들과 악수를 하는 모습

---

60) 오언 자신은 국제사회가 더 단합하고 미국이 협상가들을 전면적으로 지원했다면 훨씬 빨리 타결을 보았을 것이라고 지적한다. 오언은 1993년 여름에 밴스-오언 안을 강제하는 데 실패한 것을 두고 미국의 지원 부족을 탓한다. 워싱턴협정과 데이턴협정의 경우처럼, 미국이 책임을 맡았을 때 훨씬 많은 성과를 이룬 것은 분명하다. 그러나 이런 주장은 이 시기의 정치를 제대로 보지 못하는 우를 범한다. 분할을 강제하는 것을 대단히 꺼렸던 것이다. 보호령 같은 다른 제안을 했다면 아마 국제사회로부터 더 많은 지지를 끌어모았을 것이다. 데이턴협정에 도달할 무렵이면 대부분의 사람들은 이미 분할 이외의 다른 대안을 포기한 상태였다.
61) Pierre Hassner, "Ex-Yougoslavie: le tournant?", *Politique Internationale* no.69, 1995 참조.
62) 캐링턴은 다음과 같이 회상한다. "내가 투즈만 대통령과 밀로셰비치 대통령을 만나 이야기했을 때, 두 사람 모두 서로 만족하고 자기들끼리 분할하려는 해법이 있었던 게 분명했다. 두 사람은 보스니아를 분할할 속셈이었다. 세르비아계[지역]는 세르비아가 갖고 크로아티아계[지역]는 크로아티아가 갖는다는 것이었다. 그리고 둘 중 누구도 무슬림들에게 어떤 일이 벌어질지에 관해서는 크게 신경 쓰지 않았다." Laura Silber and Alan Little, *The Death of Yugoslavia*, p.210에서 재인용.

을 보일 수 있었겠는가? 어떻게 정식으로 인정된 나라의 대통령인 이제트베고비치를 보스니아 세르비아계나 크로아티아계와 동등하게 다룰 수 있었겠는가?[63] 협상에 관여한 이들은 전쟁을 시작한 자들만이 전쟁을 멈출 수 있으며 따라서 교전 당사자들 사이의 회담 말고는 다른 대안이 없다고 주장한다. 이런 주장에도 일말의 진실이 있지만, 전반적인 정책에서 이런 회담에 우선권을 두지 말았어야 했다. 보스니아 사회의 비민족주의적인 정치 및 시민 집단이 각국 정부와 국제기구에 자유롭게 접근하고, 이를 통해 분할 이외의 대안을 비롯한 자신들의 구상과 제안을 밝혀서 진지한 반응을 얻고, 국제사회의 존중을 받는다는 대중적인 인상을 남길 수 있는 방법이 여럿 있었다. 비민족주의 집단은 국제사회가 추구하는 가치를 위한 희망을 표상했고, 따라서 평화를 향한 모색에서 주요한 동반자로 보아야 했다. 민족주의자들은 그들이 추구하는 목표와 그 목표를 위한 수단의 본성상 '가슴과 머리'에 호소하지 못하고 그럴 수도 없으며, 다른 정치적 대안을 육성하는 것이 극히 중요하다는 사실을 아무도 이해하지 못했다.

고위급 회담과 나란히 인도주의 개입이 진행되었다. 분쟁 초기 단계에 유엔난민고등판무관 오가타緖方貞子 여사는 7개 조항으로 된 인도주의적 대응안을 제출했고, 각국 정부와 국제기구는 1992년 7월에 이 안을 받아들였다. 7개 조항은 "인권과 인도법humanitarian law[64]에 대한 존중, 예방 보호, 궁핍한 사람들에 대한 인도주의적 접근, 특별한 인도주의적 요구를 충족시키기 위한 각종 조치, 임시 보호 조치, 물자 지원, 보상과 회복" 등이었다.[65] 유

---

63) 오언은 자신은 대통령인 이제트베고비치를 다르게 대우했다고 주장하지만, 대중은 그런 인상을 받지 않았고 어쨌든 중요한 건 바로 이런 인상이었다.
64) 좁은 뜻으로는 제네바협약 등의 전쟁 희생자 보호 법규를, 넓은 뜻으로는 개인의 존엄성을 지키기 위한 모든 법규를 의미한다. ─ 옮긴이
65) UN Department of Public Information, *United Nations Peace-Keeping Information Notes: Update December* 1994, DPI/1306/Rev.4, New York, 1995, p.104.

엔난민고등판무관은 보스니아-헤르체고비나 국민의 약 3분의 2에게 구호를 제공하는 대규모 인도주의 노력에서 주도적인 역할을 했고, 광범위한 국제 인도주의 기구와 비정부기구들의 활동을 조정했다. 수많은 용감한 개인들이 구호활동가, 의료인력, 수송차량 운전사 등으로 이 노력에 힘을 보탰다. 구호 노력 외에도 유엔은 민간인을 보호하고 국제인도법을 지탱하기 위한 일련의 조치를 채택했다. 필요한 경우에 무력을 사용해서라도 인도주의 수송차량을 보호한다는 결정(1992년 유엔안보리 결의안 제770호), 안전지대 선포(1993년 유엔안보리 결의안 제836호), 유엔 인권위원회 특별보고관 임명(1992년 8월), 전쟁범죄와 특히 강간을 조사하기 위한 위원회 선임(각각 1992년 10월과 12월), "국제인도법을 심각하게 위반한 책임자들을 처벌하기 위한 국제재판소" 설치(1993년 유엔안보리 결의안 제808호) 등이 그런 조치였다. 국제적십자위원회가 구금시설 접근권을 확보하고 수감자 석방을 조직하는 책임을 맡았다. 그리고 워싱턴협정을 통해 모스타르를 재통합시키는 것을 목표로 이 도시를 관리하기 위한 유럽연합 행정기관이 설치되었다.

이런 조치들은 적어도 이론상으로는 국제적 관례에서 무척 의미심장한 혁신을 나타냈다. 전쟁의 현실을 낱낱이 폭로한 국제 언론의 압력 아래 채택된 이런 조치들은 장래에 가능한 국제적 인도주의의 새로운 형태를 이루었다. 이전의 분쟁에서도 이 일련의 조치 중 몇몇 요소가 도입된 적이 있었지만——이라크의 안전한 피난처/안전지대 구상, 소말리아의 인도주의 수송차량에 대한 보호 등이 그런 경우이다——이번 사례가 민간인을 보호·지원하고 인도법을 지탱하기 위해 고안된 가장 야심적인 유엔 평화유지군 배치였다. 게다가 관련된 각종 유엔안보리 결의안의 어조는 단호했다. 인도주의 수송차량을 보호하고 국제적십자위원회를 비롯한 인도주의 단체가 "수용소, 감옥, 구금시설"에 자유롭게 접근할 것을 요구한 유엔안보리 결의안 제770호(1992년)와 안전지대를 설치한 유엔안보리 결의안 제836호(1993년)

는 모두 무력사용을 승인한 유엔헌장 제7장에 따른 것이었다.[66] 유엔보호군 2만 3,000명이 보스니아-헤르체고비나에 파견되었다.

유엔보호군 병력 외에도 나토와 서유럽연합Western European Union (WEU)은 무기수출금지령을 감시하기 위해 아드리아 해에 해군을 정박시켰고, 나토는 보스니아 영공에 대한 비행금지구역 설정을 책임졌다. 비행금지구역 설정 역시 유엔헌장 제7장에 따른 것이었다(1993년 유엔안보리 결의안 제816호).

그렇지만 이 조치들 중 효과적으로 실행된 것은 거의 전무했다. 교전 당사자들은 인도주의 원조를 계속해서 방해하고 '세금'을 물렸다. 안전지대는 끊임없는 포격에 노출된 불안정한 거대한 난민수용소가 되었다. 보스니아 세르비아계는 사디스트처럼 인도주의 물자 공급을 제멋대로 통제했다. 마조비에츠키와 유엔 전문가위원회와 국제재판소, 국제적십자위원회를 비롯한 인도주의 단체들이 노력을 기울였지만 전쟁범죄는 계속되었다—사실 최악의 인종청소 사례 중 일부는 전쟁 마지막 몇 달 동안 벌어졌다. 비행금지구역 위반은 수도 없이 벌어졌고, 무기수출금지령 역시 엄격하게 유지된 적이 한 번도 없다. 모스타르는 유럽연합이 행정을 맡았음에도 계속해서 분할되었고, 이동의 자유는 여전히 제한되었으며, 수많은 인권침해가 기록

---

[66] 유엔안보리 결의안 제836호는 "안전지대에 대한 공격을 저지하고……보스니아-헤르체고비나 공화국 군대를 제외한 군대와 준군사 조직의 철수를 촉진하고, 현장의 몇몇 주요 지점을 장악하는" 것으로 유엔보호군의 권한을 확대했다. 결의안은 "어느 쪽이든 안전지대를 포격하거나 무장 군대가 안전지대를 침입하는 경우에, 또는 유엔보호군이나 그 보호를 받는 인도주의 수송차량이 안전지대 안팎을 자유롭게 이동하는 것을 고의로 방해하는 경우에 이에 대응해 무력사용을 비롯한 필요한 모든 조치를 취해 자위 행동을 할 수 있는" 권한을 유엔보호군에 부여했다. 또 "단독으로나 지역 조직이나 협력체(즉 나토)를 통해 행동하는 회원국들이 유엔보호군을 지원하기 위해 보스니아-헤르체고비나의 안전지대 안팎에서 안보리의 권한 아래, 그리고 유엔 사무총장 및 유엔보호군과 긴밀한 조정을 하면서 공군력을 사용하여 필요한 모든 조치를 취할 수 있다"고 결정했다. UN Department of Public Information, *The United Nations and Former Yugoslavia*, DPI/1312/Rev.2, New York, 15 March, 1994, p.136.

되었다. 수많은 유엔 관리들이 암시장 활동에 관여했고, 유엔 인력이 강간을 비롯한 범죄를 저질렀다는 주장이 여러 차례 제기되었지만 적절한 조사가 이루어진 적은 한 번도 없었다. 유엔이 나락으로 떨어진 것은 보스니아 세르비아계 군대가 이른바 안전지대였던 스레브레니차와 제파Žepa를 유린한 1995년 7월이었다.

일단 전쟁이 시작된 뒤 다른 어떤 접근이 가능했을까? 정치적인 면에서 보자면, 오언은 전투를 중단시키는 것을 첫번째 과제로 삼아야 했다고 주장한다. 그러나 데이턴협정이 체결된 뒤인 지금도 당사자들이 협정을 이룰 준비를 하기 전에 과연 협정에 도달하는 게 가능했는지, 또 국제 협상가들의 역할이라는 것이 최소한 세르비아계와 크로아티아계가 원하는 협정을 촉진하고 정당화하는 것 이상이었는지 하는 질문을 던질 수 있다. 이미 뚜렷하게 드러난 것처럼, 그 결과는 민족주의자들과 전범들을 권력에서 몰아내고 장래에 장기적인 평화나 정상 상태를 전망하는 것이 무척 어렵다는 것이다.

이 전쟁을 무엇보다도 우선 대량학살 전쟁으로 이해했다면, 민간인 보호가 최우선과제가 되었을 것이다. 분할보다는 인도주의적 상황을 완화하기 위해 현장의 구체적인 목표——투즐라 공항이나 사라예보로 통하는 이그만 산 도로의 개방, 또는 포로 석방 등이 그 예이다——에 초점을 맞추는 쪽으로 협상과 정치적 압력을 가할 수 있었다. 비민족주의 정당과 단체를 협상과정에 포함시키면 이런 문제에 도움이 되었을 것이고, 국제보호령과 같은, 분할에 기초하지 않은 다른 포괄적인 '싫으면 관두라'는 식의 단호한 해법들이 가능했을 것이다.[67] 적어도 이런 접근법은 민족주의에 대한 여러 대안을 강화함으로써 '공포와 증오'의 조작을 가로막았을 것이며, 국제기구들의 정당성을 크게 훼손시키지 않았을 것이다. 마조비에츠키는 여러 차례 옛 유고슬라비아에 관한 국제회의와 협력이 제대로 이루어지지 않는다고 불만을 토로했다. "특별보고관은 강화講和 과정에서 인권 문제를 우선시해야 한다고 요청했으며, 대규모 극악한 인권침해를 중단할 것을 확실히 하지 않은 채 강화 교섭을 진행해서는 안 된다고 지적했다."[68]

군사적으로 보자면, 인식이 달랐다면 평화유지에 대해 더 튼튼하고 '확고한' 접근으로 이어질 수 있었을 것이다. 이 전쟁이 '편을 가른' 전쟁이라는 믿음 탓에 국제사회는 무력사용을 극도로 주저할 수밖에 없었다. 무력을 사용하면 전쟁을 확대시키고 국제사회가 어느 한쪽 편에서 전쟁에 말려 들어갈지도 모른다고 염려했기 때문이다. 마이클 로즈Michael Rose 장군은 유엔이 소말리아 작전에서 실패한 것을 염두에 둔 표현인 이른바 '모가디슈 라인'Mogadishu line을 넘지 않으려고 강박적으로 애를 썼다. 그러나 공정하게 말한다면, 좀더 강경한 접근법을 택했다면 유엔보호군의 임무 수행이 훨씬 용이했을 것이고, 유엔군과 인력이 인질 납치나 산발적인 공격에서 훨씬 더 보호를 받았을 것이다. 1993년에 영국군 병사들이 투즐라에서 클라다니Kladanj까지 구호 수송차량을 호송하던 중에 언덕에서 사격을 가하는 세르비아계에게 응사하자 다음부터는 유엔군을 괴롭히는 일이 크게 줄어들었다. 그러나 보스니아-헤르체고비나 주둔 유엔보호군 사령관 모리용Philippe Morillon 장군은 "권한을 남용했다"는 이유로 유엔 사무총장의 질책을 받았다. 투즐라에 주둔하던 어느 덴마크 장교가 포격에 대한 보복으로 탱크 한 대로 세르비아계를 공격하라고 명령했을 때에도 사정은 비슷했다.

겁쟁이 노릇을 하라는 명령을 받은 유엔보호군 병력이든 유엔군이 오기 전과 매한가지로 업무에 어려움을 겪던 인도주의 단체 사람들이든, 현장

---

67) 이것은 보스니아 평화운동 진영이 전쟁 초기에 내놓은 안이었다. 국제보호령안은 하나의 협상안으로 논의되었다. 이제트베고비치는 보스니아-헤르체고비나를 온전히 보전하는 데 만족할 것이고, 세르비아계는 민주행동당을 권력에서 밀어내는 데 만족할 것이라는 생각에 따른 것이었다. 이 안은 1992년 가을에 진지하게 고려되었지만, 군사적으로나 재정적으로나 비용이 너무 클 것이라는 이유로 거부되었다.
68) *Mazowiecki Report*, E/CN 4/1994/110, 21 February, 1994, par. 347.

에 있던 사람들 사이에서는 불만이 팽배했다. 인도주의 구호물자 수송은 어쨌든 교섭해야 했기 때문에, 이빨 빠진 유엔보호군 대신 유엔난민고등판무관실의 래리 홀링스워스Larry Hollingsworth나 게리 흄Gerry Hulme 같은 개인의 순전한 의지로 하는 게 더 용이했다. 래리 홀링스워스는 보스니아를 떠나면서 다음과 같이 지적했다.

> 군대를 보내 놓고 공격을 하지 못하게 한다면, 화력과 탱크는 왜 보내는가? 군대를 파견한 게 강력하게 대응하기 위해서가 아니라 그냥 그런 모습만 보이기 위해서였다는 결론에 다다르자 서글퍼진다.……처음부터 훨씬 더 강력하게 나가야 했다. 유엔은 주도권을 쥐고 강력해질 수 있는 기회를 놓쳤고, 우리는 그때부터 점점 권위가 추락하는 모습을 목도했다.[69]

오언 자신은 병력이 부족했기 때문에 평화유지를 더 강력하게 하지 못했다고 주장한다. 오언은 가령 산맥 두 개와 다리 44개, 협곡 두 곳을 건너는 사라예보에서 고라주데Goražde[원문에는 'Goradze'라고 되어 있으나 오기인 듯하다―옮긴이]에 이르는 88km 구간을 방어하기란 불가능하다고 지적한다. "'확고하고 단호한' 행동을 해야 한다는 정치인과 퇴역 장성, 텔레비전에 출연하는 전문가들의 요구에 대해 현장에 있던 사람들은 공허한 웃음으로 대꾸했다."[70] 그러나 전혀 반대의 주장을 할 수도 있다. 군대가 무력을 사용할 태세가 되어 있지 않다면 공격에 그만큼 취약하며, 교전 당사자들은 이런 사실을 명확하게 알고 있었다. 그리하여 이를테면 인질 납치 등을 통해 이런 사실을 폭로하고 국제사회를 욕보이려는 유혹이 생겨났다. 더욱 확고

---

69) David Rieff, *Slaughterhouse*, p.211에서 재인용.
70) David Owen, *Balkan Odyssey*, p.354. 내가 만나 본 현장에 있던 사람들은 그렇지 않았다.

한 행동을 하려면 군대를 재편하고, 또 이를테면 중화기를 파괴하지 않고 감시만 하는 것과 같은 특정한 임무를 거부해야 했다.

비슷한 이유로 오언은 안전한 피난처/안전지대 구상을 별것 아닌 것으로 치부한다. 유엔보호군이 원래 안전지대를 방어하기 위해 병력 3만 명을 요청했으나 위기에 직면해서야 1만 명을 변통할 수 있었다고 주장한 것은 사실이다. 결국 유엔안보리가 7,500명의 병력 사용을 승인했지만, 예산 지출은 3,500명분만 승인되었다. 문제는 이런 주장이 더 많은 병력을 투입하도록 압력을 가하는 게 아니라 왜 아무것도 할 수 없었는지를 해명하는 데 이용되었다는 사실이다. 전쟁이 막바지로 치달으면서 모리용 장군이나 마조비에츠키 같은 개인들뿐만 아니라 여론의 압력까지 커지면서 결국 신속대응군이 이그만 산에 배치되고 평화이행군Implementation Force(IFOR)의 교전수칙이 강경해졌다.

결국 사상자가 발생할 위험 없이 무력을 사용하는 방식이라는 이유로 미국이 항상 옹호하는 공습이 주된 무력사용 방식으로 활용되었다. '신중한 무력 작전'Operation Deliberate Force은 1995년 8월 29일부터 9월 14일까지 계속되었다. 총 3,515기의 폭격기 출격이 이루어졌고, 1,000개가 넘는 폭탄이 투하되었다.[71] 공습은 데이턴협정의 전주곡으로 보스니아 세르비아계에 압박을 가하는 데 실제로 도움이 되었고, 아마 동부의 마지막 고립지역인 고라주데에 대한 공격을 억지하는 효과를 발휘했을 것이다. 그러나 공습은 지상의 민간인을 보호하는 데는 성가신 수단인데, 당시 무엇보다도 필요한 것은 민간인 보호였다. 많은 이들이 신속대응군을 배치하는 게 더 효율적이었다고 주장한다.

---

71) Allied Forces Southern Europe, *Fact Sheet: Operation Deliberate Force*, Napoli, 6 November, 1995.

사실 필요했던 것은 평화유지가 아니라 인도법의 집행이었다. 이런 사실은 상당한 과제를 나타낸다. 인종청소를 통한 인구 통제 전략에 어떻게 맞설 것인가에 관한 새로운 전략적 사고가 필요한 것이다—또 어떻게 하면 현지 주민들 사이에서 대안적인 정당성의 원천을 도모하고, 새로운 교전수칙과 행동규범, 적절한 장비, 조직형태와 지휘구조 등을 지원하고 장려할 것인가에 관한 새로운 전략적 사고가 필요하다.

데이턴협정 이후

1945년 이래 유럽에서 가장 길고 파괴적이었던 전쟁은 3년 반이 지나서야 끝이 났다. 국제사회의 행동은 유엔, 유럽연합, 유럽회의Council of Europe, 유럽안보협력기구, 나토, 서유럽연합 등 일련의 국제기구를 망라한 협정의 실행으로 이어졌다. 평화이행군과 그 계승자인 평화안정군Stabilization Force(SFOR)은 나토 역사상 최대 규모로 이루어진 작전이었다. 게다가 나토뿐만 아니라 바르샤바조약기구의 옛 회원국들인 '평화를 위한 동반자 관계' 국가들도 참여했다. 2004년 12월 이후에는 유럽연합이 나토의 역할을 떠맡았다. 비록 이번이 유럽연합이 처음 맡은 자율적인 군사 임무는 아니지만, 유럽공동안보정책의 발전에서 의미심장한 한 걸음을 나타낸다. 평화이행 과정은 국제사회가 중요한 학습 경험을 하는 과정이었고, 전쟁 초기부터 국제사회의 개입을 끈질기게 괴롭혔던 것과 동일한 많은 모순들을 드러냈다.

사실 데이턴협정은 이런 모순들의 소산으로 볼 수 있다. 협정은 세계가 처음부터 민족(국가)으로 나뉘어 있다고 생각하는 고위 협상가들의 현실정치적 접근에서 탄생한 것이었다. 또 협정은 보스니아-헤르체고비나를 세 소국가statelet로 분할했고,[72] 이행의 책임은 일차적으로 협정 당사자들—즉 민족주의자들—에게 주어졌다. 그렇지만 이 협정에는 또한 국제사회를 비롯한 당사자들에게 인도주의적 접근을 강제하는 조항들도 담겨 있었다——인권, 전범 기소, 난민 귀환, 이동의 자유, 경제와 사회의 재건 등에 관한 조항 말이다. 협정은 나토 사령관과 민간 차원의 협정 이행을 책임지는 고위 대표자에게 상당한 권한을 부여했다.

처음에는 군사 부문이 민간 부문보다 훨씬 효과적이었다. 그러나 군대가 맡은 임무——정전을 유지하고, 교전 당사자를 분리시키고, 무기 창고를 통제하는 것——는 분할의 논리에 순응했다. 공공안전 역량이 부족하고 또 의지도 부재했기 때문에 데이턴협정 직후에 많은 수의 세르비아계가 사라예보에서 쫓겨나는 사태를 방관할 수밖에 없었고, 또 협정이 조인된 뒤에도 몇 달 동안 저강도 인종청소가 계속되었다. 그렇지만 고위 대표자가 몇 차례 교체되면서 점차 민간 부문의 힘이 세졌다. 세 공동체를 통합하고 공통의 국가를 건설하기 위해 다양한 조치가 취해졌다. 세 군대의 통합과 경찰 개혁, 공통의 화폐·국기·자동차번호판, 난민의 귀환을 촉진하는 소유권법, 극단주의 정치인의 추방과 온건 민주·시민 정치인에 대한 지원, 이동의 자유 등이 그것이다. 아울러 보스니아에 배치된 군대는 이 시기 동안 인도법 집행 역량을 발전시키기 시작했다. 1997년부터 나토군은 현지 군대와 함께 전범을 체포하고, 귀환하는 난민을 보호하기 위한 방식으로 부대를 재배치했으며, 경찰을 지원하여 범죄를 통제하고 이동의 자유를 보장하고 민족주의적 저항이 극악하게 표출되는 것을 방지하는 활동을 했다. 가령 1997년에 평화안정군은 SRT(평화안정군 비방 선전 방송을 하던 세르비아계 라디오·텔레비전 방송국)의 송신기를 압수했고, 2001년 4월에는 보스니아-헤르체고비나 주재 고위 대표자(OHR)와 평화안정군이 모스타르를 비롯한 여러 도

---

72) 공식적으로는 스르프스카공화국과 보스니아헤르체고비나연방이라는 두 정치체로 나뉘었지만, 보스니아헤르체고비나연방은 다시 크로아티아계와 무슬림 사이에 분할되었다.

시에서 크로아티아민주당의 주요 자금원인 헤르체고바츠카 은행Herzegovacka Banka[원문에는 'Herzogovacka Banka'라고 되어 있으나 오기인 듯하다—옮긴이] 관리권을 몰수했다.

이런 모든 노력을 기울였음에도 민족주의 정치인들은 여전히 인기가 있고 민주주의 구조는 허약하기 짝이 없다. 사실 지금의 보스니아는 제국주의적 인도주의냐 극단적 민족주의냐 하는 선택의 기로에 서 있다. 최근 고위 대표자 패디 애시다운Paddy Ashdown은 "유럽인 지배자"European Raj처럼 행동한다고 비난받았다.[73] 그러나 강력한 국제보호령의 대안은 민족주의적 분할이나 새로운 전쟁밖에 없다. 전쟁의 희생양은 민주주의 정치였다. 전쟁을 시작한 책임이 있는 민족주의 정치인들은 전쟁 전에는 존재한 적도 없는 진정한 풀뿌리 민족주의를 만들어 내는 데 성공했다. 전쟁의 외상外傷은 눈물과 불안, 죄의식과 불신의 여파를 남겼다—이런 감정들은 쉽게 누그러뜨릴 수 없으면서 민족 정체성이라는 외적인 확실성에서 확신을 찾는다. 게다가 경제는 전쟁과 유고슬라비아 해체의 충격에서 결코 회복되지 않았다. 실업률은 40%에 머물러 있고, 많은 사람들이 여전히 다양한 불법 활동이나 비공식 활동에 의존해 살아간다. 이런 활동은 지금까지도 민족주의 정당들의 '보호'를 받는다.

다시 말해, 전쟁의 승자는 민족주의자들이었다. 전쟁 중에 국제사회가 취한 하향식 현실주의적 접근법은 의도한 것은 아니었겠지만 민족주의자들의 입지를 정당화해 주었다. 안전한 피난처와 국제 행정기구를 설립하기 위한 노력으로 대표되는 인도주의 접근법은 세계시민주의 정치를 보호할 만

---

73) Gerald Knaus and Felix Martin, "Lessons from Bosnia and Herzegovina: Travails of the European Raj", *Journal of Democracy* vol.14 no.3, 2003, http://www.journalofdemocracy.org/articles/gratis/KnausandMartin.pdf. 유럽안정연구소European Stability Initiative 웹사이트도 보라(www.esiweb.org).

큼 강력하지 못했다. 국제사회가 실수를 통해 교훈을 얻을 무렵이면, 국제사회가 손잡을 수 있는 보스니아 시민사회와 정치권의 파트너들은 대부분 살해되거나 테러를 당하거나 조국을 떠난 상태였다. 게다가 지금도 국제사회는 시민사회와 협력하고 민주적·세계시민주의적 정치를 육성하는 것을 돕기보다는 기구 건설에 중점을 둔다. 2002년부터 2006년까지 고위 대표자를 지낸 패디 애시다운이 내놓은 대담한 전략이 실행되었다면 데이턴협정이 체결된 직후에 다문화주의를 지킬 수 있었을 것이다. 그러나 유감스럽게도 이미 늦은 상황이었다.

중요한 문제는 인도법 집행과 국가 건설, 그리고 경제 재건 노력의 약점에 관한 실제 경험이 향후에 국제사회의 개입, 특히 유럽연합이 포함된 국제 개입의 철학과 조직에 영향을 미칠 수 있는가, 그리고 국제사회의 개입이 불신의 대상이 되지는 않았는가 하는 점이다. 보스니아 전쟁의 경험은 인도주의적인 국제적 접근이 가능해 보였던 냉전과 대테러전쟁 사이의 짧은 순간에 불과했던 것일까? 아니면 국제사회의 개입이 남긴 지속적인 유산에 기초해서 유럽연합이 안보를 향한 새로운 접근법을 추구할 수 있을까?

4장 _ 새로운 전쟁의 정치학

보스니아-헤르체고비나 전쟁 동안 사라예보는 영토의 측면에서 볼 때 세르비아계가 장악한 지역과 보스니아계(대부분 무슬림) 지역으로 나뉘었다. 그러나 전시의 사라예보는 영토 분할이 아닌 다른 측면에서 설명할 수도 있었다. 세계주의자라고 부를 수 있는 일군의 사람들이 존재했다—유엔 평화유지군, 인도주의 단체, 언론인, 그리고 영어를 말할 줄 알아서 보조원·통역사·운전사 등으로 고용된 사라예보 시민이 그 주인공이었다. 이 사람들은 장갑차와 방탄조끼, 블루카드blue card[유엔 직원 신분증을 가리킨다—옮긴이]의 보호를 받으면서 도시 안팎과 영토 분리선을 가로질러 자유롭게 이동할 수 있었다. 한편 도시의 영토 분할에 국지적으로 묶인 주민들도 존재했다. 한쪽(보스니아계)은 전쟁이 계속되는 동안 포위된 상태에서 인도주의 원조나 암시장(운 좋게도 독일 마르크화가 있는 경우)에 의존해서 살았고, 저격과 간헐적인 포격의 희생양이 되었다. 다른 쪽(세르비아계)은 공포 분위기는 심했을망정 물질적 조건은 다소 나았다. 양쪽 모두 거리를 배회하면서 민족투쟁을 들먹이며 정당성을 주장하는 강제 징모대와 다양한 민병대, 마피아 때문에 피해를 입었다.

새로운 전쟁이 내세우는 정치적 목표는 외견상 전통적인 정체성—민족, 부족, 종교 등—에 기초한 권력 주장과 관련된다. 그러나 전통적인 관점으로는 특수주의적 정체성의 정치가 급증하는 현상을 이해할 수 없다. 이 현상은 초국적 네트워크에 참여하면서 이메일·팩스·전화·항공여행 등을 통해 소통하는 사람들과, 세계화 과정으로 인해 삶에 심대한 변화를 겪으면서도 그 과정에서 배제된 채 지방에 묶인 사람들 사이에 점점 확대되는 문화적 불일치의 맥락에서 설명해야 한다.

이런 문화적 분할을 간단한 정치 용어로 표현할 수 있다고, 즉 특수주의적 정체성의 정치를 지지하는 이들은 세계화 과정에 반항하는 것인 반면 다문화적인 보편주의적 접근을 선호하는 이들은 새로운 세계적 계급의 일부라고 가정하는 것은 오류일 것이다. 오히려 세계주의자 가운데서도 디아스포라 민족주의자와 근본주의자, 그리고 민족주의와 타협하는 것이 안정을 위한 최선의 길이라고 믿는 신자유주의자와 '현실주의자', 또 새로운 전쟁에서 이익을 보는 초국적 범죄 집단을 발견할 수 있다. 그리고 영토에 묶여 있는 이들 가운데 전통적인 정체성에 집착하기 쉬운 이들이 많이 있는 한편, 특수주의와 배타성을 거부하는 용감한 개인과 시민단체도 존재한다.

내가 말하고자 하는 바는 세계화라고 알려진 과정들은 근대 시기를 특징지었던 정치의 유형들을 규정하는 문화 및 사회-경제적 구분을 깨뜨리고 있다는 것이다. 새로운 유형의 전쟁은 이런 세계적 탈구dislocation의 측면에서 이해해야 한다. 새로운 형태의 권력투쟁은 전통적인 민족주의나 부족주의, 종교 근본주의 등의 외관을 띨 수도 있지만, 그렇다 하더라도 그것은 당대의 원인에서 생겨나고 새로운 특징을 보여 주는 당대의 현상이다. 게다가 이런 권력투쟁과 나란히 개인뿐만 아니라 일련의 정부 및 비정부기관들 사이에서 세계적 의식과 세계적 책임감이 점점 커지고 있다.

이 장에서는 세계화라고 알려진 과정의 핵심적인 특징 몇 가지와 그런 특징들이 어떻게 새로운 형태의 정체성의 정치를 만들어 내는지를 설명하고자 한다. 마지막 절에서는 특수주의적 정체성의 정치와 세계시민주의 가치나 인도주의 가치의 정치 사이에 점점 나타나는 정치적 틈새를 개괄적으로 살펴볼 것이다.

세계화의 특징

어니스트 겔너Ernest Gellner는 『민족과 민족주의』Nations and Nationalism에서 민족주의와 산업화의 관련성을 분석한다.[1] 겔너는 사람들이 근대의 요구—산업 및 정부와의 일상적인 만남—에 대처할 수 있도록 자국어에 기초하여 수직적으로 조직된 세속적 민족문화의 등장을 설명한다. 다양한 농촌의 직업이 공장 생산에 밀려나고 국가가 일상생활의 측면에 점점 더 침입함에 따라, 사람들은 말로나 글로나 공통의 행정 언어로 소통할 필요가 생겼고, 일정하게 표준화된 기술을 획득해야 했다. 이전의 사회들은 가령 라틴, 페르시아, 산스크리트같이 종교에 기초하지만 반드시 국가와 연결되지는 않는 수평적인 고급문화가 그 특징이었다. 이런 고급문화는 대단히 다양한 수직적인 저급의 평민문화와 결합되었다. 이전의 고급문화는 종교 기관 내에서 재생산되고 저급문화는 구전을 통해 전해진 반면, 새로운 수직적인 민족문화는 인쇄술의 확립, 신문과 소설 같은 세속 문헌의 발간, 초등교육의 확대와 더불어 등장한 작가·언론인·교사 등 새로운 지식인 계급에 의해 생겨났다.

세계화 과정은 이렇게 수직적으로 조직된 문화를 깨뜨리기 시작했다고 주장할 수 있다. 오늘날 나타나는 현상은 코카콜라나 맥도날드 같은 세계적으로 알려진 이름과 결부된 대중소비문화를 비롯한, 대개 영어 사용에 바탕을 둔 새로운 초국적 네트워크에서 생겨난 새로운 수평적 문화인데, 이 문화

---

1) Ernest Gellner, *Nations and Nationalism*, Oxford: Blackwell. 1983.

는 지방의 특수성에 대한 새로운 주장의 결과물인 잡다한 민족·지방·지역 문화와 결합된다.

세계화라는 용어는 사실 세계화와 지방화localization, 통합과 분열, 동질화와 차별화 등을 모두 포함하는 복잡한 과정을 은폐한다. 한편으로 이 과정은 사람들을 포괄하는 초국적 네트워크를 창조한다. 그러나 다른 한편으로는 수많은 사람들을——사실상 절대 다수를——배제하고 원자화한다. 한편으로 사람들의 삶은 그들이 전혀 통제할 수 없는 멀리 떨어진 곳에서 일어나는 사건들에 의해 형태가 결정된다. 다른 한편, 세계화 과정에 연결됨으로써 지방과 지역 정치의 역할을 향상시킬 수 있는 새로운 가능성이 존재한다.

하나의 과정인 세계화에는 오랜 역사가 있다. 실제로 어떤 이들은 세계화의 현재 단계에서 새로운 것은 아무것도 없다고 주장한다. 자본주의는 처음부터 언제나 세계적인 현상이었다는 것이다.[2] 그렇지만 지난 20년 동안 새로운 것은 정보통신 기술의 놀라운 혁명이다. 나는 이런 기술 변화가 세계화 과정——이 과정은 아직 전혀 결정되지 않았다——을 질적으로 심화한다고 주장하고자 한다. 세계화 과정의 현재 윤곽을 모양 짓는 것은 2차대전 이후의 제도적 틀, 특히 1980년대와 1990년대에 각국 정부가 추구한 탈규제 정책이다. 이 과정의 미래는 정치·사회적 가치의 진화와 조직의 행동과 형태에 따라 좌우될 것이다. 여기서는 이런 진화를 이해하는 데 관련된 몇 가지 핵심적인 경향을 개괄하기로 한다.

경제 영역에서 보자면, 세계화는 포스트포드주의, 유연전문화, 신경제 New Economy 등 다양하게 설명되는 일련의 변화와 관련된다. 이런 변화는 대개 이른바 기술-경제 패러다임, 즉 지배적인 수요 유형을 충족시키기 위

---

2) Paul Hirst and Grahame Thompson, *Globalization in Question: The International Economy and the Possibilities of Governance*, Cambridge: Polity, 1996.

해 제품과 서비스 공급을 조직하는 지배적인 방식에서 일어난 변형을 가리킨다.[3] 이런 변화의 관련된 특징은 영토에 기초한 대량생산의 중요성의 극적인 감소, 금융과 기술의 세계화, 시장의 전문화와 다양성 증대 등이다. 정보 향상이란 물질적 생산이 전체 경제에서 차지하는 비중이 줄었음을 의미한다. 서비스의 중요성이 커지고 또 동시에 개별 제품의 가치에서 디자인, 마케팅, 법률·금융 조언 등의 노하우가 차지하는 비중이 커졌기 때문이다. 마찬가지로, 영토에 기초한 규모의 경제와 연결된 제품 표준화는 국지적이거나 전문적인 수요에 따라 확대된 차별화로 대체될 수 있다. 이에 따라 경제 조직의 국가적 층위는 영토에 기초한 생산의 상대적인 감소와 더불어 그 중요성이 감소하고 있다. 다른 한편, 금융과 기술의 세계적 성격 때문에 경제 조직의 세계적 층위가 크게 확대되며, 시장의 차별화가 증대됨에 따라 경제 조직의 지방적 층위 역시 더욱 중요해진다.

세계화는 또한 거버넌스의 초국가화와 지역화regionalization를 수반한다. 전쟁 이후 국제적인 조직과 체제, 규제기구가 폭발적으로 증가했다. 정부 활동은 점점 더 국제협정을 통해 규제되거나 초국적 기관으로 통합된다. 정부 부처가 점점 더 다른 나라의 정부 부처와 공식·비공식적인 형태의 협력에 참여한다. 또 점점 더 많은 정책 결정이 흔히 책임성이 없는 국제회의로 상향 흡수된다. 이와 동시에 최근 몇십 년 동안 우리는 특히 발전——물론 이것만은 아니다——을 목표로 한 지방·지역 정치가 다시 권리 주장을 하는 현상을 목도했다. 이런 재주장은 실리콘밸리나 영국의 케임브리지 같은 '첨단산업단지'technopole의 경우처럼 과학과 산업이 주도하는 구상에서부터

---

3) Christopher Freeman, John Clark and Luc Soete, *Unemployment and Technical Innovation: A Study of Long Waves and Economic Development*, London: Frances Pinter, 1982; Carlota Perez-Perez, "Microelectronics, Long Waves, and World Structural Change: New Perspectives for Developing Countries", *World Development* vol.13 no.3, 1985.

이탈리아 북부의 경우 같은 지방자치 전통의 재발견, 비핵지대나 쓰레기 재활용 프로젝트같이 평화운동이나 녹색운동이 주도하는 구상, 또 지방 차원의 후견주의clientelism나 후원관계patronage의 새로운 형태 등에 이르기까지 다양한 형태를 띤다.[4]

거버넌스의 성격 변화와 나란히 비공식적인 비정부 초국적 네트워크들도 놀라운 성장을 하고 있다.[5] 인도주의 지원같이 예전에는 정부가 수행하던 기능을 떠맡은 비정부기구와 인권·생태·평화 등의 세계적 쟁점을 둘러싸고 캠페인을 벌이는 비정부기구 모두 여기에 포함된다. 이런 비정부기구들은 지방과 초국가적 차원에서 가장 적극적인 활동을 한다. 지방과 초국가 차원의 문제들에 관심을 가지기 때문이기도 하고, 국가 차원에서 조직된 정당들이 국가 정치에 대한 접근을 가로막기 때문이기도 하다. 그리하여 그린피스Greenpeace나 국제사면위원회Amnesty International 같은 조직은 전 세계적으로 유명하다. 이런 조직의 능력은 동시에 여러 상이한 차원——국가뿐만 아니라 지방과 세계 차원——과 각기 다른 여러 장소에서 활동한다는 점에서 비롯된다. 또한 다른 종류의 초국적 네트워크도 번창한다. 다양한 문화·스포츠 활동의 연계, 초국적 종교·민족 집단, 초국적 범죄 등이 그것이다. 3차교육[중등교육 이후의 대학교육과 직업교육——옮긴이] 역시 학생과 교수 교류와 특권적인 인터넷 사용 때문에 점차 세계화된다.

---

4) Margit Mayer, "The Shifting Local Political System in European Cities", eds. Mick Dunford and Grigoris Kafkalas, *Cities and Regions in the New Europe: The Global-Local Interplay and Spatial Development Strategies*, London: Belhaven Press, 1992; Manuel Castells and Peter Geoffrey Hall, *Technopoles of the World: The Making of Twenty-First-Century Industrial Complexes*, London: Routledge, 1994 [마누엘 카스텔·피터 홀, 『세계의 테크노폴: 21세기 산업단지 만들기』, 강현수·김륜희 옮김, 한울, 2006] 등을 보라.
5) 초국적 운동과 비정부기구의 정보에 관해서는 연례간행물인 『세계시민사회』*Global Civil Society* (2001, 2002, 2003년호는 옥스퍼드대학 출판부에서, 2004/5년호와 2006/7년호는 세이지 출판사에서 출간)를 보라.

경제와 정치의 이와 같은 변화는 또한 조직 형태상의 심대한 변화도 수반한다. 대다수 사회는 부하린Nikolai Bukharin이 말한 이른바 '구조일원론' monism of architecture을 그 특징으로 한다.[6] 근대의 민족국가, 기업, 군대 조직은 위계조직이라는 매우 유사한 수직적 형태를 띠었다――근대 전쟁의 영향, 특히 2차대전의 경험이 널리 퍼졌다. 로버트 라이시Robert Reich는 『국가의 일』*The Work of Nations*에서 기업의 변화를 설명한 바 있다. 기존의 기업이 피라미드식 지휘 연쇄의 꼭대기에 자리한 소유주들의 손에 권력이 집중된 국가 같은 수직형 조직이었다면, 이제 기술·금융의 노하우를 소유한 이들과 거미줄의 교점을 중심으로 퍼져 있는 이들이 수중에 권력을 장악한 거미줄형 조직 구조의 세계적 현상으로 바뀌었다는 것이다.

기업의 당당한 본사, 광대한 공장, 창고, 실험실, 트럭과 회사 제트기 등은 임대한 것이다. 생산직 노동자와 수위, 경리 등은 임시 계약직인 반면, 핵심 연구자, 설계기사, 마케팅 담당자 등은 이윤을 나눠 갖는다. 그리고 출중한 중역들은 이 영역에 대해 대단한 힘과 권한을 갖기는커녕 대부분의 문제에 대해 직접적인 통제권이 거의 없다. 중역들은 법인 제국에 대해 자신의 의지를 강제하기보다는 기업의 새로운 거미줄을 통해 아이디어를 인도한다.[7]

정부기구와 비정부기구에도 비슷한 현상이 벌어지고 있다. 각급 정부 부서는 수평적인 초국가적 연계를 발전시키는 중이다. 정부 활동은 점차 다양한 형태의 사유화와 반#사유화를 통해 외주로 돌려진다. 비정부기구나

---

6) Nikolai Bukharin, *Economics of the Transformation Period*, New York: Bergman, 1971 [니콜라이 부하린, 『과도기 경제학』, 황수정 옮김, 백의, 1994].
7) Robert Reich, *The Work of Nations: Preparing Ourselves for 21st Century Capitalism*, London: Simon & Schuster, 1993, p. 97 [로버트 라이시, 『국가의 일』, 남경우 외 옮김, 까치, 1994].

신사회운동의 특징인 탈집중적이고 수평적인 조직 형태는 흔히 정당의 특징인 전통적인 수직적 조직 형태와 대비된다.[8] 기업 중역과 마찬가지로 정치 지도자들 역시 최선의 경우에는 촉진자이거나 의견 형성자이고 최악의 경우에는 이미지이거나 상징이다——그들이 거의 통제하지 못하는 상호 연결된 활동의 거미줄에 대한 공적 표상인 것이다.

세계화는 사회구조에 심대한 영향을 미친다. 선진산업국에서는 영토에 바탕을 둔 대량생산의 하락과 더불어 전통적인 노동계급이 쇠퇴했거나 쇠퇴하는 중이다. 생산성 향상 때문에, 그리고 생산 노동이 미숙련 노동인 탓에 제조업 생산은 특히 여성과 이민자를 비롯한 점점 더 적은 수의 저임금 노동자를 고용하거나 아예 저임금 국가로 옮겨 간다.

수가 증가하는 것은 알랭 투렌Alain Touraine이 말하는 정보 노동자[9]나 로버트 라이시가 말하는 상징 분석가, 즉 노하우를 소유하고 이용하며, 라이시의 말을 빌리자면, "데이터, 단어, 구술 및 시각적 재현 등의 상징 조작"을 통해 문제를 확인하고 해결하고 중개하는 이들이다.[10] 기술이나 금융 분야, 확대된 고등교육 부문, 점점 많아지는 초국적 조직 등에서 일하는 사람들이다. 대다수의 사람들은 이 두 범주의 어느 쪽에도 들어맞지 않는다. 일반 사람들은 웨이터나 웨이트리스, 판매원, 택시 운전사, 계산원 등 서비스 부문에서 일하거나 세계화와 관련된 생산성 증대 때문에 점점 넘쳐나는 실업자 대열에 합류한다. 새롭게 등장하는 이런 사회구조는 일하는 사람들과 일하지 않는 사람들 사이뿐만 아니라 숙련도에 따라 일하는 사람들 사이에서도 점

---

[8] Alberto Melucci, *Nomads of the Present: Social Movements and Individual Needs in Contemporary Society*, London: Hutchinson Radius, 1989.
[9] Alain Touraine, *The Post-Industrial Society; Tomorrow's Social History: Classes, Conflicts and Culture in the Programmed Society*, New York: Random House, 1971.
[10] Robert Reich, *The Work of Nations*, p.178.

차 확대되는 소득 불균형에 반영된다.

소득 불균형은 또한 대륙, 국가, 지역 내부와 그 사이의 지리적 불균형과도 관련된다. 대부분 선진 산업 지역인, 기술 역량을 활용할 수 있는 지역과 나머지 지역 사이에 불균형이 확대되고 있다. 동남아시아나 남부 유럽, 그리고 잠재적으로 중부 유럽과 같은 일부 지역은 일시적으로나마 대규모 생산을 끌어들임으로써 번영을 구가할지도 모른다. 나머지 지역은 전통적인 생계 자원을 잠식당하면서도 생산이나 소비에 참가하지 못함에 따라 세계경제 속에 휩쓸려 버린다. 세계적 기업들이 시장 분할을 그려 놓은 지도들에는 대개 세계 대부분 지역이 빠져 있다. 그러나 국가, 대륙, 심지어 도시 안에서도 이와 같이 확대되는 지리적 불균형을 발견할 수 있다─그리고 선진산업국이나 나머지 지역이나 사정은 마찬가지이다. 바야흐로 세계 모든 곳에서 보호받고 번영하는 세계적 고립지역global enclave과 무정부 상태에 혼돈스럽고 가난에 찌든 배후지역 사이에 경계선이 그어지고 있다.

앞에서 윤곽을 서술한 추세는 우연한 것인 동시에 고안된 것이다. 가령 사회·경제·지리적 불균형의 증대에서 불가피한 것은 아무것도 없다. 물론 이런 불균형은 어느 정도는 과거의 관성에서 진화한 무질서나 조직의 결과물이다. 그렇지만 주어진 것으로 받아들일 수 있는 것은 일정한 민족적 정체성과 안정감을 주었던 민족국가 시대의 특징인 수직적 문화에서 역사적으로 이동했다는 사실이다. 대면적 상호작용의 지배에서 벗어난 사회에서 사회관계의 기초를 이루는 돈이나 법률 같은 추상적인 상징들은 이런 민족문화를 구성하는 한 부분이었다.[11] 지금은 문화 공동체의 해체에 동반되는 소외와 방향감각 상실인 '정체성의 위기'에 관한 이야기가 진부한 일이 되어 버렸다.

그러나 새롭게 등장하는 문화적 분류의 특정 형태들을 지적하는 것 또한 가능하다. 한편에는 비행기와 화상회의 등에서 많은 시간을 보내는 사람들과 세계적 대기업·비정부기구·기타 국제기구에서 일하는 사람들, 또는 연구자 네트워크나 스포츠클럽의 성원이나 음악가와 화가 등 스스로 같은 생각을 가진 세계 공동체의 일원이라고 생각하는 사람들, 즉 주로 높은 교육수준의 정보 노동자나 상징 분석가가 있다. 다른 한편에는 배제된 사람들, 스스로 지방적이거나 특수주의적인 (종교 또는 민족) 공동체의 일원이라고 생각할 수도 있고 그렇지 않을 수도 있는 사람들이 있다.

그렇지만 새롭게 등장하는 세계적 집단화global groupings는 아직 정치화되지 않았거나 적어도 거의 정치화되지 않았다. 요컨대, 이 집단화는 새로운 형태의 권력이 기초할 수 있는 정치 공동체의 토대를 형성하지 않는다. 그 한 가지 이유는 현 시대의 특징인 개인주의와 아노미이다——당면한 문제가 거대하고, 거미줄 같은 권력 구조를 통제하거나 거기에 영향을 미치기 어려우며, 수평적 네트워크와 특수주의적 충성 모두 문화적으로 파편화된 상황에서 정치 행동이 무익하다는 인식이 그것이다. 민족국가에서 '탈퇴'하여 개인주의적인 소비문화에만 관심을 기울이는, 라이시가 말하는 자유방임 세계시민과 배제된 지구에서 흔히 볼 수 있는 새로운 모험가인 불안한 젊은 범죄자들 모두 이런 정치적 진공 상태를 반영한다.

그렇다 하더라도 두 집단 모두에 정치화의 맹아가 존재한다. 세계시민주의 정치화는 인간적 가치(보편적인 사회·정치적 권리, 생태적 책임, 평화와 민주주의 등)와 초국적 시민사회 개념——스스로 조직한 집단이 국경을 가로질러 활동하면서 문제를 해결하고 정치기관에 압력을 가할 수 있다는 사

---

11) 기든스는 이런 상징을 "분리 기제"disembedding mechanism라고 부른다. 근대성의 핵심적인 특징은 기든스가 말하는 "시공간의 원격화"이다. 시공간의 원격화 속에서 사회관계는 "추상적인" 타자들과 함께 구축될 수 있다. 기든스는 세계화를 시공간 원격화의 연장으로 정의한다. Anthony Giddens, *The Conditions of Modernity*, Cambridge: Polity, 1990 [앤서니 기든스, 『포스트모더니티』, 이윤희·이현희 옮김, 민영사, 1991]을 보라.

고——에 대한 약속을 중심으로 개인뿐만 아니라 새로운 초국적 비정부기구나 사회운동과 국제기구 모두에 자리 잡을 수 있다. 새로운 특수주의적 정체성의 정치 또한 이러한 세계화 과정에 대한 반응이라고, 즉 근대국가의 무능력이 점점 커지는 상황에 대한 정치적 동원의 한 형태라고 해석할 수 있다.

정체성의 정치

내가 사용하는 '정체성의 정치'라는 용어는 국가권력을 요구할 목적으로 민족이나 인종, 종교 정체성을 중심으로 동원하는 운동을 의미한다.[12] 그리고 '정체성'이라는 용어는 딱지 붙이기의 한 형태라는 협소한 의미로 사용하고자 한다. 우리가 이야기하는 것이 아프리카의 부족 분쟁이든, 중동이나 남아시아의 종교 분쟁이든, 유럽의 민족주의 분쟁이든 간에, 공통된 특징은 정치적 권리 주장을 위한 근거로 이런저런 딱지를 활용한다는 것이다. 대개 이런 분쟁들을 민족 분쟁이라고 설명한다. 많은 저자들이 '원민족'ethnie이 혈통에 기초한 공동체보다는 문화 공동체를 가리킨다고 주장하기는 하지만, '민족'ethnos이라는 용어는 인종적 함의를 갖는다. 민족에 대한 주장을 뒷받침하는 인종의 근거는 전혀 없는 게 분명하지만, 문제는 이러한 딱지가 흔히 사람이 처음부터 붙이고 태어나 바꿀 수 없는 뭔가로 여겨진다는 점이다. 이런 딱지는 개종이나 동화를 통해 얻을 수 없다. 당신의 할머니가 게르만 민족이라면, 당신이 독일어를 전혀 못하고 독일에 가 본 적도 없을지라도 당신은 게르만 사람이다. 반면 부모가 터키 민족이라면, 당신이 독일에서 살며

---

12) 이런 정의는 라다 쿠마르Radha Kumar가 발전시킨 것이다. Mary Kaldor and Radha Kumar, "New Forms of Conflict", Mary Kaldor et al., *Conflicts in Europe: Towards a New Political Approach*, Helsinki Citizens' Assembly Publication Series 7, Prague: Helsinki Citizens' Assembly, 1993을 보라.

일한다 하더라도 당신은 게르만 사람이 아니다. 웨스트벨파스트West Belfast 에서 태어난 가톨릭교도는 신교로 개종하더라도 여전히 운명적으로 가톨릭이다. 크로아티아인은 아무리 정교를 받아들이고 키릴 문자를 써도 세르비아인이 될 수 없다. 이런 딱지가 생득권으로 여겨지는 만큼, 정체성의 정치에 기초한 분쟁 역시 민족 분쟁으로 표현된다. 많은 경우에 이런 정체성은 종교적인 동시에 민족주의적이다.[13] 보스니아의 무슬림이나 북아일랜드의 가톨릭교도, 인도의 힌두교도의 정치적 정체성 주장은 동시에 민족 정체성에 대한 주장이다. 물론 생득권이 아니라 자발적이거나 강제로 딱지를 부과할 수 있는 정체성의 정치 형태가 존재한다. 그리고 사실 뿌리 깊은 분쟁지역에서는 정체성의 정치가 흔히 더 극단으로 치닫고, 이는 근본주의, 즉 교의에 대한 엄격한 고수로 변형된다. 가령 일부 전투적인 이슬람 분파는 비무슬림을 배척하는 것이 아니라 개종시켜서 순수한 이슬람 국가를 세우는 것을 목표로 한다.[14]

'정치'라는 용어는 국가권력에 대한 요구를 가리킨다. 세계 곳곳에 종교 부흥이나 지방 문화와 언어의 생존에 대한 새로운 관심이 존재하는데, 이런 현상은 어느 정도는 세계화의 압력에 대한 반응이다. 종교나 문화를 보호하거나 장려하려는 정치 캠페인이 권력에 대한 요구로 귀결되는 일은 다반사이다. 그렇지만 이런 일이 정체성의 정치가 의미하는 바는 아니다. 이와 같은 정치 캠페인은 문화·종교적 권리에 대한 요구이다. 이런 요구는 정체성

---

13) Mary Kaldor and Diego Muro, "Religious and Nationalist Militant Groups", Mary Kaldor, Helmut Anheier and Marlies Glasius et al., *Global Civil Society 2003*, Oxford: Oxford University Press, 2003을 보라.
14) 모하메드 엘 사이드 사이드Mohamed El Said Said는 정치적 이슬람이 연루된 분쟁을 분석하면서 선교 정치에 기초한 이슬람과 정체성의 정치에 기초한 이슬람을 구분한다. 이란 혁명은 선교 정치에 기초한 이슬람의 사례인 반면, 인도의 이슬람 운동은 정체성의 정치에 기초한 이슬람의 사례이다. Mary Kaldor and Basker Vashee eds., "Conflicts Involving Islam", *New Wars*, Restructuring the Global Military Sector vol.1, London: Cassell/Pinter, 1997을 보라.

에 기초한 정치적 권리에 대한 요구와는 사뭇 다르다. 정체성에 기초한 정치적 권리 요구는 개인의 정치적 권리와 구별되며 충돌할 수도 있는 공동체주의의 한 형태이다.

정체성의 정치는 사상의 정치와 대조된다. 사상의 정치는 미래지향적인 기획의 정치이다. 따라서 17세기 서유럽에서 벌어진 종교 투쟁은 기존 교회의 억압적인 지배에서 개인을 해방시키려는 싸움이었다. 19세기 유럽이나 식민지 아프리카에서 벌어진 초기 민족주의 투쟁은 민주주의와 국가 건설을 위한 싸움이었다. 이런 싸움은 근대화를 목표로 다양한 집단의 사람들을 민족이라는 표제어 아래 결합하려는 방법으로 고안된 것이었다. 최근에는 미래의 전망을 제공하는 사회주의나 환경주의 같은 추상적인 세속적 사상이 정치를 지배한다. 이런 유형의 정치는 그 사상을 지지하는 모든 사람을 끌어안는 통합의 정치이다. 최근의 경험에서 드러나는 것처럼 이런 사상의 보편주의적 성격이 전체주의나 권위주의 관행을 정당화하는 구실로 쓰일 수도 있지만 말이다.

이와 대조적으로 정체성의 정치는 파편적이고 과거지향적이며 배타적이다. 배타적 정체성에 기초한 정치적 집단화는 영웅적인 과거와 실제거나 상상된 불의의 기억, 이기거나 진 유명한 전투의 재구성에 기초하는 향수의 운동이 되기 십상이다. 이런 집단화는 불안정성을 통해, 즉 다시 불붙은 역사적인 적에 대한 공포나 다른 딱지가 붙은 사람들에게 위협받고 있다는 느낌을 통해 의미를 획득한다. 딱지는 언제나 나누고 또 나눌 수 있다. 문화적 순수성이나 동질성 같은 것은 존재하지 않는다. 배타적인 정체성에 기초한 정치체제는 필연적으로 소수를 만들어 낸다. 정체성의 정치는 최선의 경우에 다른 딱지가 붙은 사람들에 대한 심리적인 차별을 수반한다. 최악의 경우에는 인구추방이나 대량학살로 이어진다.

새로운 정체성의 정치는 근대국가 구조, 특히 중앙집권적인 권위주의 국가가 해체되거나 잠식된 결과로 나타난다. 1989년 이후 공산주의 국가들이 붕괴하고, 아프리카나 남아시아에서 탈식민 국가들이 정당성을 잃고, 선진산업국가들에서 복지국가가 쇠퇴하면서 새로운 형태의 정체성의 정치가 자라날 수 있는 환경이 조성되었다.

새로운 정체성의 정치에는 두 가지 주된 원천이 있는데, 둘 다 세계화와 연결된다. 한편으로 기존 정치 계급들의 무력화와 정당성 쇠퇴에 대한 반응으로 볼 수 있다. 이런 관점에서 보자면, 이것은 대중의 편견을 노리고 고취하는, 위에서부터 조성하는 정치이다. 새로운 정체성의 정치는 국가 차원이나 민족에 따라 규정된 지역의 차원에서 활동하는 정치인들을 위한 일종의 정치적 동원이자 생존 전술이다. 옛 유고슬라비아나 옛 소련의 공화국들의 경우, 또는 카슈미르Kashmir나 독립 전의 에리트레아 같은 곳이 대표적인 예이다. 다른 한편, 이런 정치는 세계화의 과정과 결부된 불안정성, 특히 이른바 지하경제parallel economy——사회의 배제된 부분들에서 생겨나는 새로운 형태의 합법적·불법적 생계 방식——의 도래에서 등장하며 이런 어두운 활동 형태를 정당화하는 방법을 만들어 낸다. 특히 동유럽에서는 1989년 사태가 민족국가를 잠식하고 짧은 '이행기'에 새로운 형태의 경제활동을 분출시키면서 세계화의 충격을 압축적으로 보여 주었다. 그리하여 아래에서부터 나타난 이런 형태의 민족주의가 위에서부터 생겨난 민족주의와 폭발적으로 결합했다.[15]

동유럽에서 민족주의를 정치적 동원의 형식으로 활용한 것은 1989년 이전으로 거슬러 올라간다. 특히 옛 공산주의 다민족 국가들에서는 과거에 이데올로기적 차이가 허용되지 않고 이론상 "사회가 청소되고"[16] 동질적이

---

15) 이 점에 관해서는 이반 베이보다Ivan Vejvoda의 견해를 빌렸다.
16) "사회적 청소"는 Katherine Verdery, "Nationalism and National Sentiment in Post-Socialist Rumania", *Slavic Review*, vol.52 no.2, 1993에서 캐서린 버더리가 쓴 용어이다.

었던 상황에서 민족의식이 의도적으로 조성되었다. 민족nationality, 또는 공식적으로 인정된 일부 민족이 다양한 정치·경제·문화적 이해를 추구하기 위한 주요한 합법적인 우산이 되었다. 이런 우산은 특히 민족적 차이가 "헌법상 정식으로 인정된" 옛 유고슬라비아와 소련에서 중요했다.[17]

부족의 경제economy of shortage의 작동은 이러한 추세를 더욱 강화했다. 이론상 계획경제에서는 경쟁이 없어야 한다. 이러한 계획은 물론 시장을 둘러싼 경쟁을 제거한다. 그러나 그것은 다른 형태의 경쟁을 만들어 낸다——자원을 둘러싼 경쟁이 그것이다. 이론상 계획은 합리적인 계획가들이 작성하여 수직적인 명령 연쇄를 통해 아래로 전달한다. 그러나 실제로 계획은 무수한 관료적 압력을 통해 '쌓아 올려지고' 그 결과로 '붕괴한다'. 사실 계획은 관료적 타협의 표현으로 작동하고, '연성예산' 제약'soft budget' constraint[18]으로 인해 개별 기업은 항상 예상한 것보다 더 많이 지출한다. 그 결과로 만연하는 부족은 자원을 둘러싼 경쟁과 부처와 기업 사이의 매점매석과 자급자족 경향을 강화하고, 역으로 이런 경쟁과 경향은 자원 부족을 촉진한다. 이런 상황에서 민족은 자원을 둘러싼 경쟁을 촉진하는 데 활용할 수 있는 도구가 된다.[19]

이미 1970년대 초반부터 옛 소련에서 쇠퇴하는 사회주의 기획을 떠받

---

17) Katherine Verdery, "Nationalism and National Sentiment in Post-Socialist Rumania", p. 82; Robert M. Hayden, "Constitutional Nationalism in the Formerly Yugoslav Republics", *Slavic Review* vol. 51 no. 4, 1992도 보라.
18) 경제학에서 말하는 '예산 제약'은 주어진 예산과 가격 상황에 맞게 경제주체가 구입할 수 있는 재화의 집합에 제약이 있음을 가리키는 말이다. 경성예산 제약과 달리 연성예산 제약 상황에서는 경제 주체가 수입에 크게 구애받지 않고 지출을 할 수 있다. 중앙 계획 당국이나 외부에서 지원을 할 것이라고 기대하기 때문이다. 흔히 사회주의 계획경제나 공기업의 문제점을 말할 때 등장하는 개념이다.——옮긴이
19) 캐서린 버더리도 이런 주장을 편다. 특히 Katherine Verdery, "Ethnic Relations, Economies of Shortage and the Transition in Eastern Europe", ed. Chris M. Hann, *Socialism: Ideals, Ideologies and Local Practice*, London: Routledge, 1993을 보라.

치기 위해 민족 정책을 활용한 결과로 민족주의가 폭발할 것이라고 경고한 저자들이 있었다.[20] 테레사 라코스카-함스톤Teresa Rakowska-Harmstone은 1974년에 발표한 고전적인 논문에서 "혁명의 시기에 이제 막 생겨난 공통의 문화 감각만을 갖고 있던 사람들 사이에서도 나타나는 새로운 현상"을 설명하기 위해 "신민족주의"라는 용어를 사용했다.[21] 소련의 정책은 정교한 행정구조에 기초하여 민족 간 위계를 만들어 냈다. 이 위계에서 각 민족의 지위는 영토에 기초한 행정단위——공화국, 자치주, 자치구——의 지위와 연결되었다. 이런 행정 조정 내에서 이른바 이름뿐인 민족의 토착 언어와 문화가 장려되었고, 이름뿐인 민족의 구성원들은 지방 행정과 교육에서 우선권을 받았다.[22] 이 체제는 빅토르 자슬랍스키Victor Zaslavsky가 "폭발적인 분업"이라고 설명한 결과를 낳았다. 토착 행정·지식 엘리트 집단이 러시아에서 수입된 도시 노동계급과 토착 농촌 인구를 관장한 것이다.[23] 지역 엘리트들은 민족의식의 발전을 활용하여 행정 자치, 특히 경제 영역의 자치를 도모했다.

앞 장에서 논한 것처럼, 옛 유고슬라비아에서도 특히 1974년 헌법에서 연방을 구성하는 각 민족과 공화국을 확립하고 연방정부의 권한을 제한한 이후에 비슷한 과정이 벌어졌다. 이 다민족 국가들을 하나로 묶은 힘은 공산

---

20) 예를 들어 Andrei Amalrik, *Will the Soviet Union Survive until 1984?*, London: Penguin, 1970이나 Hélène Carrère d'Encausse, *Decline of an Empire: The Soviet Socialist Republics in Revolt*, New York: Newsweek books, 1979를 보라.
21) Teresa Rakowska-Harmstone, "The Dialectics of Nationalism in the USSR", *Problems of Communism* vol.23 no.3, 1974.
22) 많은 경우에 이와 같은 이름뿐인 민족은 인위적인 것이었다. 가령 타지키스탄은 인위적으로 고안된 영토 단위이다. 이란과 아프가니스탄 일부 지역에서 쓰는 페르시아어 방언인 타지크어에는 키릴 문자가 부여되었다. 타지크의 주요 문명 중심지인 사마르칸트Samarkand와 부카라Bukhara는 결국 타지키스탄의 경계 바깥인 우즈베키스탄 땅이 되었다.
23) Victor Zaslavsky, "Success and Collapse: Traditional Soviet Nationality Policy", eds. Ian Bremmer and Ray Taras, *Nations and Politics in Soviet Successor States*, Cambridge: Cambridge University Press, 1993.

당의 권력 독점이었다. 사회주의 기획이 신뢰를 잃고 당의 독점이 결국 깨지고 처음으로 민주 선거가 치러진 1989년의 여파 속에서 민족주의가 공공연하게 분출했다. 여러 정당 사이에 선택의 여지가 거의 없고, 정치적 논쟁의 역사가 전무하며, 새로운 정치인들이 거의 무명인 상황에서 민족주의는 정치적 차별화의 기제가 된다. 사람들이 일정한 방식으로 투표할 것으로 기대된다고 생각하는 사회에서, 사람들이 정치적 선택에 익숙하지 않으며 그런 선택을 당연하게 받아들이는 것을 경계할지도 모르는 사회에서 민족적 구분선에 따른 투표가 가장 분명한 선택지가 되었다.

민족주의는 과거와의 연속성인 동시에 과거와 공모한 사실을 부인하거나 '망각'하는 방법을 표상한다. 민족주의가 연속성을 표상하는 이유는 그것이 다민족 국가에서만이 아니라 앞선 시대에 길러진 방식 때문이기도 하고, 민족주의의 형태가 과거의 냉전 이데올로기와 매우 유사하기 때문이기도 하다. 특히 공산주의는 우리 편과 반대 편, 선과 악이라는 전쟁의 심성 위에서 번성했으며, 동질적인 집단 공동체라는 관념을 드높였다. 이와 동시에 민족주의는 과거를 부인하는 방편이기도 하다. 공산주의 체제는 공공연하게 민족주의를 비난했기 때문이다. 시장에 고집스럽게 집착하는 경우처럼, 민족주의는 지나간 과거에 대한 일종의 부정이다. 특히 소련 군대에 점령당했던 나라들에서는 공산주의를 '외부자'나 '외국인'처럼 다룰 수 있다. 그리하여 공산주의 체제를 받아들이거나 용인하거나 협력한 이들에게 면죄부를 줄 수 있다. 민족 정체성은 과거 상황에 따라 결정된 다른 직업적 정체성이나 이데올로기적 정체성에 비해 어쨌든 순수하고 때 묻지 않은 것이다.

다른 곳에서도 이와 비슷한 경향을 관찰할 수 있다. 이미 1970년대와 1980년대에 탈식민 행정구조의 취약성이 분명해지고 있었다. 아프리카와 아시아 국가들은 독립 이후에 걸었던 희망이 좌절된 환멸, 빈곤과 불평등을 극복하려는 발전 기획의 실패, 급속한 도시화와 전통적인 농촌 공동체의 붕괴가 낳은 불안정성 등뿐만 아니라 구조조정과 안정화·자유화·탈규제 정책이 야기한 충격에도 대처해야 했다. 게다가 옛 유고슬라비아의 경우처럼, 냉전의 여파 속에서 비동맹 운동의 구성원으로서 가졌던 국제적인 정체성의 상실은 국내에도 반향을 미쳤다. 집권 여당의 정치인들과 야심 찬 야당 지도자들 모두 다른 방식으로——권위주의적인 정책을 정당화하기 위해, 희생양을 만들어 내기 위해, 공포와 불안감을 중심으로 지지를 결집하기 위해——특수주의적 정체성을 활용하기 시작했다. 많은 탈식민 국가의 집권 정당은 자신들이 해방 운동을 위한 공간을 차지한 좌파 정당이라고 생각했다. 탈공산주의 국가에서 그러했던 것처럼, 정당성 있는 해방 운동이 부재한 탓에 부족이나 씨족, 종교 집단이나 언어 집단에 기초한 권리 주장이 정치 공간을 차지해 버렸다.

식민화되기 전의 시대에는 대부분의 사회에 느슨한 민족 정체성 인식만 존재했다. 유럽인들은 열정적인 분류 정신과 인구조사와 신분증을 가지고 좀더 엄격한 민족 구분을 강요했고, 통신·도로·철도가 발달하고 일부 국가에서 자국어 언론이 등장함에 따라 민족 구분이 더욱 발전했다. 어떤 경우에는 매우 인위적으로 구분이 이루어졌다. 르완다와 부룬디의 후투족과 투치족 구분은 벨기에 당국이 신분증을 도입하기 전까지는 대략적인 사회적 구별에 불과했다. 마찬가지로, 자이르(지금의 콩고민주공화국)의 모부투 Mobutu Sese Seko 전 대통령을 배출했다는 은갈라족Ngala 또한 사실상 벨기에가 만들어 낸 것이다. 독립 이후 시기에 대부분의 집권 정당은 인위적으로 정의된 신생국가의 영토 안에 있는 수많은 민족 집단을 끌어안는 세속적인 민족 정체성을 신봉했다. 독립 이후의 희망이 서서히 수그러들면서 많은 정치인이 특수주의적인 경향에 호소하기 시작했다. 대체로 행정구조가 허약할수록 이런 일이 먼저 벌어졌다. 수단이나 나이지리아, 자이르 같은 일부 나라에서는 권력이나 개인적 부의 통로가 종교나 부족에 의존하는 이른바

'약탈' 정권이 발달했다.[24] 독립 이후 시기 거의 전체에 걸쳐 민주주의가 유지된 인도에서는 1970년대에 국민회의당Congress Party이 힌두교 의례와 상징을 활용하여 정체성, 특히 종교에 기초한 정치적 동원의 새로운 형태를 만드는 길을 닦았다.[25]

이런 국가들은 대개 강력한 개입주의 국가였다. 1970년대에 해외 원조가 상업차관으로 대체되기 시작하고, 대외 채무가 늘어나고 '구조조정' 프로그램이 도입됨에 따라 국가 세입이 줄어들었고, 옛 공산주의 국가들과 마찬가지로 자원 통제를 둘러싼 정치적 경쟁이 격화되었다. 냉전의 종식은 한때 전략적으로 중요하게 여겨졌던 자이르나 소말리아 같은 나라들에 대한 해외 원조가 감소함을 의미했다. 이와 동시에 민주화를 요구하는 압력은 종종 민족 간 긴장을 비롯한 정체성의 정치를 조장함으로써 권력을 유지하려는 필사적인 시도로 이어졌다. 중동에서는 이슬람 운동의 성장이 탈식민 세속 민족주의 체제에 대한 환멸과 결합되었다.

선진산업국들에서도 민족국가의 자율성이 줄어들고 흔히 산업에 기초한 전통적인 사회적 응집력의 원천이 소모되는 현상과 결부된 정당성의 잠식이 1989년의 여파 속에서 훨씬 더 분명해졌다. 소련의 위협과 관련하여 정의된 특별히 서구적인 정체성은 서서히 무너져 내렸다. 다른 곳에 민주주의가 없다는 사실을 거론하며 민주주의를 옹호하는 것이 점점 어려워졌기 때문이다. 실제로 '대테러전쟁'이라는 말은 서구만의 독특한 정체성을 재창

---

24) 예를 들어 Peter Lewis, "From Prebendalism to Predation: The Political Economy of Decline in Nigeria", *The Journal of Modern African Studies* vol.34 no.1, 1996; Obi Igwara, "Holy Nigerian Nationalisms and Apocalyptic Visions of the Nation", *Nations and Nationalism* vol.1 issue 3, 1995; Kisangani N. F. Emizet, "Zaire after Mobutu: A Case of a Humanitarian Emergency", *WIDER Research for Action 32*, Helsinki: UNU/WIDER, 1997 등을 보라.
25) Cynthia Brown and Farhad Karim eds., *Playing the 'Communal Card': Communal Violence and Human Rights*, London and New York: Human Rights Watch, 1995를 보라.

조하려는 방편으로 볼 수 있다. 마찬가지로 중요한 것은 세계화라는 상황과 엄격한 예산 관리 및 인플레이션 통제를 강조하는 지배적 이데올로기 속에서 경제·사회 문제를 둘러싼 실질적인 정치적 차이의 공간이 좁아짐에 따라 주요 정당들이 점차 합의에 다다르고 있다는 사실이다. 민족주의 혹은 난민법과 이민 반대 운동 같은 민족주의의 맹아는 정당의 정치적 차별화 형태로 활용된다. 최근 몇 년 동안 프랑스, 네덜란드, 벨기에 등지에서 극우 정당이 상당한 득표율을 얻고 있다. 미국에서는 공화당이 근본주의 기독교 교회 사이에서 의도적으로 지지층을 늘리고 있다. 오스트레일리아에서는 보수당이 공공연한 난민 제한 강령을 내걸고 권력을 잡았다. 특히 9·11의 여파 속에서 외국인 혐오 사상이 점점 커지는 불안감을 등에 업고 퍼지고 있다.

물론 모든 서구 국가가 집단주의적 전체주의를 경험하지는 않았다. 특수주의 정치가 강한 북아일랜드 같은 지역이 대개 민주주의가 허약한 곳이기는 하지만 말이다. 활기 있는 시민사회는 인민주의 경향의 잠재적인 기반을 제공하는 정치인들에 대한 불신과 정치 기관에서의 소외, 무관심, 무력감 등을 완화할 수 있다. 그렇다 하더라도 새로운 세계시민주의 계급의 '분리'와 세계화의 혜택에서 배제된 이들의 파편화와 의존은 선진 산업국가들의 특징이기도 하다.

새로운 정체성의 정치의 다른 주요한 원천은 세계화, 특히 급속한 도시화 및 지하경제와 관련된 불안정성이다. 이 불안정성은 대체로 세계화 과정의 가속화를 효과적으로 나타내면서 1980년대와 1990년대에 추구된 신자유주의 정책 ─ 거시경제 안정화, 탈규제, 사유화 ─ 의 소산이다. 이런 정책들로 인해 실업·자원고갈·소득불평등이 증가하고, 급속한 도시화가 이루어졌으며, 시골에서 도시로 향하는 이주와 국경을 가로지르는 이주 모두 늘어났다. 이런 변화는 다시 범죄가 늘어나고 부패 네트워크와 암시장 상인과 무기·마약 밀수업자 등의 네트워크가 형성되기에 유리한 환경을 제공했다. 국가가 경제의 많은 부분을 통제하고 자기조직적 시장 기구 self-organized market institutions가 존재하지 않는 사회에서 '구조조정'이나 '이행' 정책은 사실상 어떤 종류의 규제도 없음을 의미한다. 이런 경우에 시장은 대체로 새로운 자율적인 생산 기업을 의미하지 않는다. 부패, 투기, 범죄를 의미할 뿐이다. 흔히 다양한 형태의 매수와 '내부자' 거래를 통해 쇠퇴하는 제도 기구와 연결된 수상쩍은 '사업가'들이라는 새로운 집단이 일종의 본원적 축적——토지와 자본 강탈——에 관여한다. 이 사업가들은 정체성의 정치의 언어를 활용해서 동맹을 쌓아 올리고 자신들의 활동을 정당화한다. 흔히 이런 네트워크는 아프가니스탄과 파키스탄, 아프리카의 많은 지역의 경우처럼 전쟁과 연결되고, 냉전의 여파 속에서 군산복합체의 해체와 연결된다. 이 네트워크는 종종 초국가적인 존재로서 때로는 디아스포라 연계를 통한 불법적인 상품의 국제적 순환과 연결된다.

게다가 민족주의 정당이나 종교 정당과 연결된 종교 기관이나 인도주의 단체들이 농촌이나 다른 나라에서 이제 막 옮겨 온 이주자들에게 유일한 사회안전망을 제공하는 일이 다반사이다. 마찬가지로, 경제정책으로 인해 교육을 비롯한 사회지출이 삭감되는 상황에서 종교 계열 학교와 지역사회 조직이 점점 커지고 있다.

전형적인 현상은 폭력이나 폭력의 위협을 통해 생계를 유지하고, 암시장을 통해서나 군대 무기고를 약탈해서 남아도는 무기를 구하며, 특수주의적 네트워크에 입각해서 권력을 세우거나 특수주의적인 권리 주장을 통해 존경을 받으려고 하는 새로운 무리의 젊은이들, 새로운 모험가들의 등장이다. 포로를 잡아서 식량이나 무기, 돈, 다른 인질, 심지어 사체와 맞교환하려고 하는 남캅카스의 인질 납치범들, 러시아의 마피아 집단, 가까운 외국에 있는 러시아 디아스포라 집단을 '보호'하기 위해 코사크 cossack[카자흐를 의미한다——옮긴이] 군복을 입는 새로운 코사크인들, 서우크라이나나 서헤르체고비나의 청년 실업자들로 이루어진 민족주의 민병대 집단 등이 이런 네트워크에 해당한다. 이 집단들은 모두 독수리떼처럼 해체되는 국가의 찌꺼기와 빈민·실업자의 좌절과 분노를 먹고 산다. 아프리카나 남아시아의 분쟁 지역에서도 이와 비슷한 부류의 들뜬 정치적 모험가들을 발견할 수 있다.[26]

새로운 정체성의 정치는 이러한 특수주의의 두 원천을 다양한 수준으로 결합한다. 예전의 행정 엘리트나 지식 엘리트들은 권력을 장악하고 유지하려는 목표 아래, 배제되고 내팽개쳐진 사람들, 소외되고 불안정한 사람들을 동원하기 위해 사회의 주변부에 있는 잡다한 모험가 집단과 제휴한다. 불안감이 커질수록, 사회의 양극화가 확대될수록, 대안적인 통합의 정치를 위한 가치가 자리할 공간은 더욱 줄어든다. 전쟁 상황에서는 전쟁범죄에 공모하고 전쟁경제의 지속적인 작동에 서로 의존하기 때문에 이런 동맹이 더욱 굳건해진다. 르완다의 대규모 대량학살 계획은 후투족 극단주의자들이 경제위기와 국제사회의 민주화 압력이라는 상황에서 권력을 계속 장악하기 위해 의지한 방편으로 설명된다. 비정부기구인 아프리카의 권리Africa Rights의 설명을 들어 보자. "극단주의자들은 후투족 전체가 학살에 참여하는 것을 목표로 삼았다. 그렇게 하면 모든 사람이 대량학살의 피로 물들 것이었다. 되돌릴 수 있는 길은 전무했다."[27] 아프가니스탄 무자헤딘이 끼어들면서 더욱 격화된 카슈미르의 전쟁은 힌두교도 정체성과 무슬림 정체성을 양극화하는 결과로 이어졌다. 이런 양극화는 카슈미르 사람이라는 정체성, 즉

---

26) 다양한 장소에서 나타나는 이런 현상에 관한 설명으로는 세계 위기 개입을 다룬 국경없는 의사회의 보고서인 Médecins Sans Frontières, *Life and Death and Aid*, London: Routledge, 1993을 보라. 라이베리아에서는 찰스 테일러Charles Taylor가 이끄는 라이베리아민족애국전선National Patriotic Front of Liberia이 수도로 진격한 것으로 설명된다. "항상 술이나 마약에 취한 채 가발이나 웨딩드레스, 용접공 보안경 등을 쓰고 걸친 병사들은 산산이 깨진 세계가 남겨 둔 심각한 정체성의 위기를 드러내듯 행동했다"(p.56).
27) Rakiya Omaar and Alex de Waal, *Rwanda: Death, Despair and Defiance*, London: Africa Rights, 1994, p.35.

카슈미르 의식kashmiriyat에 기초한 융합의 전통과 공통의 유대를 점차 밀어냈다.[28] 옛 유고슬라비아에서 민족주의 정서가 극악하게 표출되는 이유에 대한 설명 가운데 하나는 새로운 정체성의 정치의 온갖 다양한 원천이 그곳에 집중되어 있다는 사실이다. 옛 유고슬라비아에는 동유럽 어떤 나라보다도 가장 서구화된 사실상 세계시민주의 엘리트 집단이 있으며, 따라서 배제된 사람들의 분노는 더욱 커진다. 또 쇠퇴하는 중앙집중화된 국가에서 전형적으로 나타나는 민족주의적 관료 집단의 경쟁을 겪었다. 그리고 다른 동유럽 나라에 비해 시장경제로 이행하는 데 일찍 노출되었기 때문에 지하경제가 더 발달했다. 그렇다 하더라도 배타적인 정체성을 재건할 수 있는 증오를 만들어 내기 위해서는 극악한 전쟁이 필요했다.

새로운 형태의 정체성의 정치는 흔히 과거로 후퇴하는 것으로, 즉 근대화 이데올로기에 의해 잠시 밀려나거나 억눌린 전근대의 정체성들로 돌아가는 것으로 여겨진다. 물론 새로운 정치는 기억과 역사에 의존하며, 문화 전통이 확고한 사회일수록 새로운 정치를 더 잘 받아들이는 것은 사실이다. 그러나 지금까지 내가 주장한 것처럼, 정말로 중요한 것은 최근의 과거이며 특히 세계화가 각 국가의 정치적 생존에 미치는 영향력이다. 뿐만 아니라 새로운 정치는 완전히 새로운 동시대의 속성을 갖고 있다.

무엇보다도 새로운 정치는 수평적인 동시에 수직적이고, 초국가적인 동시에 일국적이다. 거의 모든 새로운 민족주의에서 디아스포라 집단이 전보다 훨씬 더 중요한 역할을 한다. 통신 속도가 빨라졌기 때문이다. 파리나 런던의 카페에는 언제나 조국의 해방을 꾀하는 외국 이주 민족주의 집단이 있었다. 그러나 이민의 증가와 여행의 편의, 전화·팩스·이메일의 확산으로

---

28) Šumit Ganguly, "Explaining the Kashmir Insurgency: Political Mobilisation and Institutional Decay", *International Security* vol.21 no.2, 1996.

인해 바야흐로 이런 집단의 규모와 중요성이 훨씬 커지고 있다. 오늘날 두 유형의 디아스포라가 존재한다. 한편에는 가까운 외국에 사는 소수민족이 있다. 이런 소수민족은 자신들이 현지 민족주의에 언제라도 공격당할 수 있음을 두려워하며 흔히 고국에 사는 이들보다 훨씬 극단적이다. 크로아티아와 보스니아-헤르체고비나에 사는 세르비아계, 옛 소련의 모든 신생 공화국에 있는 러시아인 소수 집단, 보이보디나·루마니아·우크라이나·슬로바키아에 있는 헝가리계 소수 집단, 자이르나 우간다에 사는 투치족 등이 여기에 해당한다. 다른 한편에는 멀리 떨어진 곳에 사는 불만 집단이 있다. 흔히 새로운 용광로 국가에 사는 이 집단은 현실과는 거리가 멀기 일쑤인 자신들의 기원에 대한 환상 속에서 위안을 찾는다. 시크교도의 고국 칼리스탄Khalistan을 세우자는 구상, 마케도니아와 불가리아를 통일하자는 의견, 루테니아Ruthenia 독립 호소——이 모두는 캐나다의 디아스포라 공동체에서 생겨난 것이다. 아일랜드계 미국인들의 아일랜드공화군(IRA) 지지, 오스트레일리아에서 벌어지는 그리스인과 마케도니아인의 폭력적 충돌, 크로아티아를 인정하라는 독일 내 크로아티아인 집단의 압력 등도 모두 디아스포라의 영향력을 보여 주는 사례이다.

코소보의 알바니아계 사이에서도 특히 독일과 스위스의 디아스포라 집단이 결정적 역할을 했다. 1980년대 초반에 저항운동과 학생시위에 참여했던 이들 대다수가 이 나라를 떠났다. 1990년대에 해외에 거주하면서 일하는 코소보 알바니아계 50만 명은 3%의 소득세를 내야 했다. 게다가 스위스에서 알바니아어 텔레비전 방송이 운영되어 위성 안테나가 있는 코소보 알바니아계 사람은 누구나 볼 수 있었다. 1997년 이후 코소보해방군Kosovo Liberation Army(KLA)이 점차 영향력을 높일 수 있었던 것은 디아스포라 집단의 대다수가 비폭력적인 민족주의 운동 대신 코소보해방군을 지지했기 때문이다.

디아스포라 집단은 이념과 돈, 무기와 노하우를 제공하며, 이런 지원은 흔히 엄청난 효과를 발휘한다. 이런 새로운 민족주의 합의를 이루는 개인들 가운데는 낭만적인 외국 이주자도 있고 외국 용병, 상인과 투자자, 캐나다 피자가게 주인 등도 있다. 라다 쿠마르는 미국에 거주하는 인도인들이 힌두 근본주의자들을 지원하는 현실을 설명한 바 있다. "고국에서 떨어져 대개 낯선 땅에서 외국인으로 살아가면서 자기 문화를 박탈당했다고 느끼는 동시에 '고국의' 고난에서 도망쳐 왔다는 죄책감을 느끼는 외국 이주자들은 자신들의 행동이 의도하지 않은 폭력을 촉발할지도 모른다는 사실을 이해하지 못한 채 디아스포라 민족주의에 의지한다."[29] 종교 집단 사이에서도 이와 같은 초국적 네트워크를 발견할 수 있다. 이슬람의 상호 연결은 유명하지만, 이런 연계는 다른 종교 집단에도 적용된다. 그루지야에서 분리된 지역인 남오세티아South Ossetia의 외무장관 집무실을 방문한 적이 있는데, 집무실 벽에는 보스니아 세르비아계 지도자 카라지치의 사진이 걸려 있었다. 장관은 동방정교회 신자 모임에 참석했을 때 스르프스카공화국에서 온 대표단에게서 사진을 받았다고 설명했다.

둘째, 교육이 향상되고 지식계급이 확대됨과 동시에 신기술이 확산된 결과 정치적 동원 역량이 크게 늘어났다. 정치적 이슬람의 성장에 관한 많은 설명은 흔히 권력에서 배제되는 새로운 식자층 도시계급의 등장과 이슬람 학교의 증가, 신문 독자층의 확대 등에 초점을 맞춘다.[30] 자국어 해득 능력의 확대는 타블로이드판 공동체 신문communitarian newspaper[특정 지역이나 민족·종교 집단을 대상으로 한 신문을 가리킨다——옮긴이]과 중동의 알자지라Al-Jazeera와 알아라비야Al-Arabiya 방송이나 남아시아의 스타Star 방송 같은 새로운 세계적 방송 채널의 확산뿐만 아니라 인터넷을 통한 웹사이트와 포럼 이용이나 비디오의 유통 등과 더불어 새로운 '상상의 공동체'imagined community를 만들어 낸다. 이런 새로운 형태의 전자 통신은 특수주의 메시지를 퍼뜨리는 신속하고 효율적인 수단을 제공한다. 특히 전자미디어는 신문이 따라갈 수 없는 권위를 가진다. 아프리카 일부 지역에서 라디오는 '마술'이다. 전투적인 이슬람 설교자들의 설교를 담은 카세트의 유통, 르완다에서 사람들에게 대량학살을 선동하기 위한 '증오' 라디오의 활용, 동유럽 민족주의 지도자들의 텔레비전 장악——이 모든 것은 정치적 동원의 걸음걸이를 빠르게 하는 기제를 제공한다.

세계시민주의 대 특수주의

앤서니 D. 스미스Anthony D. Smith는 『세계화 시대의 민족과 민족주의』에서 민족국가가 시대에 뒤떨어진 존재가 되었다는 견해에 이의를 제기한다.[31] 스미스는 새로운 세계적 계급들은 그들의 과학기술 보편 담론이 낳는 소외를 극복하기 위해 여전히 이른바 원민족에 기초한 공동체 의식과 정체성을 필요로 한다고 주장한다. 그리고 민족국가는 인위적이고 일시적인 정체政體로서 세계사회global society를 향한 진화에서 거치는 준비단계라는 이른바 근대주의의 오류를 비판한다. 그는 새로운 민족주의를 원민족의 영속성을 나타내는 증거로 보며, 문화적 분리주의에 긍정적인 시각을 제시한다. 스미스에게 문화적 분리주의란 지배적인 원민족을 중심으로 민족국가의 기초를 더욱 굳게 다지는 동시에 민족국가가 시민적 이상을 포용할 수 있게 해주는 방편이기 때문이다.

---

29) Radha Kumar, "Nationalism, Nationalities and Civil Society", *Nationalism and European Integration: Civil Society Perspectives*, Helsinki Citizens' Assembly Publication Series 2, Prague, 1991.
30) Olivier Roy, *The Failure of Political Islam*, London: Taurus, 1994; Ernest Gellner, *Postmodernism, Reason and Religion*, London and New York: Routledge, 1992도 보라.
31) Anthony D. Smith, *Nations and Nationalism in a Global Era*, Cambridge: Polity, 1996 [앤서니 D. 스미스, 『세계화 시대의 민족과 민족주의』, 이재석 옮김, 남지, 1997].

어쩌면 새로운 특수주의적 정체성은 계속 이어질 것이고, 그것은 새로운 포스트모던 문화상대주의의 표현일 것이다. 그러나 이 새로운 정체성이 인도주의적인 시민 가치를 위한 토대를 제공한다고 주장하기는 힘들다. 이 정체성은 세계화라는 새로운 상황에 적절한 미래지향적인 기획을 제시할 수 없기 때문이다. 세계화의 주된 함의는 영토주권이 이제 생명력을 잃었다는 것이다. 특정한 공간 영역 내에서 권력을 되찾으려는 시도는 사태에 영향을 미칠 수 있는 능력을 한층 더 손상시킬 뿐이다. 물론 그렇다고 해서 새로운 형태의 특수주의적 정체성의 정치가 사라질 것이라는 말은 아니다. 정확히 말하자면, 이 정치는 생존을 위한 지속적인 폭력에 의존하여 영구적으로 국경을 다투는 새로운 폐쇄형 혼돈 소국가들을 위한 처방이다.

특수주의자들은 다른 딱지가 붙은 사람들 없이는 존재할 수 없다. 세계화는, 그 이름이 함축하는 것처럼, 세계적이다. 비록 정도는 다양하겠지만, 세계 어디서든 간에, 세계화에서 혜택을 입는 사람들은, 그 혜택에서 배제되지만 그렇다 하더라도 그것에 크게 영향을 받는 사람들과 영토를 공유해야만 한다. 패자와 승자 모두 서로를 필요로 한다. 영토 조각은 아무리 크든 작든 간에 이제 외부 세계와 고립될 수 없다.

물론 지역정치와 지방정치의 새로운 주장, 즉 지역 및 지방 차원에서 민주적 책임성을 확대하라는 주장을 상상하는 것은 가능하고, 이미 이런 주장이 이루어지고 있다. 그러나 이런 주장이 성공을 거두려면 세계적인 맥락 속에 자리를 잡아야 한다. 그러려면 세계적 차원의 거버넌스에 더 많이 접근하고 개방되어야 하며, 또 비단 특수한 딱지가 붙은 사람들만이 아니라 문제가 되는 영토에 사는 주민 모두에 대한 더 큰 민주적 책임성에 바탕을 두어야 할 것이다. 이런 정치는 따라서 이른바 세계시민주의 정치의식 속에 뿌리를 박을 필요가 있다.

내가 말하는 세계시민주의란 정체성의 부정을 뜻하지 않는다. 정확히 말하자면, 세계시민주의는 세계적 정체성들의 다양성에 대한 찬양이자 여러 개가 겹치는 정체성의 수용과 그에 대한 열정, 그리고 이와 동시에 모든 인류의 평등과 인간의 존엄성 존중에 대한 약속을 의미한다. 이 용어는 독립된 주권의 인정과 결합된 칸트의 세계시민권 개념에서 유래한다. 따라서 세계시민주의는 보편주의와 다양성을 결합시킨다. 콰미 아피아Kwame Appiah는 "세계시민주의적 애국자"cosmopolitan patriot나 "자기 고향과 그것의 고유한 문화적 특수성에 애착을 가지면서도 다른 사람들의 존재를 기쁨으로 여기는 뿌리박은 세계시민rooted cosmopolitan"에 관해 말한다. 아피아는 세계시민주의와 인도주의를 구별한다. "세계시민주의는 모든 사람이 중요하다는 단순한 느낌만은 아니기 때문이다. 세계시민은 또한 국지적으로 각기 다른 인간 존재방식이 있다는 사실을 찬양한다. 이와 대조적으로 인도주의는 세계적 동질성에 대한 욕망과 일치한다."[32]

세계시민주의 정치의식을 낳을 수 있는 두 가지 원천을 확인할 수 있다. 하향식 세계시민주의라고 설명할 수 있는 한 가지는 점점 늘어나는 국제조직에서 찾을 수 있다. 그 중 몇몇 조직, 특히 유럽연합은 국가를 초월하는 권한을 개발하는 중이다. 이런 기관들은 고유한 논리와 내부 구조를 개발한다. 이 기관들은 자체의 자원을 통해 활동을 수행하는 대신 이런 활동이 실행될 수 있는 여건을 마련한다. 또한 다른 조직, 국가, 민간이나 준민간 단체들과의 복잡한 파트너십, 협력 협정, 협상, 중재 등을 통해 기능한다. 이 기관들은 자원 부족뿐만 아니라 이와 관련된 정부 간 조정의 제약을 받는다. 이 때문에 시간만 소모하고 불만족스러운 경우가 다반사인 타협에 기초한 경우를 제외하고는 행동하기가 무척 어렵다. 많은 기관들에는 헌신적인 이상주의적 관리들이 존재한다. 이 관리들은 실망스러운 국가 지배자들을 대신할 수

---

32) Kwame Appiah, "Cosmopolitan Patriots", *Critical Inquiry* vol.23 no.3, 1997, p.618.

있는 대안적인 정당성의 원천을 찾는 데 관심을 기울인다.

다른 원천은 상향식 세계시민주의라고 설명할 수 있는 것, 즉 1980년대의 신사회운동과 1990년대의 이른바 비정부기구이다. 이 새로운 형태의 운동은 주로 새로운 세계적 문제들에 대한 대응으로 1980년대 초반부터 발전하고 있다. 이 운동들은 예전의 사회운동과 다르다. 이 운동들은 전통적인 좌-우 구분에 쉽게 들어맞지 않으며, 평화·생태·인권·젠더·발전 등의 새로운 쟁점에 관심을 쏟는다. 이 운동들은 조직의 면에서 수직적이기보다는 수평적이기 쉽고, 지방 및 초국가적 차원에서 가장 효율적으로 움직인다. 1990년대에 이 운동들은 개인주의적인 방식으로 기능하는 경향이 많았다. 또 대개 정치에 대해 회의적이다. 이런 운동은 채식주의나 원조물자 수송차량을 운전해서 교전지역에 들어가는 행위 등을 통해 개인적인 헌신성을 표현한다. 그리고 상징적이거나 이목을 끄는 행동을 많이 한다──그린피스 선박인 '레인보 워리어'Rainbow Warrior 호의 활동이 대표적인 예이다. '반정치', '자기조직화', '시민사회' 같은 용어는 전통적인 정치 형태에 대한 불만을 나타낸다. 외채탕감이나 기후변화 같은 특정한 캠페인을 중심으로 조직된 네트워크가 늘어나고, 사회포럼 같은 새로운 형태의 조직이 등장함에 따라 이 운동은 점점 제도화되고 있다. 이라크 전쟁에 반대하여 2003년 2월 15일에 세계 각지에서 시위를 벌인 1,100만 명의 사람들은 이런 조직의 성장을 보여 주는 증거이다. 물론 이런 활동에 참여하는 모든 사람이 세계시민주의자인 것은 아니다. 많은 이들은 세계화에 반대하고 민족국가로 돌아가기를 갈망하며, 때로는 정체성의 정치와 결합된 집단, 즉 민족주의자나 중동의 이슬람주의자들과 손을 잡는다.

오늘날 세계시민주의와 특수주의는 동일한 지리 공간에서 나란히 공존한다. 세계시민주의는 동구와 남반부에 비해 서구에 더 널리 퍼져 있다. 그렇지만 세계 곳곳, 외딴 마을과 소도시에서도 두 종류의 사람을 모두 발견할 수 있다. 새로운 특수주의적 갈등은 전쟁과 배타주의에 반대하려고 애쓰는 용감한 일군의 사람들을 배출한다——흔히 여성인 현지 사람들과 인도주의 원조를 제공하거나 중재를 돕기 위해 외국에서 자원해서 온 사람들이 그들이다. 현지의 집단은 초국적 네트워크에 접근하거나 이런 네트워크의 지원과 보호를 받을 수 있는 한 힘을 쌓는다.

세계시민주의의 공간이 줄어드는 곳은 바로 전쟁이 벌어지는 현장이다. 이런저런 특수주의는 자신들의 배타적인 정체성을 유지하기 위해 서로를 필요로 하며, 그 결과로 충돌과 협력이 역설적으로 결합된다. 특수주의의 호소력을 허물어뜨리는 것이 바로 세계시민주의이며, 전쟁에서 흔히 표적이 되는 것이 바로 인도적인 시민적 가치의 대표자들이다. 사실 전쟁 자체는 정치적 동원의 한 형태로, 즉 특수주의 집단이 번성하는 불안정한 환경을 쌓아 올리는 것으로 이해할 수 있다. 분쟁지역은 '블랙홀'이 된다——광신자와 범죄자들의 안식처로서 새로운 테러리즘을 낳는 블랙홀 말이다. 소말리아나 아프가니스탄, 현재의 이라크같이, 고립된 인도주의 기관들이 조심스럽게 협상을 하면서 위급한 사람들을 돕기 위해 뇌물을 주고 입국하는 출입금지 지역이 점점 많이 생겨난다. 어떤 이들은 이런 상황이 세계 많은 지역의 미래를 예고하는 전조라고 주장한다.[33] 폭력보다 더 양극화를 심화하고, 유토피아적인 포용의 기획에서 후퇴를 야기하는 것은 아무것도 없다. 환멸을 느낀 사라예보의 세계시민주의자들은 "사라예보는 유럽의 미래이다. 바로 이것이 역사의 종말이다"라고 말하곤 했다. 그러나 정치는 결코 확정되지 않는 법. 다른 미래를 상상할 수 있는지는, 결국, 선택의 문제이다.

---

33) Robert D. Kaplan, "The Coming Anarchy: How Scarcity, Crime, Overpopulation, Tribalism, and Disease are Rapidly Destroying the Social Fabric of Our Planet", *The Atlantic Monthly*, February 1994를 보라.

5장_세계화된 전쟁경제

'전쟁경제'war economy라는 용어는 보통 20세기의 총력전에서처럼 집중화되고 총력화된 독재적인 체계를 가리킨다. 행정은 전쟁의 효율성을 높이고 전쟁에 사용해야 하는 세입을 극대화하기 위해 집중된다. 최대한 많은 사람들이 군인이나 무기와 생필품을 생산하는 노동자로 전쟁동원체제에 편입된다. 대개 전쟁동원체제는 자급적이다. 2차대전 당시 영국과 소련이 미국의 군수물자 대여 지원을 받긴 했지만 말이다. 전쟁동원체제의 주된 목표는 적과 전투를 벌여 패배시키기 위해 무력사용을 극대화하는 것이다.

반면 새로운 유형의 전쟁경제는 거의 정반대이다. 새로운 전쟁은 '세계화된' 전쟁이다. 새로운 전쟁은 국가의 파편화와 탈집중화를 수반한다. 또 인구에 비해 참여도가 낮은데, 전쟁 당사자들이 고용한 사람들과 정당성이 모두 부족하기 때문이다. 국내 생산이 무척 빈약하기 때문에 전쟁동원체제는 국지적인 약탈과 외부의 지원에 크게 의존한다. 전투는 보기 힘들고, 폭력은 대부분 민간인을 향한 것이며, 교전하는 당파끼리 협력하는 일이 다반사이다.

전통적인 클라우제비츠의 시각에서 규정 가능한 지정학적 목표에 기초하여 전쟁을 인식하는 사람들은 전쟁의 지속을 바라는, 정치적이고 경제적인 근원적 이해관계를 이해하지 못한다. 이런 사람들은 근원적인 경제 논리를 바로잡지 않은 채 정치적 해법을 찾을 수 있다고 생각하는 경향이 있다. 하지만 동시에 전통적인 전쟁 인식이 부적절하다고 생각하고 새로운 전쟁에서 나타나는 정치·사회·경제적 관계의 복잡성을 관찰하는 사람들은 이런 유형의 폭력을 무정부 상태와 동일시할 수 있다고 결론짓는 경향이 있다. 이런 상황에서 할 수 있는 최대치는 가령 인도주의 원조를 통해 증상을 치료하는 일이 된다.

이 장에서는 새로운 전쟁의 전형적인 정치경제를 분석하고 가능한 대안적인 접근법에 관한 결론을 이끌어 낼 수 있다고 주장하고자 한다. 사실 이런 분석에 담긴 함의는 다양한 국제적 행위자들이 전쟁의 성격에 관한 고전적인 가정에 기초하여 선의에서 기울이는 노력이 대부분 역효과를 낳을 수 있다는 것이다. 하향식 분쟁 해결은 교전 당사자들의 정당성을 높이고 보급을 위한 시간을 줄 뿐이다. 또 인도주의 원조는 전쟁경제의 작동에 기여할 수 있다. 그리고 평화유지군은 끔찍한 범죄가 자행되는데도 방관하거나 그런 범죄를 저지르는 집단의 편을 듦으로써 정당성을 잃을 수 있다.

첫번째 절에서는 현대전에서 전형적인 다양한 전투집단과 이 집단들이 국가의 공식적인 안보역량의 해체에서 어떻게 등장했는지를 설명한다. 그리고 폭력의 유형과 군사전략의 성격, 그리고 제2차 세계대전 동안과 그 이후에 전통적인 근대 전쟁에 대한 반동이나 대응의 한 방편으로 발전한 분쟁으로부터 이 유형들이 진화한 방식들——게릴라전, 대게릴라전, 1980년대의 '저강도' 전쟁——을 분석한다. 뒤이어 이 전투집단들이 어떻게 새로운 전쟁을 치를 자원을 얻는지, 그리고 새로운 유형의 폭력과 전쟁 상황에서 생겨나는 사회관계 사이의 상호작용을 고찰한다. 마지막 절에서는 새로운 전쟁, 좀더 정확히 말하자면 새로운 전쟁의 사회적 조건이 어떻게 확산되는지를 설명한다.

군대의 사유화

전 미국 국무장관 매들린 올브라이트Madeleine Albright는 중앙당국이 허약하거나 존재하지 않는 나라들을 설명하기 위해 "파탄국가"failed state라는 용어를 썼다——소말리아나 아프가니스탄이 고전적인 사례였다. 제프리 허브스트Jeffrey Herbst는 많은 아프리카 국가가 근대적 의미의 국가 주권을 누린 적이 전혀 없다고 주장한다——즉 "한정된 영토에 대한 의문의 여지가 없는 물리적 통제뿐만 아니라 나라 전체에 대한 행정력 발휘 및 국가라는 관념에 대한 국민의 충성"을 향유한 적이 없다는 것이다.[1] 파탄국가의 핵심적인 특징 중 하나는 물리적 강제 도구에 대한 통제력 상실과 이 도구들의 파편화이다. 근대국가를 수립시킨 통합의 순환과 정반대되는 해체의 순환이 시작된다. 영토를 물리적으로 통제하지 못하고 또 인민으로부터 충성을 받지 못함에 따라 세금을 거두는 능력이 줄어들고 국가의 세입 기반이 크게 약화된다. 게다가 부패와 개인 독재 지배는 국가 세입이 더욱 소모됨을 의미한다. 정부가 신뢰할 만한 징세 형태를 감당하지 못하는 일이 다반사이다. 18세기 유럽에서 성행했던 것처럼, 사적 기관을 활용해서 세금을 거두고 일부를 제공한다. 국가가 정당성을 잃고 '보호비'를 요구하는 새로운 세력이 등장함에 따라 탈세가 널리 퍼진다. 이런 상황은 정부 지출을 삭감하라는 외부의 압력으로 이어지고, 나아가 군대를 통제할 능력을 감소시키고 군대의 분열을 조장한다. 게다가 외부에서 원조하면서 조건으로 내거는 정치·경제 개혁은 이 나라들 대부분이 구조적으로 수행할 수 없는 수준이다. 세입과 정당성의 감소, 무질서 증대, 군대의 분열이라는 하향 나선운동은 새로운 전쟁이 벌어지

---

1) Jeffrey Herbst, "Responding to State Failure in Africa", *International Security* vol.21 no.3, 1996/97, pp.121~122.

는 환경을 조성한다. 사실상 국가의 '실패'는 점증하는 폭력의 사유화를 수반한다.

일반적으로 새로운 전쟁은 공과 사, 국가와 비국가, 또는 두 가지가 혼재된 것 등 전투집단 유형의 다양성을 특징으로 한다. 단순화해 보자면 다섯 가지 주요 유형을 확인할 수 있다. 정규군이나 정규군의 잔존물, 준군사 조직, 자위대, 외국 용병, 그리고 마지막으로 대개 국제적 보호를 받는 외국 정규군이 그것이다.

정규군은 특히 분쟁지역에서 쇠퇴하는 중이다. 군사지출 삭감, 위신 손상, 장비·부품·연료·탄약 부족, 훈련 부족 등은 모두 심각한 사기 저하에 이바지한다. 아프리카와 옛 소련의 많은 나라들에서 군인들은 이제 아무런 훈련이나 정규 급여를 받지 못한다. 군인들은 스스로 돈의 원천을 찾아야 하는데, 그 결과 규율 저하와 군대 위계의 붕괴가 일어난다. 이런 상황은 흔히 분열로 이어진다. 타지키스탄에서 볼 수 있는 것처럼, 이런 분열 상황에서는 현지 군사령관들이 군벌처럼 행동한다. 또는 가령 자이르(현 콩고민주공화국)에서 급여를 받지 못한 병사들에게 부정 이득을 취하거나 약탈에 나서도록 부추긴 것처럼, 병사들이 범죄 행위에 가담할 수도 있다. 다시 말해, 정규군이 합법적인 무기 소지자라는 고유한 성격을 잃고 점점 사적 준군사 조직과 구별이 힘들어진다. 의도적인 정책의 결과로 보안기구(군과 경찰)가 이미 파편화된 상황에서는 이런 일이 더욱 심해진다. 다양한 국내 보안기구 유형은 논외로 하더라도 흔히 국경수비대, 대통령 경호대, 헌병대 등이 존재했다. 옛 자이르의 모부투 대통령은 막바지에 가서는 개인 경호대에 신변 보호를 의지할 수밖에 없었다. 사담 후세인도 비슷하게 보안기관의 수효를 급격하게 늘렸고, 모부투의 경우와 마찬가지로, 미국의 침공 초기에 산발적으로 저항한 것은 '사담의 순교자들'Firqat Fedayeen Saddam이라는 혼성집단뿐이었다.

가장 흔한 전투집단은 준군사 조직, 즉 대개 한 지도자를 중심으로 모인 무장한 남자들의 자율적인 집단이다. 폭력이 극단적으로 표출되는 것을 막기 위해 정부가 이런 집단을 만드는 일이 다반사이다. 아르칸 자신의 주장일지도 모르지만, 보스니아의 아르칸이 이끄는 호랑이파가 이런 경우였다. 마찬가지로, 1994년 이전의 르완다 정부는 청년 실업자들을 집권 여당과 연결된 신설 민병대에 채용했다. 민병대는 르완다 군에서 훈련을 받았고 적게나마 급여를 받았다.[2] 비슷한 경우로, 남아프리카공화국 정부에서 비밀리에 무기와 훈련을 제공한 인카타자유당Inkatha Freedom Party(IFP)은 민주주의 이행기에 줄루족Zulu 노동자 집단의 폭력 활동을 조장했다.[3] 준군사 조직은 흔히 특정한 극단주의 정당이나 정치 분파와 제휴한다. 그루지야에서는 독립 이후에 녹색당을 제외한 모든 정당이 자체적인 민병대를 거느렸다. 예두아르트 셰바르드나제Eduard Shevardnadze는 권력에 복귀한 뒤 이 민병대들을 정규군으로 결합시켜서 폭력수단에 대한 독점을 재확립하고자 했다. 아브하지아Abkhazia[그루지야의 자치 공화국—옮긴이]에서 아브하지아 방위군과 러시아 군대의 연합군에게 패배한 것이 바로 이 누더기 군대였다. 코소보에서 가장 악명 높았던 준군사 조직은 '프렌키 패거리'Frenki's Boys라는 집단이다. 정보당국에 따르면, 프란코 시마토비치Franko Simatović['프렌키'는 별명이다—옮긴이]는 밀로셰비치와 무소속 준군사 조직들을 연결하는 고리였다.

　　준군사 조직들은 대부분 실직 상태의 병사들로 이루어지며, 때로는 부대 전체가 실직 상태의 병사들이나 탈영병들로 이루어진다. 이런 병사들 가

---

2) Cynthia Brown and Farhad Karim eds., *Playing the 'Communal Card': Communal Violence and Human Rights*, London and New York: Human Rights Watch, 1995.
3) 1975년에 줄루족을 기반으로 결성된 인카타자유당은 원래 아파르트헤이트 반대 투쟁에서 아프리카민족회의African National Congress(ANC)와 긴밀한 협력 관계를 유지했으나 1980년대에는 빈번하게 무력 충돌했다. 아파르트헤이트 체제가 해체된 1994년 이후에도 아프리카민족회의와 불편한 연합과 경쟁을 계속하고 있다.—옮긴이

운데는 준군사 조직에 집어넣기 위해 의도적으로 많은 범죄자를 감옥에서 풀어 준 옛 유고슬라비아의 경우처럼 일반 범죄자가 포함되거나 생계수단이나 대의, 모험을 추구하는 청년 실업자들이 있는 일이 흔하다. 준군사 조직 성원들은 대개 눈에 띄는 옷차림이나 표시를 자랑스레 내보이긴 하지만 군복을 입지 않기 때문에 비전투원과 구별하기 힘들다. 레이밴 선글라스, 아디다스 신발, 조깅복과 모자 같은 세계적 물질문화의 상징들이 중요한 준군복 노릇을 하는 경우가 많다. 들리는 소문에 따르면, 프렌키 패거리는 자코비차Djakovica의 옷가게 안쪽에 본부가 있었다. 이 패거리는 카우보이모자에 스키마스크를 쓰고 얼굴에는 인디언처럼 줄무늬를 그려 넣었다. 이 패거리의 트레이드마크는 세르비아 체트니크의 표시[검은 바탕에 흰 해골 모양이다——옮긴이]와 파괴된 도시의 실루엣에 영어로 '도시파괴자들'City Breakers이라는 단어를 써넣은 것이었다.[4]

    아프리카에서는 아동 병사를 활용하는 게 드문 일이 아니다. 세르비아 부대에서도 열네 살짜리 소년들이 활동한다는 보도가 계속 나온다. 가령 1989년 크리스마스이브에 시에라리온을 침략한 찰스 테일러의 라이베리아민족애국전선에서는 전체 병사의 30% 정도가 17세 이하였다고 한다. 테일러는 심지어 '소년병부대'Boys' Own Unit를 창설하기도 했다. 그는 비교적 소수의 반군이 시에라리온을 침략하도록 지원했는데, 그 뒤 시에라리온 정부는 소년을 포함한 많은 시민을 신병으로 모집했다. 그 중에는 여덟 살짜리 소년도 있었다. "정부군에 모집된 소년들 대부분은 좀도둑질을 일삼던 프리타운의 거리의 아이들이었다. 이제 AK47 소총과 함께 대규모 도둑질을 할 기회를 부여받은 셈이었다."[5] 모잠비크민족저항운동Resistência Nacional

---

4) Maggie O'Kane, "The Terrible Day when Frenki's Boys Came Calling", *The Guardian*, 19 June, 1999.
5) David Keen, "When War Itself is Privatized", *Times Literary Supplement,* 29 December, 1995.

Moçambiçana(RENAMO, 모잠비크 독립 이후 포르투갈 특공대에 의해 창설되고 남아공의 지원을 받은 운동단체) 역시 아동 병사를 모집했는데, 그 중 일부는 고향 마을로 돌아가 자기 일가친척을 공격하도록 강요받았다.

자위대는 자기 고장을 지키려는 자원자들로 구성된다. 투즐라의 경우처럼 자기 고장의 시민 모두를 방어하려고 노력한 보스니아-헤르체고비나의 지방 여단이나 1994년에 대학살을 중단시키려고 애쓴 후투족과 투치족의 자위대, 인카타자유당에 맞서 지역을 지키기 위해 아프리카민족회의가 창설한 남아공의 자위대 등이 여기에 포함될 것이다. 이런 자위대는 자원이 부족하기 때문에 유지하기가 무척 힘들다. 자위대는 괴멸되지 않으면 대개 다른 무장단체와 협력하면서 분쟁에 휩쓸리는 결말을 맞는다.

외국 용병들에는 특정 전투집단과 계약을 맺은 개인과 용병부대가 모두 포함된다. 개인 용병들 가운데는 옛 소련 국가들의 신생 군대와 계약을 맺고 활동하는 옛 소련 장교들과 냉전 이후의 군대 축소로 실직 상태가 된 영국과 프랑스 병사들이 있다. 이 군인들은 보스니아 전쟁과 크로아티아 전쟁에서 무장 집단을 훈련·지도하고 심지어 지휘까지 했고, 아프리카 여러 나라에서 지금도 그런 일을 하고 있다. 가장 유명한 용병부대는 아프가니스탄 전쟁 참전 병사들로 이루어진 무자헤딘으로, 이 부대는 이슬람과 관련된 모든 분쟁에서 모습을 보이며 이슬람 국가들, 특히 이란과 사우디아라비아로부터 자금을 지원받는다. 새롭게 증가하는 현상은 영국이나 미국의 퇴역 군인들이 주축이 된 민간 보안 기업들이 정부나 다국적기업과 계약을 맺고 흔히 서로 연결된다는 것이다. 1990년대에 악명을 떨친 대표적인 사례는 남아공 용병 회사인 이그제큐티브아웃컴즈Executive Outcomes와 그 파트너인 영국 회사 샌드라인인터내셔널Sandline International이다. 샌드라인인터내셔널은 1998년 초 시에라리온을 상대로 한 무기 판매 스캔들이 터지면서 유명해졌다. 이그제큐티브아웃컴즈는 시에라리온과 앙골라에서 다이아몬드 광산을 방어하는 과정에서 상당한 군사적 성공을 거두어 이름을 날렸다. 1997년 2월, 파푸아뉴기니 정부는 분리주의 세력인 부건빌혁명군Bourgainville Revolutionary Army(BRA)에 대한 군사공격에 착수하고 부건빌 구리 광산을 다시 열기 위해 샌드라인인터내셔널과 계약을 맺었다. 샌드라인인터내셔널은 이 일을 다시 이그제큐티브아웃컴즈에 도급을 주었다.[6] 미국의 민간 보안 기업들은 특히 이라크와 아프가니스탄에 대한 미국의 개입에서 두드러진 특징으로 대두된다. 특히 유명한 기업들로는 보스니아 전쟁 막바지에 크로아티아 군대를 훈련시키고 앙골라와 시에라리온에도 개입했으며 현재 여러 나라에 진출해 있는 군사전문인력회사(MPRI)와 치안유지 업무를 주로 맡는 다인코어DynCorp[원문에는 'DymCorps'라고 되어 있으나 오기인 듯하다——옮긴이]가 있다.

마지막 부류는 대개 국제기구의 감독 아래 운영되는 정규 외국군이다. 보스니아·코소보·아프가니스탄의 유엔과 나토, 라이베리아의 서아프리카경제공동체정전감시단Economic Community of West African States Ceasefire Monitoring Group(ECOMOG), 다르푸르의 아프리카연합, 콩고 동부와 마케도니아와 지금의 보스니아의 유럽연합, 그리고 러시아의 여러 평화유지 활동을 감독한 독립국가연합이나 유럽안보협력기구 등이 대표적인 국제기구이다. 대체로 이런 부대는 전쟁에 직접 관여하지 않지만, 존재 자체가 매우 중요하며 이에 관해서는 6장에서 논의할 것이다. 라이베리아와 시에라리온에 주둔한 서아프리카경제공동체정전감시단이나 타지키스탄에 주둔한 러시아 평화유지군 같은 몇몇 경우에는 이 부대들이 전투에 관여하게 되었는데, 이런 경우에는 다른 전투집단과 비슷한 특징을 일부 띠게 되었다. 콩고

---

6) 자세한 전후 사정에 관해서는 David Shearer, *Private Armies and Military Intervention*, Adelphi Paper 316, London: International Institute for Strategic Studies, 1998을 보라.

민주공화국 전쟁에서는 몇몇 이웃 나라(우간다, 앙골라, 르완다, 부룬디)가 서로 다른 편을 지원하기 위해 병력을 파견했다. 그리고 물론, 7장에서 논의할 것처럼, 미국과 영국을 비롯한 몇몇 나라는 이라크에 병력을 파견했다.

소규모라는 이런 전투집단의 성격은 게릴라전에 참여하는 집단과 공통점이 많지만, 게릴라 부대의 전형적 특징이자 근대 전쟁뿐만 아니라 레닌주의나 마오주의 정당의 구조에서 빌려 온 특징인 위계와 질서, 수직적 지휘 체계가 없다. 이 다양한 집단은 자율적인 동시에 협력해서 활동한다. 얼핏 군대처럼 보이는 것은 사실 정규군에서 떨어져 나온 집단, 지방 민병대나 자위대, 범죄 집단, 광신자 집단, 이익 추구 집단 등의 수평적인 연합이다. 이 집단들은 협력관계나 공동기획, 분업, 전리품 등을 놓고 교섭한다. 앞 장(118쪽을 보라)에서 언급한 새로운 세계적 기업 구조를 특징짓는 로버트 라이시의 '거미줄' 개념이 아마 이 새로운 전쟁에 적용될 수 있을 것이다.

중화기를 이용하면 상당한 효과를 낼 수도 있지만, 비용, 병참 문제, 부족한 기반시설과 기술 때문에 이 '군대'들은 중화기를 거의 사용하지 않는다. 보스니아에서 세르비아계가 중포를 독점적으로 보유한 것은 중요한 결과를 낳았고, 아브하지아에서 항공기와 대포를 보유한 러시아 군대가 개입한 것도 마찬가지였다. 이그제큐티브아웃컴즈가 성공을 거둔 이유 중 하나는 "무장 헬리콥터나 지상공격용 고정익fixed-wing 경輕항공기 같은 정교한 작전 수행" 능력이다.[7]

대부분 소총·기관총·수류탄·지뢰 또는 기껏해야 소구경 대포나 단거리 로켓 같은 경화기를 사용한다. 이 무기들은 흔히 '저차원 기술'low-tech이라고 설명되지만 기나긴 복잡한 기술 진화의 산물이다. 2차대전 당시 쓰인

---

7) International Institute for Strategic Studies, *Military Balance 1996-7*, London: Brasseys, 1997, p.237.

무기와 비교하면 훨씬 가볍고 사용과 휴대가 편리하며 더 정확하고 탐지하기 힘들다. 중화기와 달리 어린이를 포함한 숙달되지 않은 병사들도 이런 무기를 이용해 큰 위력을 발휘할 수 있다. 무전기나 휴대전화 같은 현대적인 통신수단 역시 교전 집단끼리 협조하는 데 매우 중요하다. 소말리아에서 미군은 소말리아 민병대가 사용하는 일반 휴대전화를 도청할 수 없었다.

냉전이 종식되고 아프가니스탄이나 남아공같이 냉전과 관련된 분쟁이 종식됨에 따라 남아도는 무기를 구하기가 무척 쉬워졌다. 어떤 경우에는 냉전 시대에 비축해 둔 무기를 빼돌려 전쟁을 치르기도 한다. 보스니아-헤르체고비나가 대표적인 예이다. 다른 경우에는 실직 상태의 병사들이 암시장에 자기 무기를 팔거나 (파키스탄의 예처럼) 소규모 제조업자들이 무기 복제품을 만든다. 게다가 국가라는 시장을 잃어버린 무기 제조업체들은 새로운 수요 원천을 찾는다. 카슈미르 같은 일부 분쟁은 아프가니스탄 분쟁에서 무기가 흘러들어 오면서 분쟁의 성격이 새롭게 바뀌었다. 코소보 분쟁이 격화된 중요한 요인 하나는 1997년 여름에 알바니아가 국가 붕괴 사태를 맞은 뒤 갑자기 무기가 넘쳐나게 되었다는 사실이다. 무기 저장고가 열리면서 칼라시니코프 소총 수십만 정이 쏟아져 나와 한 정당 불과 몇 달러에 거래되었고, 국경 너머 코소보로 쉽게 유입될 수 있었다. 새로운 전쟁은 일종의 군사 폐기물 처리로 볼 수도 있다──역사상 가장 거대한 군사력 증강이었던 냉전이 남긴 불필요한 잉여 무기를 소모하는 방편인 것이다.

폭력의 유형

새로운 전투집단들이 사용하는 기법은 2차대전 기간과 그 이후의 현대전에 대한 반작용으로 발전한 전쟁 유형에 크게 빚지고 있다. 마오쩌둥과 체 게바라가 분명하게 설명한 혁명전쟁은 재래식 병력의 대규모 집중을 우회하기 위해 고안된 전술과 전통적인 전략 이론과 거의 정반대되는 전술을 발전시켰다.

혁명전쟁의 중심적인 목표는 적군에게서 영토를 쟁탈하는 것보다는 지역 주민의 지지를 획득함으로써 영토를 장악하는 것이다. 혁명군이 장악한 지역은 대개 중앙의 행정력이 쉽게 미치지 못하는 외딴 곳이다. 이런 곳은 혁명군이 적군의 사기와 효율성을 떨어뜨리는 전술을 구사할 수 있는 기반을 제공한다. 혁명전쟁은 기동전 이론과 몇 가지 유사점이 있다. 혁명전쟁은 탈집중화되고 분산된 군사 활동을 필요로 하며 기습과 기동력을 대단히 강조한다. 그러나 혁명전쟁의 핵심적인 특징은 병력 수효와 장비 면에서 뒤지기 때문에 게릴라 부대가 패배하기 십상인 정면충돌을 피한다는 점이다. 전략적 후퇴는 다반사이다. 마오쩌둥은 이렇게 말했다. "도망치는 능력이야말로 게릴라의 특징 중 하나이다. 도망치는 것은 수동적 상황에서 빠져나와 다시 주도권을 잡는 주된 수단이다."[8] 혁명에 관해 쓴 모든 저자들은 게릴라가 마오의 유명한 격언처럼 "물속의 물고기같이" 자유자재로 움직일 수 있으려면 혁명군이 장악한 영토뿐 아니라 적 영토에 있는 사람들의 '가슴과 머리'까지도 사로잡아야 한다고 힘주어 강조한다. 물론 테러 수단도 사용하기는 했지만 말이다.

거의 언제나 실패로 끝났던 대게릴라전[9]은 재래식 군사력을 동원해 이런 유형의 전쟁을 되받아치기 위해 고안되었다. 주된 전략은 혁명가들이 활

---

8) Richard Simkin, *Race to the Swift: Thoughts on Twenty-First Century Warfare*, London: Brasseys, 1985, p.311에서 재인용.
9) 널리 인용되는 중요한 예외는 영국이 말레이반도에서 경험한 예이다. 그렇지만 말레이반도의 혁명 운동은 주로 소수 중국계로 이루어져서 무척 제한적이었다. 그렇다 하더라도, 다른 대게릴라전의 관행과는 대조적으로, 영국이 독립 약속을 통해 '가슴과 머리'를 사로잡으려고 노력하고 게릴라들에게 비슷한 군사 전술을 사용하는 식으로 혁명 전술을 베낀 방식은 흥미롭다. Richard Simkin, *Race to the Swift*를 보라.

동하는 환경을 파괴하는 것, 즉 물고기가 사는 물에 독약을 푸는 것이었다. 프랑스가 알제리에서 개발한 강제 이주나 미국이 베트남에서 개발한 지뢰나 고엽제, 네이팜탄 살포를 통한 지역 파괴 같은 기법은 가령 인도네시아나 터키 정부도 동티모르와 쿠르드족을 상대로 사용한 바 있다.

새로운 전쟁은 혁명전쟁과 대게릴라전 양자 모두를 차용한다. 혁명전쟁에서는 적군에게서 영토를 쟁탈하는 대신 정치적 수단을 통해 영토를 장악하는 전략을 빌려 온다. 이런 일은 혁명군의 경우보다 좀더 용이하다. 대부분의 경우에 중앙당국이 무척 허약하고, 영토 통제를 둘러싼 주요 경쟁자가 재래식 현대군을 보유한 정부가 아니라 설사 정규군이라는 이름을 가졌더라도 자신들과 비슷한 유형의 전투집단이기 때문이다. 그렇다 하더라도, 혁명전쟁의 경우가 그러하듯이, 다양한 당파들은 주로 병력과 장비를 보존하기 위해 계속해서 전투를 회피한다. 전략적인 후퇴가 전형적이며, 더 강해 보이는 당파에게 땅을 양보한다. 다양한 당파들이 자기들끼리 영토를 분할하는 데 협력하는 일이 다반사이다.

그렇지만 혁명가와 새로운 전사들을 가르는 중요한 차이는 정치적 통제의 방법이다. 혁명가들에게는 이데올로기가 무척 중요했다. 공포가 중요한 요인이긴 했지만, 혁명이념에 대한 민중의 지지와 충성이 중심 목표였다. 따라서 혁명가들은 자신들이 장악한 지역에서 모범적인 사회를 건설하려고 노력했다. 이와 대조적으로 새로운 전사들은 이념보다는 정체성을 나타내는 딱지에 대한 충성을 통해 정치적 통제를 확립한다. 딱지에 기초하여 정치적 동원이 이루어지고 선거와 국민투표가 종종 인구조사의 한 방식이 되는 민주화된 멋진 신세계에서, 이런 사실은 통제하의 영토에 사는 사람의 대다수가 적절한 딱지를 받아들여야 함을 의미한다. 조금이라도 다른 사람은 제거되어야 한다. 사실 민주화되지 않은 지역에서도 이의 제기나 반대, 반란에 대한 공포 때문에 정체성에 기초한 주민의 동질화에 대한 요구가 커진다.

영토를 통제하는 주된 방법이 혁명전쟁과 같은 대중의 지지가 아니라 인구 교체——잠재적인 반대자들을 모두 제거하는——인 것은 이런 이유 때문이다. 이런 목표를 달성하기 위해 새로운 전쟁은 물에 독약을 푸는 대게릴라전 기법을 차용한다——이 기법은 모잠비크민족저항운동이나 아프가니스탄의 무자헤딘, 니카라과의 콘트라반군Contras[10]같이 1980년대의 '저강도' 전쟁에서 좌익 정부를 무너뜨리려 한 대게릴라전의 경험을 통해 서구 정부들이 창설하거나 장려한 게릴라 운동이 다듬은 것이다. 사실 이런 접근은 베트남과 남아공의 대게릴라전 실패에서 나온 반작용이자 이제 재래식 현대전이 실행 가능한 안이 아니라는 암묵적인 깨달음의 결과이다.

새로운 전쟁은 게릴라에게 유리한 환경 대신 자신이 통제할 수 없는 모든 사람들에게 불리한 환경을 조성하는 것을 목표로 삼는다. 자기편에 대한 통제는 실제적인 혜택에 의존하지 않는다. 새로운 전쟁이 벌어지는 가난하고 무질서한 상황에서는 제공할 수 있는 게 많지 않기 때문이다. 그보다는 계속되는 공포와 불안감, 그리고 타자에 대한 증오의 영속화에 의존한다. 따라서 음모에 동참하고, 혐오하는 '타자'에 대한 폭력을 용인하며, 분열을 심화하기 위해 극단적이고 두드러진 잔학행위를 벌이고 이런 범죄에 가능한 한 많은 사람을 연루시키는 게 중요해진다.

인구 교체의 기법은 다음과 같다.

1. 르완다의 예처럼, 다른 딱지가 붙은 사람들에 대한 체계적인 살인. 1994년의 투치족 학살은 정부 관리들과 군대가 지휘한 것이었다. 인권감시단에 따르면, "르완다 남부의 냐키주Nyakizu 자치시 같은 곳에서는 지방

---

[10] 1979년 혁명을 통해 수립된 산디니스타 정부에 대항한 반혁명 게릴라 세력이다. '반혁명'Contra-revolucion의 약자이다.——옮긴이

관리를 비롯한 살인자들이 매일 아침 '일을 하러' 왔다. 그들은 하루 종일 투치족을 살해하는 '일'을 한 뒤 끝나는 시간이 되면 '노래를 부르며' 집으로 갔다.……작업을 끝낼 때까지, 즉 투치족을 전부 살해할 때까지 '노동자들'은 날마다 돌아왔."[11]

2. 보스니아-헤르체고비나(3장을 보라)나 남캅카스의 경우와 같은 인종청소, 즉 인구 강제추방. 또 다른 예인 아브하지아에서는 아브하즈인 주민들이 전체 인구의 17%에 불과했다. 분리주의 세력은 영토를 통제하기 위해 주로 그루지야인인 남아 있는 인구 대부분을 몰아내야 했다. 그루지야인을 추방한 뒤에도 아브하즈인은 여전히 소수이다.

3. 주거 불능 지역으로 만들기. 대인 지뢰를 살포하거나 민간 목표물, 특히 민가나 병원 또는 시장 같은 밀집 지역이나 상수원에 포격과 로켓 공격을 가함으로써 물리적으로 달성할 수 있다. 또는 강제 기근이나 포위를 통해 경제적으로 달성할 수 있다. 생계수단을 빼앗긴 사람들은 수단 남부의 경우처럼 굶어 죽거나 이주할 수밖에 없다. 또한 이런 목표는 한때 고향이었던 곳에 대해 참을 수 없는 기억을 심어 줌으로써, 즉 사회적 의미를 가진 모든 것을 모독함으로써 심리적으로 달성할 수 있다. 한 가지 방법은 특정한 집단의 사람들에게 사회적 환경을 규정하는 물리적 랜드마크를 제거함으로써 역사와 문화를 파괴하는 것이다. 종교 건축물이나 역사적 기념물의 파괴는 특정한 지역에 대한 문화적 권리 주장의 모든 흔적을 지우기 위한 것이다. 바냐루카에서는 전쟁이 최고조에 달했을 때 세르비아계가 이슬람 사원 17곳 전부와 하나를 제외한 가톨릭 성당 모두를 파괴했다. 특히 16세기에 지어진 무척 아름다운 이슬람 사원 두 곳을 깡그리 무너뜨렸다. 금요일에 사원을 헐어 버리고 그 다음 주 월요일

---

11) Cynthia Brown and Farhad Karim eds., *Playing the 'Communal Card'*, p. 9.

에 땅을 밀고 잔디를 깔았다. 아프가니스탄에서 탈레반이 고대 불상을 무자비하게 파괴한 것도 비슷한 목적을 겨냥한 것이었다. 또 다른 방법은 몇몇 전쟁에서 특징적으로 나타난 조직적인 강간과 성적 학대, 또는 공개적이고 매우 가시적인 야만 행위를 통해 모독을 주는 것이다. 심리적 방법은 다른 딱지가 붙은 사람들을 차별화한다는 장점이 있다.

이 모든 기법은 1948년 집단살해죄의 방지와 처벌에 관한 협약Convention of the Prevention and Punishment of the Crime of Genocide에 담긴 대량학살 정의에 해당한다. 협약 제2조는 다음과 같다.

본 협약에서 대량학살이란 민족·인종·종교 집단 전체나 일부를 파괴하려는 의도로 자행되는 다음과 같은 행위를 의미한다. ⓐ 이러한 집단의 성원을 살해하는 것, ⓑ 이 집단 성원에게 신체적이거나 정신적인 심각한 손상을 유발하는 것, ⓒ 집단의 전체나 부분에 물리적 파괴를 초래하기 위해 계산된 생활 조건을 의도적으로 가하는 것, ⓓ 집단 내의 출산을 방해하기 위한 조치를 부과하는 것, ⓔ 집단의 어린이들을 다른 집단으로 강제로 옮기는 것.[12]

본질적으로 낡은 전쟁에서 바람직하지 않고 불법적인 부작용으로 여겨졌던 것들이 새로운 전쟁의 전투 양식에서 중심을 차지한다. 어떤 이들은 새로운 전쟁이 원시시대로 회귀한다고 말하기도 한다. 그러나 원시의 전쟁은 매우 의례적이었고 사회적 제약의 속박을 받았다. 새로운 전쟁은 전쟁의 목

---

12) Irving Louis Horowitz, *Taking Lives: Genocide and State Power*, 4th ed., New Brunswick, NJ: Transaction Books, 1997. 호로위츠에 따르면, 대량학살은 국가의 활동이며, 이를테면 쿠클럭스클랜Ku Klux Klan(KKK) 같은 사적 집단이 수행하는 자경 행위와는 대조된다.

표에 합리적 사고를 적용하고 규범적 제약을 거부한다는 점에서 합리적이다.

새로운 유형의 전쟁에 특징적인 폭력의 양상은 새로운 전쟁의 통계에서 확인된다. 전투를 피하고 민간인을 대상으로 폭력을 집중하는 경향은 군인 대 민간인 사상자 비율의 극적인 증가에서 입증된다. 20세기 초반만 해도 전쟁 사상자의 85~90%가 군인이었다. 2차대전에서는 전체 전사자의 절반 정도가 민간인이었다. 1990년대 말에 이르면, 100년 전의 비율이 거의 완벽하게 역전되어 오늘날에는 전체 전쟁 사상자의 80% 정도가 민간인이다.[13]

인구 교체의 중요성은 난민과 실향민에 관한 수치에서 입증된다. 유엔난민고등판무관실에 따르면, 세계 난민 인구는 1975년 240만 명에서 1985년 1,050만 명, 1995년 1,440만 명으로 증가했다가 이후 2004년 960만 명으로 줄어들었다. 주로 본국 송환이 늘어난 결과였다. 이 수치는 국경을 넘은 난민들만 계산한 것이다. 같은 수치에 따르면, 국내실향민internally displaced person(IDP) 수는 1995년 540만 명에서 2004년 760만 명으로 늘어났다.[14] 미국난민위원회US Committee on Refugees에서 제시하는 수치는 훨씬 높아서 1980년 2,200만 명에서 1995년 3,800만 명(그 중 절반 정도는 국내실향민이다)으로 증가했다가 2004년 3,280만 명(3분의 2가 국내실향민이다)으로 감소했다.[15] 마이런 와이너Myron Weiner는 미국난민위원회의 수치를 이용해서 분쟁당 발생하는 난민과 국내실향민의 수가 1969년 분쟁당 32만 7,000명에서 1992년 131만 6,000명으로 증가했다고 계산했다. (1992년은 물론 분

---

13) 과거의 수치에 관해서는 Dan Smith, *The State of War and Peace Atlas*, London: Penguin Books, 1997을 보라. 1990년대의 수치는 지은이가 직접 계산한 것이다. Mary Kaldor, "Introduction", eds. Mary Kaldor and Basker Vashee, *New Wars,* Restructuring the Global Military Sector vol.1, London: Cassell/Pinter, 1997을 보라.
14) UNHCR, *The State of the World's Refugees: In Search of Solutions*, Oxford: Oxford University Press, 1995; UNHCR, *2004 Global Refugee Trends*, Geneva: UNHCR, 2005.
15) 이 수치는 미국난민위원회가 워싱턴DC에서 정기적으로 발간하는 『세계난민현황』*World Refugee Survey*에서 볼 수 있다.

쟁이 최고조에 달한 해였다.)[16] 그렇지만 웁살라대학의 데이터베이스를 이용해서 계산하면, 2004년에 분쟁당 발생한 난민과 국내실향민의 수는 109만 3,300명이다.[17]

전쟁 수행의 자금 조달

새로운 전쟁은 극단적 형태의 세계화로 나타날 수 있는 맥락에서 벌어진다. 영토에 기초한 생산은 자유화와 국가 지원의 철회의 결과로, 또는 물리적 파괴(약탈, 폭격 등)를 통해, 또는 국가 해체나 교전, 외부 강대국이나 현장의 전투집단(이 경우가 더 빈번하다)이 부과한 의도적인 봉쇄의 결과로 시장이 차단되기 때문에, 또는 부품·원료·연료 등을 구할 수가 없기 때문에 거의 붕괴한다. 어떤 경우에는 몇몇 귀중품 — 앙골라와 시에라리온의 다이아몬드, 앙골라나 체첸이나 이라크의 석유, 콜롬비아와 타지키스탄의 마약 등 — 이 계속 생산되며, 이런 생산물은 '보호'를 제공할 수 있는 누구에게나 소득의 원천이 된다. 실업률은 매우 높고, 정부가 지출을 계속하는 한 인플레이션이 만연한다. 극단적인 경우에는 통화가 붕괴되어 물물교환으로 대체되거나 화폐 대신 귀중품이 사용되거나 달러, 유로 같은 외국 화폐가 유통된다.

생산이 붕괴하고 세금 징수가 어려워지면서 조세기반이 무너진 상황에서 정부는 사유화된 군사 집단처럼 폭력 활동을 계속하기 위해 다른 자금 원천을 찾아야 한다. 생산활동이 붕괴된 상황에서 주된 자금원천은 마크 더필드Mark Duffield가 말하는 '자산이전'asset transfer[18], 즉 전투집단을 지원하기

---

16) Myron Weiner, "Bad Neighbours, Bad Neighbourhoods: An Inquiry into the Causes of Refugee Flows", *International Security* vol. 21 no. 1, 1996.
17) Lotta Harbom and Peter Wallensteen, "Armed Conflict and its International Dimensions, 1946-2004", *Journal of Peace Research* vol. 42 no. 5, 2005를 보라.

위한 기존 자산의 재분배나 외부 원조이다. 가장 단순한 형태의 자산이전은 약탈·강도·강탈·갈취·인질 장사 등이다. 현대의 모든 전쟁에서는 이런 행위가 널리 퍼져 있다. 부자가 살해되고 귀중품을 빼앗기고, 인종청소의 결과로 재산이 이전되며, 민병대가 가축을 급습하고,[19] 점령된 도시의 상점과 공장이 약탈당한다. 사로잡은 인질은 식량이나 무기, 또는 다른 인질이나 전쟁포로, 사체 등과 교환된다.

자산이전의 두번째 형태는 시장 압박이다. 새로운 전쟁의 전형적인 특징은 식품과 생필품의 공급을 통제하는 수많은 검문소의 존재이다. 포위와 봉쇄, 즉 서로 다른 준군사 조직의 영토 분할 때문에 전투집단들은 시장가격을 통제할 수 있다. 그리하여 수단과 옛 유고슬라비아를 비롯한 많은 곳에서 도시 거주자나 심지어 농민들조차 단지 살아남기 위해 값비싼 생필품을 얻으려고 터무니없이 낮은 가격에 가진 재산——자동차, 냉장고, 텔레비전, 소 등——을 어쩔 수 없이 팔아 치우는 전형적인 양상이 나타난다.

좀더 복잡한 소득 창출 활동으로는 주요 상품의 생산에 매기는 '전쟁세'나 '보호'비와 다양한 형태의 불법 거래가 있다. 마약 생산과 판매는 콜롬비아와 페루, 타지키스탄의 핵심적인 소득 원천이다. 타지키스탄에서는 마약 소득이 반정부 세력 소득의 70%를 차지하며, 콜롬비아 게릴라들의 소득은 연간 8억 달러에 달한다고 한다. 그에 반해 정부의 국방비 지출은 14억 달러

---

18) Mark Duffield, "The Political Economy of Internal War: Asset Transfer, Complex Emergencies and International Aid", eds. Joanna Macrae and Anthony Zwi, *War and Hunger: Rethinking International Responses to Complex Emergencies*, London: Zed Press, 1994.
19) 데이비드 킨David Keen은 수단 정부의 지원을 받는 북부의 바가라족Baggara 민병대가 남부에서 활동하는 수단인민해방군Sudan People's Liberation Army(SPLA)을 약화시키기 위한 방편으로 소 떼를 습격한 결과로 수단 남부에서 기근이 야기된 사정을 설명한 바 있다. "바가라족 젊은 남자들, 특히 경제적 주변화와 가뭄 때문에 심각한 타격을 입은 이들에게 가축 습격은 자신들의 빈약한 밑천을 늘릴 수 있는 좋은 기회였다." David Keen, "A Disaster for Whom? Local Interests and International Donors during Famine among the Dinka of Sudan", *Disasters* vol. 15 issue 2, 1991, p. 155.

이다.[20] 체첸의 군벌들은 자기 세력의 유전에서 나오는 석유를 러시아 지휘관들에게 판매한다. 앙골라, 콜롬비아의 일부 지역, 인도네시아의 아체 등에서는 석유와 천연가스에서 나오는 수입으로 전투 비용을 충당했고, 나고르노·카라바흐는 석유생산물 밀수에 생존을 의지한다.[21] 제재 위반, 마약·무기·세탁된 돈의 거래는 모두 다양한 군사 집단이 벌이는 수입창출 범죄활동의 사례이다.

그렇지만 국내 생산이 붕괴된 상황에서 외부 원조는 결정적으로 중요하다. 메르세데스 자동차나 레이밴 선글라스는 말할 것도 없고 무기와 탄약, 식량 등을 수입해야 하기 때문이다. 외부의 원조는 다음과 같은 형태를 띤다.

1. 해외에서 개별 가족들에게 보내는 송금. 중동의 석유 부국에서 일하는 수단이나 팔레스타인 노동자, 또는 독일이나 오스트리아에서 일하는 보스니아나 크로아티아 노동자가 대표적인 예이다. 이런 송금은 앞에서 설명한 다양한 형태의 자산이전을 통해 군사 자원으로 전환될 수 있다.
2. 외국에 거주하는 디아스포라의 직접 원조. 여기에는 물질적 원조와 무기, 돈 등이 포함된다. 아일랜드계 미국인의 아일랜드공화군 원조, 세계 각지에 있는 아르메니아인들의 나고르노-카라바흐 원조, 캐나다 크로아티아인들의 크로아티아 집권당 원조 등이 대표적인 예이다.
3. 외국 정부의 원조. 냉전 시기 동안 각국의 정규군과 게릴라 모두 초강대국의 후원에 의지했다. 이런 원조의 원천은 이제 대부분 고갈되었지만, 미국은 지금도 많은 정부를 지원하고 있다. 이웃 나라들은 흔히 소수 집단을 원조하기 위해서나 대규모 난민의 존재 때문에, 또는 다양한 유형

---

20) "Central Asia's Narcotics Industry", *Strategic Comments* vol.3 issue 5, 1997; "Colombia's Escalating Violence: Crime, Conflict and Politics", *Strategic Comments* vol.3 issue 4, 1997.
21) Mary Kaldor, Terry Karl and Yahia Said, *Oil Wars*, London: Pluto Press, 2007을 보라.

의 (불법적인) 교역 관계에 관여하기 때문에 특정한 당파에 자금을 제공한다. 그리하여 세르비아와 크로아티아는 보스니아-헤르체고비나에서 자신들에게 종속된 소국가에 지원을 제공하고, 아르메니아는 나고르노-카라바흐를 지원한다. 또 러시아는 옛 소련 지역을 다시 지배하기 위한 방편이든, 마피아나 군대의 기득권 때문이든 간에 국경에 인접한 다양한 분리주의 운동을 지원하고 있으며, 르완다는 후투족 민병대가 자이르 난민촌에서 활동하는 것을 막기 위한 방편으로 자이르의 반정부 세력을 부추겼다. 그리고 우간다는 1994년 대학살 이후 권력을 장악한 르완다애국전선Rwandan Patriotic Front을 지원했으며 수단 남부에서 수단인민해방군을 계속 부추기고 있다(그리고 거꾸로 수단 정부는 우간다의 신의 저항군Lord's Resistance Army[1987년에 결성된 우간다 반군—옮긴이]을 지원한다). 재정 원천을 제공하는 다른 외국 정부들로는 중앙아프리카에서의 프랑스와 벨기에같이 '안정'을 걱정하는 옛 식민 강대국이나 이슬람 국가가 있다.

4. 인도주의 원조. 정부나 교전 중인 당파들이 인도주의 원조를 다른 용도로 전환하는 방법은 다양하다. 사실 원조 제공자들은 가장 취약한 인구 집단의 요구라는 시각에서 인도주의 원조의 5% 정도가 유용되는 것을 받아들일 수 있다고 본다. 가장 흔한 방법은 '관세'이다. 보스니아 크로아티아계는 전쟁이 최고조에 달했을 때 보스니아 중부의 일부 지역에 접근하는 유일한 길이었던 이른바 헤르체그-보스네Herzeg-Bosne[22]를 통해 수송되는 인도주의 원조의 27%를 관세로 요구했다. 강도나 매복 공격 같은 다른 방법도 있다. 수단 정부와 에티오피아 정부는 과대평가된

---

22) 보스니아 전쟁 중인 1991~1994년에 크로아티아계가 독립국가임을 선포했던 보스니아-헤르체고비나 중부 지역의 이름이다.—옮긴이

공식 환율을 이용해야 한다고 고집하여 인도주의 원조 물자에서 이윤을 얻을 수 있었다.

본래 전쟁의 파편화와 비공식화는 경제의 비공식화와 나란히 진행된다. 산업 생산과 국가 규제를 강조하는 국가 공식 경제 대신에 새로운 유형의 세계화된 비공식 경제가 확립된다. 이 경제에서는 외부의 유입, 특히 인도주의 원조와 해외에서 보내는 송금이 자산이전과 법외 거래에 기초한 지방·지역경제로 통합된다. 〈그림 5-1〉은 새로운 전쟁에 전형적인 자원의 흐름을 보여 준다. 생산이나 과세가 전혀 존재하지 않는다고 가정된다. 그 대신 송금과 인도주의 원조의 형태를 띤 외부의 지원이 다양한 형태의 자산이전과 암시장 거래를 통해 군사 자원으로 재활용된다. 외국 정부의 직접 원조, 상품 생산자들에게 걷는 보호비, 디아스포라의 원조 등은 다양한 전투집단의 역량을 향상시켜 보통사람들에게서 더 많은 자원을 뽑아내 군사 활동을 유지하게끔 해준다.

더필드는 수단의 경우에 이런 과정이 어떻게 이루어지는지를 설명한다. 수단에서는 수단과 자이르와 우간다가 연루된 불법 달러 거래가 성행했는데, 원조물자 수송을 본래 목적뿐 아니라 가격 통제를 위해서도 활용했다.

수단의 경우에 지하경제는 상호 연결된 수많은 층위나 체계로 이루어진다. 지방의 자산이전은 국가적인 차원의 초법적 상업활동과 연결된다. 이런 상업활동은 다시 상층의 정치 관계 및 국가 관계, 그리고 상품과 경화硬貨를 거래하는 지역 및 국제 지하네트워크와 연결된다. 처음에 국제 원조와 구호 지원을 받던 장소에 지하경제를 제공하는 것은 바로 이런 차원이다. 자산이 상층과 외부로 흘러가면서 자본도피에서 정점에 이르는 동안, 국제 원조는 이와 동일하거나 관련된 권력 체계를 통해 하층으로 흘러간다.[23]

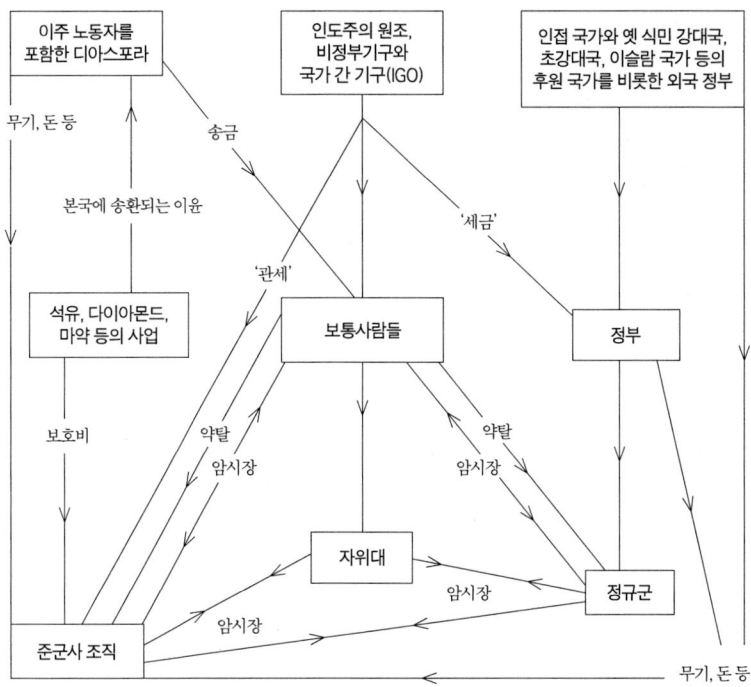

〈그림 5-1〉 새로운 전쟁의 자원 흐름

영토를 분할하거나 각각의 주민들 사이에서 서로에 대한 증오를 조장하기 위해 전투집단끼리 군사적으로 협력한 사례를 찾을 수 있는 것처럼, 경제적 협력의 사례도 찾을 수 있다. 데이비드 킨은 정부군이 반군에게 무기와 탄약을 판매하는 시에라리온의 이른바 '팔기 놀이'sell-game를 설명한다.

[정부군이] 한 도시에서 철수하면서 뒤따라 들어오는 반군에게 무기와 탄약을 남겨 놓는다. 반군은 무기를 챙기고, 시민들에게서 주로 현금의 형태로 전리품을 뜯어낸 뒤 스스로 물러난다. 그 순간 정부군이 도시를 다시 점

---

23) Mark Duffield, "The Political Economy of Internal War", p.56.

령하고 자기들도 약탈을 하고 불법 채굴을 자행한다. 정부군은 대개 자산을 약탈한다(반군은 자산을 처분하기 힘들다).[24]

존 심슨John Simpson은 페루 정부군 병사들이 "장교들이 불법 거래──이 경우에는 주로 코카인 거래──를 통해 돈벌이를 할 수 있는 지역의 불안정한 상황을 영속시키기 위해" 사로잡은 '빛나는 길'Shining Path 게릴라들을 풀어 주는 사정을 설명한다.[25] 이 책 3장에서 설명한 것처럼, 보스니아 전쟁에서도 비슷한 사례들이 존재한다.

일부 저자들은 경제적 동기로 새로운 유형의 전쟁을 설명할 수 있다고 주장한다. 데이비드 킨은 "경제적인 이득을 얻을 가능성은 거의 또는 전혀 없이 민족국가의 이름을 내걸고 죽음을 무릅쓰는 것보다는……전투를 피하면서 비무장 민간인만 골라 공격하고 결국 메르세데스를 손에 넣는 전쟁이 더 합리적일지도 모른다"고 지적한다.[26] 그러나 경제적 동기만으로는 새로운 전쟁의 규모와 야만성, 지독한 잔인성을 설명하지 못한다.[27] 확실히 어떤 이들은 범죄활동을 정당화하는 방편으로 전투에 참여하며, 그 결과로 자신들이 하는 일에 대해 정치적 정당성을 얻고 불법적인 방식의 경제적 이득을 사회적으로 인가받는다. 또 자신들의 정치·군사적 목표를 유지하기 위해 범죄활동에 관여하는 이들도 있다──합리적인 권력추구자, 극단적인 광신자, 복수를 바라는 희생자 등이 여기에 해당한다. 그리고 공포나 굶주림 때문에 강제로 전투에 내몰리는 이들도 있다.

중요한 점은 정치와 경제, 공과 사, 군대와 민간을 가르는 근대적 구분

---

24) David Keen, "When War itself is Privatized".
25) John Simpson, *In the Forests of the Night: Encounters in Peru with Terrorism, Drug-running and Military Oppression*, London: Arrow Books, 1994.
26) David Keen, "When War itself is Privatized".

이 무너지고 있다는 사실이다. 새로운 강압적 형태의 경제적 교환을 뿌리내리기embed 위해서는 새로운 정치적 통제가 필요하고, 또 국가가 해체되고 경제가 주변화되는 상황에서 새로운 갱스터/권력소유자들에게 생명력 있는 재정적 기초를 제공하기 위해서는 새로운 형태의 경제적 교환이 필요하다. 바야흐로 새로운 퇴행적인 사회관계가 수립되는 가운데 경제와 폭력이 정체성의 정치라는 공유된 틀 안에서 복잡하게 엮이고 있다.

폭력의 확산

새로운 유형의 전쟁은 일종의 약탈적인 사회 상태이다.[28] 특정한 집단이나 개인을 억누르는 것은 가능할지 몰라도 사회 상태를 어떤 시간이나 공간에 억누르기란 무척 어렵다. 이웃한 나라들이 가장 직접적으로 영향을 받는다. 의도적인 것이든 전투 때문이든 간에, 제재나 교통봉쇄가 도입되거나 국경이 폐쇄되는 경우의 무역 손실, 난민을 떠안는 부담(가장 많은 난민을 받아들이는 것은 대개 이웃 나라이다), 불법적인 교역 경로 확산, 정체성의 정치의

---

27) 노르웨이의 어느 심리학자는 보스니아-헤르체고비나 출신의 소년인 '이반'의 치료 과정을 설명한다. 아홉 살짜리 아이를 놓고 어떻게 그 애의 아버지가 제일 친한 친구를 쏴 죽인 사실에 관해 이야기를 할 수 있을까? 아이에게 스스로 설명해 보라고 하자 아이는 내 눈을 똑바로 바라보더니 입을 열었다. "뇌에 유독한 뭔가를 마신 것 같아요." 그러더니 갑자기 말을 이었다. "그런데 지금은 다들 중독이 됐으니, 식수에 독이 있는 게 분명해요. 오염된 지수지를 정화할 방법을 하루빨리 찾아야 해요." 내가 어린이들도 어른만큼 중독이 됐냐고 묻자 아이는 고개를 가로저으며 대답했다. "아니오, 전혀요. 어린이는 몸집이 작아서 오염이 덜 됐고, 또 보아하니 어린아이와 아기들은 주로 우유를 먹어서 중독이 되지 않았어요." 나는 아이에게 정치라는 단어를 들어 본 적이 있느냐고 물었다. 아이는 화들짝 놀라 나를 빤히 보더니 대답했다. "네, 그게 바로 독이에요." Dan Smith, *State of War and Peace Atlas*, p. 31에서 재인용.
28) 몇몇 저자들은 현대 전쟁경제의 약탈적 성격을 지적한다. 3장에서 인용한 바 있는 Xavier Bougarel, *L'Anatomie d'un conflit*, Paris: La Découverte, 1995를 보라. R. T. Naylor, "The Insurgent Economy: Black Market Operations of Guerrilla Organizations", *Crime, Law and Social Change* vol. 20 no. 1, 1993; Peter Lewis, "From Prebendalism to Predation: The Political Economy of Decline in Nigeria", *The Journal of Modern African Studies* vol. 34 issue 1, 1996 등도 보라.

범람 효과 등의 전쟁의 피해——이 모든 요인들이 새로운 형태의 폭력을 조성한 상태를 고스란히 재생산한다.

비정부기구인 세이퍼월드Saferworld는 몇 가지 사례에서 이웃 나라에 미친 전쟁의 피해를 계산한 바 있다. 잠비아, 짐바브웨, 말라위, 보츠와나, 스와질란드 같은 내륙 국가들의 중요한 교역로였던 모잠비크에서 일어난 전쟁이 한 예이다. 말라위는 모잠비크와의 교역이 모두 중단되었고, 전쟁이 최고조에 달했을 때는 추가적인 수송비용이 연간 수출소득의 11%에 달한 것으로 추정되었다. 짐바브웨와의 교역은 극적으로 하락했고, 남아공을 통한 상품 수출경로 변경비용은 1988년도 가격으로 8억 2,500만 달러에 달하는 것으로 추정되었다.[29] 발칸반도에서는 크로아티아 전쟁과 보스니아-헤르체고비나 전쟁 이후 국경 폐쇄 및 제재에 따른 무역 손실과 수송비 증가로 인한 국내총생산(GDP) 감소가 폭력의 진원지로부터의 거리와 어느 정도 반비례했다. 보스니아-헤르체고비나의 국내총생산 감소가 가장 극적이었다. 전쟁이 발발하기 전에 1인당 2,719달러였던 것이 전쟁이 끝났을 때는 250달러로 줄어든 것이다. 보스니아-헤르체고비나를 에워싸고 있는 나라들——세르비아/몬테네그로, 크로아티아, 마케도니아——의 국내총생산은 각각 1989년 수준의 49%, 65%, 55%로 떨어졌다. 이 세 나라를 둘러싼 나라들 역시 영향을 받았다. 알바니아, 불가리아, 루마니아, 슬로베니아의 국내총생산은 각각 1989년 수준의 81%, 88%, 73%, 90%로 감소했다. 마지막으로 더 바깥쪽의 나라들——헝가리, 그리스, 터키——모두 전쟁의 결과로 경제적 손실을 입었다고 한다.[30]

이웃 나라들은 직접적인 경제적 피해뿐만 아니라 난민이라는 커다란

---

29) Michael Cranna et al. eds., *The True Cost of Conflict*, London: Earthscan, 1994.
30) Vesna Bojičić, Mary Kaldor and Ivan Vejvoda, "Post-War Reconstruction in the Balkans", *European Foreign Affairs Review* vol.2 no.3, 1997을 보라.

부담도 짊어진다. 대부분의 난민은 이웃 나라에 터를 잡는다. 유엔난민고등 판무관실에 따르면, 1995년에 기록된 난민 1,450만 명 가운데 대다수(각각 670만 명과 500만 명)가 아프리카와 아시아에 터를 잡았다고 한다. 50만 명 이상의 난민을 수용한 나라들로는 기니(라이베리아와 시에라리온 난민), 수단(주로 에티오피아, 에리트레아, 차드 난민), 탄자니아(주로 르완다와 부룬디 난민), 자이르(1995년 현재 자이르는 난민 170만 명을 수용했는데, 그 중 120만 명이 르완다 난민이고 나머지는 주로 앙골라, 부룬디, 수단 난민이었다), 이란(아프가니스탄과 이라크 난민), 파키스탄(역시 아프가니스탄과 이라크 난민), 독일(주로 옛 유고슬라비아 난민), 미국 등이 있었다. 유럽에서 독일 다음 가는 최대의 난민 수용국은 크로아티아와 세르비아/몬테네그로였다. 그런데 2004년에 양상이 조금 바뀌었다. 960만 명의 난민 가운데 60% 정도가 아프리카와 중동, 중앙아시아에 터를 잡았다. 최대의 난민 수용국은 이란과 파키스탄(아프가니스탄 난민), 독일, 탄자니아 등이었다. 이와 같은 거대한 난민의 집중은 이미 가난한 나라들에게 엄청난 경제적 부담이 될 뿐만 아니라 난민과 수용국 국민 사이의 항구적인 긴장의 원천을 나타낸다——경제적인 이유로는 자원을 놓고 경쟁하기 때문에, 정치적인 이유로는 난민의 존재가 수용국 정부에 자신들이 귀환할 수 있게 행동을 취하도록 하는 항구적인 압력이 되기 때문에, 안보상의 이유로는 난민촌이 흔히 다양한 급진 당파의 기지로 활용되기 때문이다. 가장 오래된 경제·정치적 부담의 사례는 요르단 강 서안과 가자지구에 쑤셔 넣어지거나 요르단과 레바논에 터를 잡은 팔레스타인 난민들이다. 팔레스타인 난민의 경우와 마찬가지로, 아제르바이잔의 나고르노-카라바흐에서 쫓겨난 100만 명에 달하는 아제르바이잔인 난민이나 그루지야의 아브하지아에서 쫓겨난 그루지야인 국내실향민, 옛 유고슬라비아 공화국들의 난민과 국내실향민은 모두 급진적인 활동을 향한 정치적 압력의 항구적인 원천을 이룬다. 자이르에서는 후투족 난민촌이 후투족 민병대의 기지 역할을 하면서 모부투 정권에 대항하는 자이르 투치족의 결집에 이바지했다.

불법적인 교역 경로는 새로운 유형의 전쟁경제를 확산시키는 또 다른 통로이다. 교역로는 필연적으로 국경을 가로지른다. 1990년대 중반에 알바니아가 겪은 불안정은 주로 세르비아/몬테네그로에 대한 제재 위반과 보스니아-헤르체고비나를 상대로 한 총기 밀수에 관여하는 지배계급과 연결된 마피아 집단이 성장한 결과였다. 순식간에 무너져 버린 금융 피라미드는 이런 활동의 자금 조달에 이용되었다——자산이전의 고전적인 사례인 것이다. 1980년대에 미국이 아프가니스탄 게릴라 집단들에게 지원한 막대한 양의 무기(그 대부분은 다른 데 유용되었다) 이전은 그 자체가 아프가니스탄과 파키스탄, 카슈미르, 타지키스탄 등을 아우르는 무기·마약 거래 네트워크로 바뀌었다.[31] 마크 더필드는 수단 전쟁과 연결된 불법 달러 거래에 "수입 상품과 식량, 연료를 원하는 금을 가진 자이르인, 식량과 의복, 커피를 원하는 달러를 가진 수단인, 캄팔라Kampala[우간다의 수도——옮긴이]의 지하시장에서 쓸 금과 달러를 원하는 수입 상품을 가진 우간다인"이 어떤 식으로 연루되는지를 보여 준다.[32]

마지막으로, 정체성의 정치는 그 자체가 확산되는 경향이 있다. 정체성에 기초한 모든 집단은 언어나 종교, 또는 다른 어떤 형태의 차별화로 정의되든 간에 국경을 넘어 퍼져 나간다. 결국 갖가지 형태의 배타주의에 기회를

---

31) 1986년 말까지 미국은 30억 달러 상당의 원조를 제공했다. 일부는 중앙정보국(CIA)에 의해 니카라과와 앙골라로 전용되었고, 일부는 파키스탄 군 정보부가 직접 사용하고 암시장에 내다 팔았으며, 일부는 정치 지도자들이 팔아 치우고, 일부는 무기 공급업자들이 송장을 부풀리고 화물을 빼내는 식으로 유용했다. 네일러에 따르면, "그 결과, 국제 구호기관들은 유용된 식량과 의복, 천막과 의약품 등을 되사기 위해 시장을 돌아다녀야 했을 뿐만 아니라, 실제로 이따금 전투를 벌이는 아프가니스탄 반군 지도자들은 마약 거래에서 얻은 이윤을 가지고 이미 미국과 사우디아라비아가 값을 치른 무기를 구입해야 했다"(R. T. Naylor, "The Insurgent Economy", p.19).
32) Mark Duffield, "Political Economy of Internal War", p.57.

제공하는 것은 바로 이러한 정체성들의 이질성이다. 한 나라의 다수자가 다른 나라에서는 소수자이다. 르완다와 부룬디와 자이르의 투치족, 대다수 옛 소련의 러시아인(특히 러시아 국경의 이른바 카자흐인), 중앙아시아의 이슬람 집단들——이 사람들이야말로 정체성의 정치가 거쳐 가는 수많은 매개자들이다.

새로운 전쟁경제의 이와 같은 약탈적 사회 상태에 의해 특징지어지는 '지역의 무리'들이 확산되는 현상을 확인할 수 있다. 마이런 와이너는 이 무리들을 "나쁜 이웃"Bad Neighborhoods이라고 부른다. 보스니아-헤르체고비나를 둘러싼 발칸 지역, 체첸에서부터 터키 서부와 이란 북부까지 남쪽으로 뻗어 가는 캅카스 지역, 에티오피아·에리트레아·소말리아·수단을 포함한 아프리카의 뿔 지역, 르완다·부룬디·자이르를 필두로 한 중앙아프리카, 라이베리아와 시에라리온을 둘러싼 서아프리카 나라들, 타지키스탄에서 인도에 이르는 중앙아시아 등이 가장 뚜렷한 사례이다. 팔레스타인 난민을 수용하는 나라들도 '지역의 무리'로 볼 수 있다. 이스라엘이 이웃 나라들과 평화를 이룬 이래, 이제 분쟁은 국가 간 전쟁으로 표현되지 않으며 새로운 유형의 분쟁의 많은 특징을 나타내기 시작했다.

결론

새로운 전쟁은 정치적 목표를 추구한다. 정체성에 기초한 정치적 동원이 바로 그 목표이다. 이런 목표를 달성하기 위한 군사전략은 정체성이 다른 사람들을 쫓아내고 증오와 공포를 조장하기 위한 인구 교체와 불안 조성이다. 그렇지만 이러한 분열적이고 배타적인 형태의 정치는 경제적 기초에서 분리될 수 없다. 다양한 정치/군사 당파들이 전쟁 상태나 준전시에나 있을 법한 방식으로 보통사람들의 자산뿐만 아니라 국가의 잔여물을 약탈하고 희생자들에 대한 외부 원조를 가로챈다. 다시 말해, 전쟁은 다양한 범죄적 형태의 사적인 재산 확대의 정당화를 제공하는 한편 동시에 이런 범죄적 형태는 전쟁을 지속하기 위해 필요한 세입의 원천이 된다. 교전 당사자들은 자신들의 권력 입지를 재생산하는 동시에 자원에 대한 접근을 확보하기 위해 어느 정도 항구적인 분쟁을 필요로 한다.

이와 같은 일련의 약탈적 사회관계는 교전지역에서 가장 두드러지지만 주변 지역의 특징을 이루기도 한다. 전쟁 참여도가 비교적 낮기 때문에(보스니아에서는 전체 인구의 6.5%만이 전쟁 수행에 직접 참여했다) 교전지역과 외견상의 평화지역을 가르는 차이는 예전 시기처럼 뚜렷하지 않다. 정치와 경제, 공과 사, 군대와 민간을 구별하기 어려운 것처럼, 전쟁과 평화를 구별하기도 점점 어려워진다. 새로운 전쟁경제는 유럽과 북미의 도심에서 볼 수 있는 범죄와 인종주의의 결합으로 시작되어 폭력의 규모가 제일 큰 지역에서 가장 날카롭게 표출되는 하나의 연속체로 나타날 수 있다.

평화지역으로 여겨지는 곳에서 폭력과 약탈을 발견할 수 있다면, 거의 모든 교전지역에서 시민성의 섬island of civility들을 찾는 것도 가능하다. 이런 곳들은 폭력과 범죄에 비해 거의 알려지지 않았다. 일반적으로 정상 상태가 아니라 폭력과 범죄가 주로 보도되기 때문이다. 그러나 지방 국가기구가 계속 기능하면서 세금을 거두고, 서비스를 제공하고, 생산을 일부 지속하는 지역이 존재한다. 또 인도주의의 가치를 수호하면서 특수주의의 정치를 거부하는 집단들이 존재한다. 보스니아-헤르체고비나의 투즐라 시가 널리 알려진 예이다. 르완다 남부에서 창설된 자위대 역시 한 예이다. 이러한 시민성의 섬들은 고립된 상태에서는 지키기가 어렵고 폭력의 양극화에 압박을 받지만, 새로운 전쟁의 파편적이고 탈중심화된 성격 자체 때문에 이런 사례들이 존재할 수 있다.

새로운 전쟁은 공식적인 정치경제가 쇠퇴하면서 생겨난 사회 상태이기 때문에 종식시키기가 무척 어렵다. 상층에서 이루어지는 외교적인 교섭은 근원을 이루는 사회관계를 고려하지 못하며, 다양한 당파를 각각 원형국가proto-state로 다룬다. 일시적인 휴전이나 정전은 잠시 동안 다양한 당파를 만족시키는 새로운 협정이나 제휴를 정당화하는 데 불과할지도 모른다. 현 상태를 반영하는 휴전을 감시하기 위해 파견된 평화유지군은 영토의 분할을 유지하고 난민의 귀환을 막는 일을 도울 것이다. 기존의 '정치당국'을 통해 이루어지는 경제 재건은 현지의 자산이 고갈되는 상황에서 새로운 세입원을 제공할 뿐이다. 권력관계가 그대로 유지되는 한, 폭력은 조만간 재개될 것이다.

　공포와 증오, 약탈은 장기적으로 생존 가능한 정치체제를 위한 처방이 아니다. 사실 이런 유형의 전쟁경제는 영원히 고갈될 처지에 놓여 있다. 하지만 그렇다고 해서 저절로 사라질 것이라는 말은 아니다. 어떤 대안이 있어야만 한다. 다음 장에서는 이런 대안의 가능성을 검토할 것이다. 특히 시민성의 섬들이 어떻게 새로운 전쟁에 대한 대항논리를 제공할 수 있는지를 검토해 볼 것이다.

6장_세계시민주의적 접근을 향하여

1990년대가 시작될 무렵, 전 세계적인 문제, 특히 전쟁 문제를 해결할 가능성에 관해 많은 낙관이 존재했다. 유엔 사무총장 부트로스 부트로스-갈리는 「평화를 위한 의제」An Agenda for Peace에서 유엔이 "두번째 기회"를 맞았다고 이야기했다. 이제 유엔의 활동이 냉전에 의해 가로막히지 않기 때문이었다. 국제기구를 통해 행동하는 각국 정부의 응집력 있는 집단을 뜻하는 '국제사회'라는 용어가 일상적으로 사용되기 시작했다. 캄보디아, 나미비아, 앙골라, 남아프리카공화국, 니카라과, 아프가니스탄 등 많은 나라의 분쟁이 금방 해결될 것처럼 보였다. 그리고 해결되지 않은 분쟁들의 경우에는, 국경없는 의사회 전 총재이자 프랑스 장관인 베르나르 쿠시네Bernard Kouchner가 선언한 인도주의 목적을 위한 개입의 권리/의무 개념이 널리 받아들여지는 듯 보였다.

유엔 평화유지 활동의 횟수는 1990년대에 극적으로 증가했다. 정전 감시와 유지라는 전통적인 임무에 더하여 인도주의 원조 제공, 안전한 피난처로 옮겨 간 사람들의 보호, 무장해제와 동원해제, 선거를 안전하게 치를 수 있는 환경 조성, 국제인도법 위반 보고 등 수행해야 하는 임무의 범위도 부쩍 늘어났다. 위임받은 권한도 크게 늘어났다. 소말리아와 보스니아에서 평화유지군은 무력사용을 허용한 유엔헌장 제7장에 따라 행동할 권한을 받았다. 게다가 유엔이 다국적 평화유지 활동을 벌이는 유일한 상부 조직도 아니었다. 나토, 유럽연합, 독립국가연합, 아프리카연합, 서아프리카경제공동체 등도 평화유지군을 조직하는 책임을 떠맡았다.

그러나 이제까지 이루어진 이른바 인도주의 개입의 경험은 아무리 희망과 선의에서 우러난 것이라 할지라도 좋게 말해 봤자 설망스러운 것이었다. 기껏해야 사람들에게 먹을 것을 주고 불안정한 정전에 합의했을 뿐이다. 그것도 평화유지군의 존재 덕분인지는 분명치 않다. 최악의 경우에, 가령 유엔이 르완다의 대량학살을 막지 못했을 때나 스레브레니차의 이른바 안전한 피난처를 보스니아 세르비아계가 짓밟았을 때, 또는 소말리아 군벌 아이디드Mohamed Farrah Aidid에 대한 추적이 결국 희극적인 소동과 비극의 결합으로 끝났을 때, 유엔은 망신과 모욕을 당했다. 게다가 인도주의 개입이라는 용어가 코소보나 지금의 이라크와 아프가니스탄의 경우처럼 전쟁을 정당화하는 데 사용되면서 이 개념 자체에 대한 회의가 생겨났다. 결국 노엄 촘스키Noam Chomsky는 '군사적 인도주의'라는 말을 만들어 냈다.[1]

이러한 실패에 대해 많은 설명 ―정치인들의 단기적 성과주의, 특정한 시간과 장소에서 대중의 의식을 환기시키는 미디어의 역할, 각국 정부와 국제기구들의 협조 부재, 자원 부족― 이 있었고 이런 설명들은 모두 어느 정도 타당하다. 그러나 가장 중요한 설명은 오해, 즉 조직폭력을 바라보는 기존 사고방식의 고수이자 새로운 전쟁의 성격과 논리에 대한 이해 부족이다. 새로운 전쟁에 대한 하나의 반응은 클라우제비츠식 전쟁으로 다루는 것이다. 여기서 교전 당사자는 국가거나, 국가가 아니라면 국가 자격을 주장하는 집단이다. '개입', '평화유지', '평화이행', '주권', '내전' 등 사용되는 용어의 대부분은 민족국가와 근대 전쟁의 개념에서 끌어온 것으로 현재의 맥락에

---

1) Noam Chomsky, *The New Military Humanism: Lessons from Kosovo*, London: Pluto, 1999.

적용하기 어려울 뿐만 아니라 적절한 행동을 가로막는 장애물로 작용할 수도 있다. 다른 반응은 숙명론적인 것이다. 전통적인 시각에서는 전쟁을 이해할 수 없기 때문에 원시 상태나 무정부 상태로 되돌아가는 것으로 생각하며, 따라서 할 수 있는 최선의 행동은 증상을 완화하는 것이다. 다시 말해, 이런 시각에서는 전쟁을 자연재해처럼 다룬다. 그리하여 정치적 의미가 전혀 없는 '복합적 위기상황'complex emergency 같은 용어가 사용된다. 실제로 1990년대에 '인도주의'라는 용어 자체가 비정치적인 의미를 획득했다. 이 용어는 '인도주의 개입'이라는 용어의 고전적 용법에 함축된 인권에 대한 존중보다는 전쟁에서 인도주의 구호 지원의 제공이나 비전투원 및 부상자에 대한 도움과 결합되기에 이르렀다.[2]

앞의 여러 장에서 한 분석은 이런 분쟁을 해결하려는 노력에서 상이한 접근을 함축한다. 우리에게 필요한 것은 새로운 전쟁에 대한 훨씬 더 정치적인 대응이다. '공포와 증오'의 씨를 뿌리는 전략 대신 '가슴과 머리'를 사로잡는 전략이 필요하다. 배제의 정치 대신 통합의 정치가 필요하며, 군벌들의 범죄행위 대신 국제적 원칙과 법적 규범에 대한 존중이 필요하다. 요컨대 우리에게 필요한 것은 새로운 형태의 세계시민주의 정치의 동원이다. 이 동원은 이른바 국제사회와 지역 주민을 모두 끌어안으며, 다양한 유형의 특수주의에 대한 굴복에 반격을 가할 수 있다. 회의론자는 일종의 세계시민주의 정치가 이미 국제 의제에 올라 있다고 주장할지도 모른다. 물론 인권에 대한 존중, 대량학살과 인종청소에 대한 혐오 등은 정치 지도자들의 언설에서 점점 받아들여지고 있다. 그러나 정치적 동원은 이런 것보다 더 많은 내용을 포함한다. 정치적 동원은 다른 고려들, 즉 지정학이나 단기적인 국내 관심사

---

2) Michael Walzer, *Just and Unjust Wars: A Moral Argument with Historical Illustrations*, Harmondsworth: Penguin, 1980 [마이클 월저, 『마르스의 두 얼굴』, 권영근·김덕현·이석구 옮김, 연경문화사, 2007]을 보라.

를 넘어서야 하며, 이제까지 유례가 없는 정책과 행동의 주된 길잡이를 이루어야 한다.

이 장에서는 이런 주장을 펼치고자 한다. 우선 정당성의 구축과 인도주의 개입이라는 용어에 관한 전반적인 고찰을 하고, 다음으로 세계시민주의적 접근이 정치·군사·경제적인 면에서 어떤 의미를 갖는지를 탐구할 것이다.

정당성의 재건

폭력 통제의 열쇠는 정당성의 재건이다. 나는 권력은 폭력이 아니라 정당성에 의존한다는 한나 아렌트Hannah Arendt의 말에 동의한다. 여기서 정당성이라 함은 정치기관에 대한 동의와 지지뿐만 아니라 정치기관이 일련의 합의된 규칙 안에서 작동하는 데 기초하여 권위를 획득한다는 통념——법의 지배——까지 의미한다. 아렌트는 다음과 같이 주장한다.

> 폭력수단에 전적으로 기초하는 어떤 정부도 결코 존속하지 못했다.⋯⋯자신을 지지해 줄 타인들이 없는 혼자인 사람들은 폭력을 성공적으로 행사하기에 충분한 권력을 결코 갖지 못한다. 이 때문에 국내 문제에 있어서, 폭력은 범죄자나 반란자에 대항하는——즉 혼자인 개인들, 말하자면 다수자의 동의에 압도되기를 거부하는 개인들에 대항하는——권력의 최후 수단으로서 기능한다. 하지만 실제 전쟁의 경우에는⋯⋯형편없이 무장했지만 훌륭하게 조직된 더욱더 강력한 적대자와 대면했을 때 폭력수단의 막대한 우위가 무력해질 수 있다.[3]

---

3) Hannah Arendt, *Reflections on Violence*, London and New York: Harcourt, Brace, 1979, pp.50~51 [한나 아렌트, 『폭력의 세기』, 김정한 옮김, 이후, 1999].

기든스도 같은 주장을 폈다. 근대국가의 대내적 평정은 폭력이 아니라 법의 지배의 확장 및 여기에 동반한 감시의 확장 등 국가 행정의 확대에 의해 달성되었다. 합법적으로 조직화된 폭력의 독점은 폭력을 통제하고, 물론 국제적인 장을 제외하고 물리적 강압의 행사에 대한 의존을 줄이는 것을 의미했다. 전근대국가는 근대국가에 비해 국내 문제에서는 훨씬 더 폭력적이었지만, 힘은 훨씬 약했다. 외적인 폭력이 대내적 평정에 기여하기는 했지만, 그것은 외부의 적들에 맞선 영토의 방어 및 행정 능력의 증대와 결부된 국가의 정당성 증대에서 비롯된 간접적인 기여였다.

새로운 전쟁에서는 합법적인 폭력의 독점이 무너졌다. 그리고 중요한 것은 폭력의 사유화 자체가 아니라 정당성의 붕괴이다. 앞 장에서 주장한 것처럼, 새로운 전쟁이 추구하는 목표는 특수주의적인 것이다. 새로운 전쟁의 전략은 배제──특히 인구 교체──에 기초한 정치적 통제이고, 이러한 목표를 달성하기 위한 전술은 테러와 불안 조성이다. 이런 까닭에 교전 당사자 중 어느 쪽도 정당성을 다시 세우기란 사실상 불가능하다. 불안정한 휴전이나 정전을 통해 간헐적으로 폭력을 통제할 수는 있지만, 사적 폭력을 저지하는 도덕적·행정적·현실적 제약이 무너진 상황에서, 휴전이나 정전이 오래 지속될 리는 만무하다. 그렇지만 동시에 배제의 정치에 기초하여 정당성을 다시 세우려는 고립된 시민집단이나 정당은 폭력이 계속되는 상황에서 상대적으로 무기력하다.

칸트적인 의미에서 사용되는 '세계시민주의'는 일정한 권리와 의무를 공유하는 인간 공동체의 존재를 함축한다. 『영구평화론』에서 칸트는 세계시민주의적 권리가 "환대"──이방인과 외국인을 환영하고 존중해야 한다──의 권리에 국한되는 민주국가들의 세계연방을 구상했다.[4] 나는 관용·다문화주의·시민성·민주주의를 끌어안는 적극적인 정치적 전망, 그리고 전 세계적 수준을 포함한 다양한 수준의 정치공동체를 인도하는 최우선의 보편적 원칙에 대한 법적인 존중 둘 다를 가리키는 좀더 넓은 의미로 이 용어를 사용하고자 한다.

이런 원칙들은 이미 국제법의 본체를 구성하는 다양한 조약과 협약에 담겨 있다. 2장에서 나는 무장력의 남용을 다루는 다양한 교전수칙과 전쟁법규를 언급했다. 근대 초기로 거슬러 올라가는 전쟁법규와 관습은 19세기와 20세기에 성문화되었다. 특히 중요한 것은 국제적십자가 발의한 제네바 협약과 1899년과 1907년의 헤이그회의였다. 2차대전 뒤 열린 뉘른베르크 재판은 '전쟁범죄', 더욱 중요하게는 '반인도적 범죄'에 대한 최초의 법 집행을 보여 주었다. 2차대전 후 시기에 국제인도법이라 알려지게 된 법규에 인권규범이 덧붙여졌다. 인도법과 인권법의 차이는 주로 법률 위반이 전시에 일어났는지 평시에 일어났는지와 관련된다. 인도법은 전시 상황의 권력 남용에 국한된다. 전쟁은 대개 근대적인 국가 간 전쟁이며, 이런 남용은 외세, 즉 침략국에 의해 자행된다고 가정하는 경향이 있다. 마찬가지로 인권법은 평시의 권력 남용, 특히 정부가 시민에게 가하는 권력 남용, 즉 억압과 관련된다.[5]

그러나 실상 새로운 전쟁 양식의 핵심을 이루는 것은 인도법 및 인권법 둘 다와 관련되는 국제규범의 위반이다. 앞서 주장한 것처럼, 새로운 전쟁에서는 국내와 국외, 전쟁과 평화, 침략과 억압이라는 고전적인 구분이 무너지고 있다. 전쟁범죄는 또한 동시에 대규모 인권침해이다. 많은 저자들이 '인도적'이거나 '세계시민주의적인' 법을 형성하기 위해서는 인도법을 인

---

4) Immanuel Kant, "Perpetual Peace"[1795], ed.Hans Reiss, *Kant's Political Writings*, Cambridge: Cambridge University Press, 1992.
5) "무력분쟁의 법규는 국가 간 폭력 사용, 그리고 내전의 경우에는 정부와 반란자 사이의 폭력 사용을 제한하는 것을 목표로 했다. 인권법은 (다른 무엇보다도) 공식적으로 반란 상황이든 아니든 간에 정부가 국민에게 폭력을 사용하는 것을 막거나 제한하는 것을 목표로 했다. 반란은 정의상 국제법이 치유책을 전혀 제공할 수 없는 분쟁의 장이다." Geoffrey Best, *War and Law Since 1945*, Oxford: Clarendon Press, 1994.

권법과 결합해야 한다고 지적한 바 있다.[6] 세계시민주의 체제의 요소들은 현실에 이미 존재한다. 비정부기구와 미디어는 인권침해나 전쟁범죄에 대해 관심을 환기시키며, 각국 정부와 국제기구들도 설득과 압력에서부터 아직은 시험적이지만 법 집행에 이르기까지 다양한 방식을 통해 어느 정도 대응하고 있다. 정부와 국제기구의 대응에서 특히 중요한 계기는 르완다와 옛 유고슬라비아의 국제인도법 위반과 관련된 국제재판소 설치와 '핵심 범죄'—전쟁범죄, 반인도적 범죄, 대량학살—를 다루기 위한 국제형사재판소의 창설이다. 전범재판소는 1993년과 1994년에 설치되었고, 국제형사재판소는 1998년에 설립안이 채택되었다.

하지만 세계시민주의 체제를 향한 이런 시험적인 발걸음은 국제관계의 기초로서 국가주권의 중요성을 계속해서 강조하는 이른바 국제사회에서 채택한 전통적인 지정학적 접근법과 여러 점에서 충돌한다. 특히 9·11과 '대테러전쟁'의 공표 이래 충돌이 벌어진다. 지정학의 유행은 탈냉전 시기의 분쟁에 대한 국제사회의 대응을 설명하는 용어법에 반영된다. 오늘날의 문헌들에는 개입과 비개입에 관한 논의가 넘쳐난다.[7] 개입은 주권 침해를 뜻하는 것으로 여겨지며, 심한 경우에는 군사적 침해까지 함축한다. 특히 유엔헌장 제2조 7항에 표현된 개입 금지는 무력사용을 제한하고, 다원주의를 존중하며, "각국의 십자군 같은 영토적·제국적 야심을 억누르는 제동장치로" 행동하는 방편으로 중요하게 여겨진다.[8]

---

6) 인도적이거나 세계시민주의적인 법을 다룬 문헌에 관해서는 Jean Pictet, "International Humanitarian Law: Definition", UNESCO, *International Dimensions of Humanitarian Law*, Dordrecht: Martinus Nijhoff, 1988을 보라.
7) 이 문헌들에 대한 훌륭한 소개로는 Oliver Ramsbotham and Tom Woodhouse, *Humanitarian Intervention in Contemporary Conflict: A Reconceptualization*, Cambridge: Polity, 1996; Ian Forbes and Mark Hoffman, *Political Theory, International Relations and the Ethics of Intervention*, London: Macmillan, 1993 등을 보라.

그러나 오늘날 개입과 비개입은 무엇을 의미하는가? 새로운 유형의 전쟁은 세계적인 동시에 지방적이다. 이미 디아스포라의 연계와 비정부기구 등을 통한 사적 영역과 원조나 차관 등의 지원을 제공하는 국제기구와 후원 국가들을 통한 공적 영역 모두에서 광범위한 국제적 관여가 이루어지고 있다. 앞 장에서 주장한 것처럼, 실제로 분쟁의 다양한 당사자들은 외부의 지원에 전적으로 의존한다. 마찬가지로, 오늘날의 전쟁은 대개 국가권력의 잠식이나 해체를 특징으로 하는 전쟁이다. 이런 상황에서 주권의 침해에 관해 이야기하는 것이 무슨 의미가 있겠는가?

이런 측면의 인위적인 성격을 잘 보여 준 예가 보스니아 전쟁이 국제전이냐 내전이냐를 둘러싼 논쟁이다. 국제전이라고 주장한 이들은 보스니아 국가를 지지하는 개입에 찬성했다. 이들은 보스니아 국가가 이미 국제사회의 승인을 받았으며, 이 전쟁은 세르비아의 침략행위의 결과라고 주장했다. 따라서 세르비아의 침략은 "국제 평화와 안보에 대한 위협"이므로 유엔헌장 제7장에 따라 개입이 정당화되었다. 한편 내전이라고 주장한 이들은 개입에 반대했다. 이들은 이 전쟁이 세르비아계와 크로아티아계, 보스니아계가 유고슬라비아 국가의 잔여물을 장악하기 위해 벌이는 민족주의 전쟁이라고 주장했다——따라서 국제사회의 개입은 주권 침해가 될 터였다. 그러나 두 입장 모두 핵심을 보지 못했다. 이 전쟁은 인종청소와 대량학살의 전쟁이었다. 범죄를 저지른 것이 베오그라드의 세르비아인들이든 보스니아의 세르비아계든, 상관없지 않은가? 현실적으로 볼 때, 유고슬라비아나 보스니아가 국제사회의 승인을 받았는지가 중요했는가? 희생자들을 보호하고 국제 인도주의 규범을 존중하게 만들기 위해 어떤 일이든 해야 했다. 이 분쟁이 국제전이

---

8) Adam Roberts, *Humanitarian Action in War: Aid, Protection and Impartiality in a Policy Vaccum*, Adelphi Paper 305, Oxford: Oxford University Press for the International Institute for Strategic Studies, 1996.

냐 내전이냐를 둘러싼 논쟁은 사실 교전 당사자들 사이의 낡은 전쟁으로 본 결과였다. 낡은 전쟁에서는 민간인에 대한 폭력은 전쟁의 부작용일 뿐이다.

게다가 이런 유형의 분쟁에 대해 다양한 형태의 외부 관여가 이미 광범위하게 이루어지고 있기 때문에 비개입 같은 것은 존재하지 않는다. 희생자 보호에 실패하는 것은 인도주의 침해나 인권학대를 가하는 측의 일종의 암묵적인 개입이다.

어떤 이들은 개입이 군사개입만을 가리킨다고 주장한다. 사람들은 흔히 분쟁 해결의 방법으로서 군사적 수단을 정치적 수단과 대비시킨다. 그러나 이런 구별의 이면에는 오늘날의 전쟁이 근대 전쟁과 비교된다는 가정이 도사리고 있다. 군사개입은 분쟁의 한쪽 편에 대한 군사적 지원을 함축한다. 다른 한편 정치적 접근은 양쪽 사이의 교섭을 함축한다. 따라서 보스니아 전쟁이 국제전이냐 내전이냐 하는 논쟁은 때로 군사적 수단이냐 정치적 수단이냐를 둘러싼 논쟁으로 나타났다. 다시 말하지만, 이 논쟁은 핵심을 보지 못했다. 문제는 군사적 수단을 쓸 것이냐, 정치적 수단을 쓸 것이냐가 아니라, 어떤 종류의 정치로 군사력 사용을 인도할 것인가 하는 점이다. 보스니아 국가의 편에 선 개입 주장과 평화유지군 역할을 하는 군대 투입으로 귀결될지도 모르는 교섭 주장 모두 분쟁에 관한 전통적인 지정학적 견해를 전제로 삼는다. 이 견해에서 보자면 양쪽 모두 원형국가이고, 정치적 해법은 한편이 승리하거나 양쪽이 타협하는 결과로 나타날 것이다. 해법은 영토 분할과 관련된다.

대안적인 세계시민주의 접근법은 교전 당사자들의 정치적 목표에 기초해서는 어떤 해법도 실행 불가능하며, 세계시민주의 원칙 안에서 작동하는 대안적인 정치에 기초해서만 정당성을 복원할 수 있다는 가정에서부터 출발한다. 일단 통합·관용·상호존중의 가치가 확립되면, 영토적 해법은 쉽게 뒤따를 것이다. 이것이 현실적으로 의미하는 바가 이 장 나머지 부분의 주제이다.

하향식 외교에서 세계시민주의 정치로

최근의 전쟁에서 국제사회의 지배적인 접근법은 교전 당사자들 사이에서 교섭을 통한 해결을 시도하는 것이다. 이런 접근법에는 몇 가지 결점이 있다.

첫째, 회담은 교전 당사자들의 인지도를 높이고 범죄자일 수도 있는 개인들에게 일종의 대중적 정당성을 부여한다. 국제 교섭가들이 카라지치Radovan Karadžić와 믈라디치Ratko Mladić와 악수를 하는 모습이 텔레비전에 나오는 역설에 대해서 많은 이들이 지적했다. 이들 모두 일찍이 국제재판소와 서구 주요 정치인들이 전범으로 지목한 인물이다. 캄보디아 전쟁 종식 합의로 이어진 파리 회담에 크메르루주Khmer Rouge가 관여한 예나 1992년 12월 미군이 소말리아에 도착한 직후에 모가디슈 분할을 놓고 아이디드와 알리 마디Ali Mahdi가 고위급 회담을 연 예, 또는 탈레반이 무너진 뒤 수립된 아프가니스탄 정부에 군벌들이 관여한 예에서도 동일한 모순을 지적할 수 있다.

둘째, 교전 당사자들이 추구하는 정치적 목적의 특수주의적 성격 때문에 실행 가능한 해법을 찾기가 무척 어렵다. 선택할 수 있는 하나의 안은 영토 분할이다. 정체성에 기초한 일종의 아파르트헤이트라고 할 수 있다. 다른 안은 정체성에 기초한 권력분점power-sharing이다. 이런 합의가 남긴 기록은 참담하다. 분할은 안정의 기틀을 제공하지 않으며, 키프로스, 인도와 파키스탄, 아일랜드, 팔레스타인 등의 분할의 역사가 증명하듯이 난민이나 강제추방자, 새롭게 형성된 소수자들은 오랜 긴장의 원천을 이룬다.[9] 권력분점 합의 역시 조금이라도 나은 결과를 가져다주지 않는다. 키프로스와 레바논의 헌법은 인종/종교 간 경쟁과 상호 불신을 악화시키는 실행 불가능한 타협의 사례를 보여 준다. 오늘날 크로아티아계와 무슬림 사이의 워싱턴협정이나

---

9) Radha Kumar, "The Troubled History of Partition", *Foreign Affairs* vol. 76 no. 1, 1997을 보라.

데이턴협정, 이스라엘과 팔레스타인 사이의 오슬로협정, 캄보디아에 관한 파리협정 등은 모두 양립할 수 없는 형태의 배타주의를 결합하려는 시도가 얼마나 부담스러운지를 보여 준다.

세번째 결점은 이런 합의가 흔히 그 합의를 이행하는 교전 당사자들의 권력에 대한 과장된 가정에 기초해 이루어진다는 사실이다. 교전 당사자들의 권력은 대개 동의가 아니라 공포 그리고/또는 이익 추구에 의존하기 때문에, 그들은 정치적으로나 경제적으로나 자신들의 권력을 유지하기 위해 불안한 환경을 필요로 한다. 정치적으로 보자면, 정체성은 타자에 대한 공포와 증오에 바탕을 둔다. 경제적인 면에서 보면, 세입은 전쟁동원체제에 대한 외부 원조와 약탈과 강탈에 바탕을 둔 다양한 형태의 자산이전이나 이동의 자유 제한에 따른 가격왜곡에 의존한다. 평시에는 이런 현상유지 자원이 잠식된다.

이런 결점이 있는데도 흔히 사람들은 대안이 없다는 주장을 하곤 한다. 폭력을 종식시킬 수 있는 것은 이 사람들뿐이라는 것이다. 폭력에 책임이 있는 이들이 그것을 끝내야 하는 것은 사실이지만, 그렇다고 해서 평화를 이룰 수 있는 것이 바로 이 사람들이라는 결론이 나오는 것은 아니다. 때로는 군벌들과 교섭을 할 필요도 있지만, 배타적이지 않은 대안적인 정치적 유권자 집단을 양성할 수 있는 환경 속에서 교섭을 할 필요가 있다. 대안적인 정치적 동원을 위한 조건을 마련하는 것을 목표로 삼아야 한다. 중재자들이 국제적 원칙과 기준을 투명하게 적용하고 이런 원칙을 위반하는 타협을 거부해야 한다는 말이다. 그렇지 않으면 국제기구의 신뢰성이 떨어질 것이고 어떤 식의 이행이든 무척 어려워질 수 있다. 회담의 관건은 시민사회의 출현이나 재출현을 위한 공간을 마련할 수 있도록 폭력을 통제하는 것이다. 상황이 '정상적'일수록 정치적 대안을 발전시킬 수 있는 가능성은 커진다. 말하자면, 회담에 참여시키고, 어떤 타협에든 관여시키거나 의견을 구하고, 일반적으로 더욱 가시적인 존재로 만들어야 하는 권력의 다른 잠재적 원천이 존재한다. 이 전쟁들은 총력전이 아니기 때문에, 참여가 저조하고, 충성의 대상이 뒤바뀌며, 세입의 원천이 고갈된다. 현지에서 세계시민주의의 옹호자들, 즉 전쟁의 정치학을 수용하기를 거부하는 사람들과 장소들——시민성의 섬들——을 언제든 확인할 수 있다.

3장에서 보스니아-헤르체고비나 투즐라의 사례를 설명한 바 있다(92쪽을 보라). 소말릴란드 서북부는 지역 원로들이 교섭 과정을 통해 상대적인 평화를 확립하는 데 성공한 또 다른 사례이다. 아르메니아와 아제르바이잔에서는 헬싱키시민회의 지부들이 국경 양쪽 카자흐Kazakh와 에체반Echevan의 현지 당국과 교섭을 해 평화 통로를 건설하는 데 성공했다. 이 통로는 인질과 전쟁포로를 석방하고 여성단체, 젊은 층, 심지어 보안기구까지 아우르는 대화의 장을 조직할 수 있는 장소를 제공한다. 시에라리온에서는 여성운동이 민주주의를 압박하고 평화를 향한 길을 닦는 데 결정적 역할을 했다.[10]

남아공에서는 인카타자유당과 아프리카민족회의 사이에 폭력사태가 벌어지는 와중에 지방 차원에서 평화협정을 이룬 사례가 많이 있다. 대빈 브레머Davin Bremmer는 윌거스프루트친교센터Wilgespruit Fellowship Centre가 인카타자유당과 아프리카민족회의 사이의 폭력의 진원지였던 소웨토Soweto의 메도랜즈Meadowlands 호스텔에 평화지역을 세울 수 있었던 과정을 설명한 바 있다.[11] 크와줄루나탈KwaZulu-Natal 주의 음푸말랑가Mpumalanga 지역에서는 두 주요 정파를 대표하는 지역지도자 두 명이 다른 주민들과 힘을 합쳐 평화희망재단Peace and Hope Foundation Trust을 결성했

---

10) Mary Kaldor, "A Decade of Humanitarian Intervention: The Role of Global Civil Society", eds.Helmut Anheier, Marlies Glasius and Mary Kaldor, *Global Civil Society 2001*, Oxford: Oxford University Press, 2001.
11) Davin Bremmer, "Local Peace and the South African Transition", *Peace Review* vol. 9 issue 2, 1997.

다. 재단은 '소문 통제 시스템' 같은 지역 차원의 분쟁 해결 서비스와 중재를 제공했다.[12] 필리핀에서는 홍두안Hungduan이라는 북부의 소도시에서 게릴라들을 설득해서 철수시키고 군대의 진입을 막는 행동을 한 뒤 평화지역 전략을 채택했다. 평화지역 전략은 전쟁을 종식시키는 데 중요한 기여를 한 것으로 평가된다.[13]

북아일랜드나 중앙아메리카, 보이보디나, 서아프리카 등에서도 다른 많은 사례를 열거할 수 있다. 거의 모든 경우에, 여성단체가 중요한 역할을 한다. 이 사례들은 뉴스거리가 아니기 때문에 거의 보도되지 않는다. 지역 당파 사이의 교섭이나 분쟁 해결 또는 교전 당사자들에게 지역에서 나가라는 압력 행사 등이 수반될 수도 있다. 피난처를 찾는 난민의 유입, 실업, 교전 당사자들이 장악한 텔레비전과 라디오, 비디오 등의 선전 활동 같은 전쟁경제의 압력 때문에 이를 지탱하기가 어려운 경우가 많다. 그러나 외부에서 지원할 때 이런 사례를 진지하게 고려하고 신뢰할 필요가 있다.

이 집단들은 잠재적인 해법을 나타낸다. 이 집단들이 지지를 결집할 수 있는 정도만큼 교전 당사자들의 권력을 약화시키기 때문이다. 또 이 집단들이 장악한 지역이 확대되는 정도만큼 교전지역은 줄어든다. 이 집단들은 또한 현지 상황에 대한 지식과 정보의 보물창고로서 세계시민주의 전략에 조언을 하고 길잡이 노릇을 할 수 있다.

많은 곳에서 정부와 국제기구들이 현지 비정부기구와 풀뿌리 기획의 역할을 점점 강조하며, 재정이나 다른 형태의 지원을 제공한다. 어떤 경우에는 비정부기구에 대한 지원을 행동의 대용물로 보기도 한다. 국제사회가 이행할 수 없는 임무를 떠맡기는 것이다. 그러나 전쟁이라는 상황에서 이런 단

---

12) Wallace Warfield, "Moving from Civil War to Civil Society", *Peace Review* vol. 9 issue 2.
13) Ed Garcia, "Filipino Zones of Peace", *Peace Review* vol. 9 no. 2.

체들의 생존이 항상 불확실하다는 사실은 좀체 이해하지 못한다. 시민사회는 국가를 필요로 한다. 현지 국가가 대안적인 정치가 발전할 수 있는 조건을 제공하지 못한다면, 국제기구들이 지원을 해야 한다. 비정부기구에 참여하는 이들이 아무리 용감하다고 해도 법과 질서 없이는 활동하지 못한다. 보스니아-헤르체고비나의 평화운동은 세르비아계가 시위대에 총을 쏘면서 소멸해 버렸다. 르완다에서 벌어진 사태는 외부의 지원이 없을 때 현지의 세계시민주의 옹호자들에게 어떤 일이 생기는지를 보여 주는 고전적인 사례이다. 알렉스 드왈에 따르면,

> 르완다에는 모범적인 '인권 공동체'가 있었다. 토착 인권 비정부기구 7개가 외국의 친구 및 후원자들과 긴밀하게 협력하면서 당시 진행 중인 학살과 암살을 입증하는 누구도 할 수 없는 기록을 제공했다.……이 단체들은 지명된 범죄자들에게 책임을 묻지 않으면 대규모 잔학행위가 벌어질 것이라고 예견했다. 그러나 활동가들의 의제를 뒷받침할 수 있는 '기본적인 운동'이 없었고, 그들의 비판에 귀를 기울이고 그에 따라 행동할 준비가 된 제도권 정치도 없었으며, 위험을 무릅쓰고 그들을 보호하는 데 필요한 조치를 취할 태세가 된 국제기구도 없었다.……1994년 4월 6일, 후투족 극단주의자들은 인권 공동체의 도발에 응해 최종 해결책final solution[유대인을 절멸하기로 한 나치스 독일의 결정을 가리키는 말이다―옮긴이]에 착수했다. 투치족을 박멸할 뿐만 아니라 모든 비판자를 조직적으로 암살하기 시작한 것이다. 유엔이 허겁지겁 철수하는 동안, 미국 정부는 손을 놓고 수수방관만 하는 데 대한 그럴듯한 변명거리를 생각해 냈다.[14]

---

14) Alex de Waal, "Becoming Shameless: The Failure of Human Rights Organisations in Rwanda", *Times Literary Supplement*, 21 February, 1997.

교전하는 당파들이 외부의 지원에 기대는 것처럼, 현지의 세계시민주의 기획을 토대로 삼는 의식적인 전략이 필요하다. 어떤 형태의 지원을 할지, 병력 파견까지 포함할지 여부는 상황에 따라, 그리고 현지 단체가 필요하다고 여기는 바에 따라 달라질 것이다. 그러나 교전 당사자들과의 대화와 같은 수준의 진지한 대화에 참여하고, 이 단체들을 세계시민주의 기획을 함께 추구하는 파트너로 보며, 평화를 바라는 유권자 층을 발전시키기 위한 상호 전략을 공동으로 실행하기를 꺼려 하는 태도가 여전히 존재한다. 서구 정치 지도자들 사이에는 이런 기획을 가치는 있지만 중요치 않은 것으로 치부하는 경향이 있다. 데이비드 오언은 옛 유고슬라비아에서 협상가 노릇을 할 때 "시민들이 평화를 이룰 수는 없다"고 말했다. 이런 태도는 아마 고위급 의사소통의 수평적인 성격, 즉 지도자들은 대개 자기들끼리만 이야기를 나눈다는 사실로 설명할 수 있을 것이다. 또한 멀리 떨어진 나라에 파견된 국제기구의 대표자들을 지배하는 것처럼 보이는 식민주의 심성과도 관련이 있다―소말리아나 보스니아, 남캅카스 등 어디를 막론하고 현지 전문가나 비정부기구의 의견을 묻는 일을 철저히 피한다는 사실에 대해 널리 불만이 퍼져 있다.

모가디슈의 어느 소말리아인 운전사는 모하메드 아이디드와 알리 마디의 교섭에 대해 다음과 같이 논평했다.

이 사람들이 우리나라에 그토록 많은 불필요한 고통을 초래했다는 데는 누구나 동의합니다. 우리는 미국 대사관이 이 사람들을 상대해야 했다는 점을 이해해요. 그렇지만 그렇게 빨리, 그렇게 대중적으로 끌어안아야 했을까요? 내가 보기에 두 사람은 모두 전쟁범죄자입니다. 외부 세계가 할 일은 그들에게 다른 지도자가 등장하도록 용인해야 한다는 메시지를 전달하는 겁니다. 미국 대사관은 왜 아이디드와 알리 마디를 만났을 때 종교지도자나 원로, 여성, 전문가 등도 초청해서 두 사람에게 이 사람들이 바로 당신들이 권력을 빼앗은 이들이라고 알려 주지 않았을까요? 그런 생각을 못하다니 참 딱한 노릇이죠. 결국 모두에게 잘못된 신호를 보낸 셈이에요.[15]

사실 이것이야말로 1992년 4월에 유엔 소말리아 특사로 임명되었다가 유엔 정책에 실망해 10월에 사임한 모하메드 사눈Mohamed Sahnoun이 추구한 전략이었다. 알렉스 드왈의 표현을 빌자면, 사눈의 역할은 소말리아에서 "신화화"되었다. 사눈은 자신이 말하는 "시민사회" 전략을 공공연하게 추구하면서 원로와 여성, 중립적인 씨족 등을 다양한 회담에 참여시켰다. "사눈의 전략은 군벌들을 주변으로 밀어내는 것이라기보다는 군벌을 제외한 사람들을 정치 논의에 참여시키는 것이었다."[16]

대안적인 권력의 원천을 진지하게 고려하지 못한 실책은 권력의 성격과 권력과 폭력의 관계에 대한 근시안적 시각을 보여 준다. 새로운 전쟁에 효과적으로 대응하려면 정당성을 재건하기 위한 국제기구와 현지 세계시민주의 옹호자들의 연합에 기초해야 한다. '가슴과 머리'를 사로잡는 전략이 되려면 정직성을 높이 평가받는 개인 및 집단과 제휴할 필요가 있다. 이런 개인과 집단을 지지하고 그들의 조언과 제안, 권고를 진지하게 받아들여야 한다. 세계시민주의적 대응에는 어떤 표준 공식도 없지만, 중요한 것은 각각의 상황에서 이런 개인과 집단을 참여시키는 과정을 통해 전략을 개발해야 한다는 점이다. 국제적 관여의 다양한 요소들──군대 사용, 교섭의 역할, 재건 기금──을 공동으로 마련할 필요가 있다.

---

15) *Times Literary Supplement*, 21 February, 1997, p.30에서 재인용.
16) Alex de Waal, *Famine Crimes: Politics and the Disaster Relief Industry in Africa*, Bloomington and Indianapolis: Africa Rights and the International African Institute/Indiana University Press, 1997, p.178; Mohamed Sahnoun, *Somalia: The Missed Opportunities*, Washington, DC: US Institute of Peace, 1994도 보라.

흔히 현지 세계시민주의자들을 확인하기가 어렵다고 주장하곤 한다. 주변적인 지식인 집단에 불과한 것인가? 세계시민주의자로 간주되는 온건한 종교 집단이나 민족주의 집단이 있는가? 물론 광범위한 협의가 있어야 한다. 그러나 이런 협의를 통해서 한 분파의 이해만이 아니라 사회 전체의 미래를 걱정하는 이들을 찾을 수 있다. 흔히 여성단체들이 좀더 통합적인 접근에서 핵심적인 역할을 한다. 설령 세계시민주의자들이 소수에 불과할지라도 그들이 가장 훌륭한 구상과 제안의 원천이 되는 일이 허다하다.

이 주장은 또한 국제사회가 정치 지도자와 군사 지도자들에게 합의를 이루거나 평화유지군 주둔에 동의하도록 정치적 압력을 가하는 방식에 대해서도 함의를 갖는다. 전형적인 방법으로는 공습이나 경제 제재를 가하겠다는 위협 등이 있다. 이런 위협은 지도자들을 고립시키기는커녕 주민들과 동일시하는 결과를 낳으면서 그들을 어느 쪽 '편'의 대표자로, 즉 국가나 원형국가의 정당한 지도자로 간주하게 된다. 이런 방법은 쉽게 역효과를 낳으면서 지역 주민들을 소외시키고 아래에서 압력을 가할 가능성을 협소하게 만든다. 이런 방법이 적절한 전략이 되는 상황이 있을 수도 있고, 좀더 목표를 분명히 한 접근이 더 효과적인 상황이 있을 수도 있다—이를테면 지도자들이 출국하지 못하도록 전범으로 소환한다거나 시민사회를 지원하기 위해 문화 소통의 자유를 확대하는 것 등 말이다. 중요한 것은 현지 세계시민주의자들이 무엇이 최선의 접근법인지에 관해 조언을 할 수 있어야 한다는 점이다. 그들의 의견을 구하고 파트너로 대접할 필요가 있다.

평화유지 또는 평화이행에서 세계시민주의 법집행으로

평화유지에 관한 문헌에서는 평화유지와 평화이행peace-enforcement 사이에 엄격한 구분선이 그어지는 경향이 있다.[17] 두 용어 모두 전쟁의 성격에 관한 전통적인 가정에 바탕을 둔 것이다. 평화유지는 전쟁에서 양쪽이 합의에 도달했다는 가정에 기초한다. 평화유지자의 임무는 합의의 이행을 감독하고 감시하는 것이다. 2차대전 후 시기에 발전된 평화유지의 원칙은 동의, 공정성, 무력사용 금지 등이다. 반면 유엔헌장 제7장에서 승인된 평화이행은 기본적으로 전쟁 수행이다. 즉 한쪽 편에서 전쟁에 끼어드는 것을 의미한다. 이런 구별이 중요하게 여겨지는 까닭은 전쟁 수행은 최대한의 무력사용을 포함하는 것으로 가정되기 때문이다. 클라우제비츠식 전쟁은 극단으로 치닫게 마련이다. 로즈Michael Rose 장군이 "모가디슈 라인을 넘는" 문제를 놓고 골머리를 썩인 까닭은 이런 구별을 유지하고 평화유지에서 평화이행으로 빠져들지 않기 위해서였다.

새로운 전쟁을 분석해 보면, 지금 필요한 것은 평화유지가 아니라 세계시민주의 규범의 집행, 즉 국제인도법과 인권법의 집행이라는 결론이 나온다. 새로운 전쟁은 주로 민간인을 대상으로 벌어지기 때문에 근대 전쟁과 같은 극단적인 논리를 따르지 않는다. 그러므로 민간인을 보호하고 전쟁범죄자를 체포하기 위한 전략을 고안할 수 있어야 한다. 정치적 목표는 대안적 형태의 통합의 정치가 등장할 수 있는 안전한 지역을 제공하는 것이다. 안전지대, 인도주의 통로humanitarian corridor[교전 지역 등에서 인도주의 구호물자나 인력의 왕래를 위해 개설하는 통로——옮긴이], 비행금지구역의 활용 등 최근의 전쟁에서 발전된 많은 전술이 적절하지만, 지금까지는 경직된 권한 위임이나 이른바 평화유지 원칙에 대한 엄격한 집착 때문에 이런 전술의 실행이 방해를 받고 있다. 많은 저자들이 평화유지와 평화이행 개념 사이에 해

---

17) 예를 들어 William J. Durch ed., *The Evolution of UN Peacekeeping: Case Studies and Comparative Analysis*, New York: St. Martin's Press, 1993; UK Ministry of Defence, *Wider Peacekeeping*, London: HMSO, 1995; Mats R. Berdal, *Whither UN Peacekeeping?*, Adelphi Paper 281, London: International Institute for Strategic Studies, 1993 등을 보라.

당하는 새로운 정의—'차세대 평화유지'나 '확고한 평화유지', 또는 영국에서 공식적으로 쓰는 표현인 '폭넓은 평화유지'(영국은 이 개념이 여전히 평화유지를 뜻하며 중간적인 개념은 아니라고 주장한다) 등—를 제안하고 있지만 이 모든 것은 여전히 전쟁에 관한 전통적인 사고틀을 벗어나지 못하는 경향이 있다.[18]

세계시민주의 법집행cosmopolitan law-enforcement은 군사 활동과 치안유지 사이의 중간을 차지한다. 다국적 군대에게 요청되는 임무 중 일부는 전통적인 범위에 해당한다. 교전국들을 떼어 놓거나 정전을 유지하거나 상공을 통제하는 등의 임무가 대표적인 예이다. 한편 안전지대나 구호 통로의 보호 같은 다른 임무는 본질적으로 새로운 것이다. 또 다른 임무, 가령 이동의 자유 보장, 개인 특히 귀환 난민이나 실향민의 안전 보장, 전쟁범죄자 체포 등의 임무는 전통적인 치안유지에 가깝다. 치안유지는 평화유지에서 커다란 공백이었다. 일찍이 1960년대에 키프로스에 파견된 평화유지군은 민족 집단 사이의 충돌을 막을 수 없었다. 치안유지가 위임받은 권한에 해당되지 않았기 때문이다. 군대가 경찰 임무를 수행하기를 꺼려 하는 것은 주지의 사실이지만, 또한 동시에 현지 사회에서 필요한 경찰을 채용하기가 쉽지는 않다. 사람들에 따라 평가가 엇갈리긴 하겠지만, 북아일랜드에 주둔한 영국군은 치안유지 임무를 수행했다. 그렇지만 낡은 전쟁이 다시 일어날 가능성이 적음을 감안하면, 군대는 결국 군대 임무와 치안유지 임무를 결합하는 새로운 방향으로 나아가야 할 것이다.

이런 임무에는 법 집행이 필요하기 때문에 부득이 무력사용이 수반되지만, 임무 적용을 지배하는 원칙의 면에서 보면 세계시민주의 법집행의 임

---

18) 예를 들어 John Mackinlay and Jarat Chopra, *A Draft Concept of Second Generation Multi-national Operations 1993*, Providence, RI: Thomas J. Watson Jr. Institute for International Studies, 1993을 보라.

무는 평화유지에 더 가깝다. 이런 원칙들을 명확하게 설명하고, 어떤 식으로 다시 공식화할 필요가 있는지를 보여 주는 것은 의미 있는 일일 것이다.

동의

영국의 공식적인 평화유지 지침서를 준비하면서 발전된 시나리오에서는 "강제 평정"이 실행 불가능하다는 결론이 내려졌다.

> 현지 주민 다수와 분쟁 당사자든 정부기관이든 간에 주요 통치당국 지도부 대다수의 폭넓은 협조와 동의 없이는, 논리적으로나 현실적으로나 성공을 기대하기 힘들다. 폭넓은 동의의 틀을 배제한 접근에 수반되는 위험과 요구되는 무력 수준은 논리적으로나 현실적으로나 기대치를 넘어선다. 요컨대, 성공 가능성을 높이려면 (가장 폭넓은 형태의) 동의가 필요하다.[19]

이 주장에 따르면, 평화유지 작전 수준에서나 전술 수준에서나 동의가 필요하다. 작전 수준에서는 임무를 확정하기 전에 동의가 필요하다. 전술적인 수준에서는 지휘관이 현지의 동의를 교섭할 필요가 있다.

"강제 평정"이 불가능하다는 주장은 분명히 맞다. 이 책의 주장에 담긴 함의는 다국적 군대가 정당한 존재로 여겨져야 한다는 것이다——즉 일정한 동의와 심지어 지지에 기초하여 활동하고, 합의된 일련의 규칙 안에서 행동해야 한다. 그렇지 않으면 다국적 군대가 분쟁의 또 다른 당사자가 되어 버릴 위험이 있다. 급여와 장비, 훈련 등이 부족한 탓에 병사들이 암시장이나 인도주의 물자 절도에 관여하고, 평화유지군이 중립에서 특정 당파들에 대

---

19) Charles Dobbie, "A Concept for Post-Cold War Peacekeeping", *Survival* vol.36 issue 3, 1994.

한 지지로 돌아선 라이베리아의 서아프리카경제공동체정전감시단의 경우에 이와 비슷한 일이 벌어졌다.[20]

그렇지만 무조건적인 동의는 불가능하다. 이런 경우라면 평화유지군 자체가 아예 필요하지 않을 것이다. 예컨대 인도주의 물자 수송 보호가 동의에 기초해 이뤄진다면, 비무장 유엔기관이나 비정부기구를 통해 쉽게, 어쩌면 더욱 효과적으로 물자 수송을 교섭할 수 있을 것이다. 병력이 필요한 것은 모든 사람이 동의하지는 않으며 물자 수송을 방해하는 이들을 힘으로 다룰 필요가 생길지도 모른다는 사실 때문이다. 비슷한 이유에서 현지 주민과 교전 당사자 **모두의** 동의를 얻지 못할 수도 있다. 만약 어떤 전쟁범죄자와 협정을 교섭해야 한다면, 현지 주민들이 보기에 평화유지 작전에 대한 신뢰가 떨어질 수도 있다.

일반적으로 다국적 군대는 초기에는 상당한 선의를 기대할 수 있다. 옛 유고슬라비아에서 유엔의 위상은 매우 높았다. 많은 현지인들이 유엔 파견단에서 일했다. 그러나 원조물자 수송을 방해하는 이들에게 힘으로 대응하고, 안전한 피난처를 효과적으로 보호하고, 전쟁범죄자를 체포하고, 비행금지구역을 유지하는 등의 임무에 실패하면서 조직 전체의 정당성이 크게 훼손되었다. 많은 현지인들이 대규모로 파견된 미군이 교전 당사자들을 무장해제할 것이라고 기대한 소말리아에서도 마찬가지 결과가 나타났다. 미군이 당파들을 무장해제하지 않을 것이라고 발표하고 군벌들과 교섭을 시작하자 많은 이들이 실망했다. 소말리아의 어느 전직 은행가는 다음과 같이 말했다.

---

20) "서아프리카경제공동체정전감시단이 지지하는 당파들이 고문, 강간, 약탈, 심지어 식인행위까지 자행해서 평화유지군에 대한 전반적인 정치적 평가가 손상된다." Herbert Howe, "Lessons of Liberia: ECOMOG and Regional Peacekeeping", *International Security* vol. 21 no. 3, 1996/97, p.163.

단지 바이도아Baidoa에서 베르다라Berdara까지 식량을 나르려고 이 모든 장비와 무기를 가지고 여기까지 왔다는 말입니까? (웃음) 조만간 이 나라 많은 지역에서 계속되는 전투로 몇 달 안에 사람들이 쫓겨나고 굶주림과 파괴가 닥칠 겁니다. 그러면 어떻게 될까요? 틀림없이 군대가 사라질 겁니다. 그 사람들은 소말리아에 기회가 있었다고 말하겠죠.[21]

중요한 것은 희생자인 현지 주민들의 폭넓은 동의를 얻는 것이다. 평화유지 작전 차원에서 교전 당사자들에게 공식적인 동의를 얻는 것과 상관없이 말이다. 임무 목표를 희생시키지 않은 채 작전 차원에서 동의를 얻을 수 있다면, 분명히 유리하다. 또 전술적 차원에서 현지 주민들의 동의를 유지하고 그것에 의존한다면 교전 당사자들의 동의 없이도 행동할 수 있을 것이다.

공정성

공정성은 흔히 편을 들지 않는 것으로 해석되곤 한다. 국제적십자위원회는 공정성과 중립성을 유용하게 구별한다. 국제적십자위원회에 따르면, 공정성의 원칙은 "국적, 민족, 종교적 신념, 계급, 정치적 견해 등에 따라 차별하지 않음"을 의미한다. "국제적십자위원회는 오로지 개별 사람들의 필요에 따라 그들의 고통을 덜어 주고 가장 긴급한 곤경에 처한 사람들을 우선적으로 돕기 위해 노력한다." 한편 중립성의 원칙은 "적십자는 모든 이들의 신뢰를 누리기 위해 적대행위에서 한쪽 편을 들거나 언제든지 정치·민족·종교·이데올로기적 성격의 논쟁에 관여하지 않음"을 의미한다.[22]

사실 공정성과 중립성은 혼동하기 쉽다. 그렇지만 이런 구별은 세계시

---

21) African Rights, *Somalia and Operation Restore Hope: A Preliminary Assessment*, London: African Rights, 1993, p.28에서 재인용.
22) Adam Roberts, *Humanitarian Action in War*, p.51.

민주의 법집행에 중요하다. 법은 공정하게, 즉 민족이나 종교 등에 기초한 차별 없이 집행되어야 한다. 한쪽이 다른 쪽보다 법률을 더 많이 위반하는 일이 거의 불가피하기 때문에, 공정성과 중립성 둘 다 충족시키면서 행동하기란 불가능하다. 동의에 기초하여 활동하는 적십자 같은 조직에는 중립성이 중요할 것이다. 이 경우에도 중립성을 고집하면 2차대전 당시처럼 여러 가지 문제가 제기되긴 하지만 말이다. 전통적인 평화유지 개념이나 식량 전달 같은 순전히 인도주의적인 평화유지자의 역할 개념에도 중립성이 중요할 수 있다. 그러나 평화유지군의 임무가 사람들을 보호하고 인권침해를 중단시키는 것이라면, 중립성을 고집하는 태도는 기껏해야 혼란을 야기할 뿐이고 최악의 경우에는 정당성을 손상시킨다.

2003년 여름 이라크의 유엔본부 폭탄공격의 여파 속에서 많은 비정부 기구와 인도주의 단체가 적십자 원칙으로 돌아갈 것과, 인도주의의 공간을 보존하기 위해 군대와 인도주의 업무를 수행하는 사람들을 새롭게 분리할 것을 호소했다. 문제는 새로운 전쟁에서는 인도주의의 공간이 협소해진다는 점이다. 이제 군대와 인도주의 활동을 분리하기란 불가능하다. 오히려 군대는 인도주의 공간을 보호하기 위해 다르게 행동해야 한다. 이라크에서 미군은 전쟁을 수행하는 군대였고, 국제기구들은 미국과 동일시되었다. 세계시민주의 법집행을 감당하거나 책임지는 세력은 전혀 없었다.

매킨리John Mackinlay에 따르면, "유엔 병사는 법을 집행하는 경찰관과 동일한 접근을 취한다. 병사는 그에게 도전하는 것이 어떤 당파인지에 관계없이 이런 접근법을 유지할 것이다. 그러나 정당성은 모든 수준에서 손상되지 않아야 한다."[23] 영국 평화유지 지침서의 공저자 중 한 명인 도비Charles Dobbie도 평화유지군의 역할을 축구경기 심판의 역할과 비교하면서 똑같은 지적을 했다. 그러나 새로운 전쟁은 축구경기가 아니며, 다양한 당파가 규칙을 수용하지 않는다. 반대로, 새로운 전쟁의 성격은 규칙을 깨뜨린다는 것이다. 중요한 점은 규칙을 깨뜨리는 이들을 고립시키고 주변화하기 위해 보통 사람들에게 규칙의 장점을 설득하는 것이다.

무력사용

전통적인 평화유지는 무력사용 금지를 고집한다. 영국의 새로운 평화유지 지침서는 "최소한으로 필요한 무력"이라는 용어를 사용한다. 지침서의 정의에 따르면, 이것은 "명백하게 합리적이고 비례적이며 적절한, 특정한 목적을 달성하는 데 충분한 폭력이나 강제의 신중한 적용이며, 사실상 소기의 특정하고 정당한 공격 목표에 국한된다."[24]

영국은 이런 입장을 와인버거-파월[25]의 이른바 압도적인 무력 독트린과 대비시킨다. 유엔의 소말리아 개입은 흔히 무력사용의 위험을 보여 주는 사례로 인용된다. 당시 개입은 유엔헌장 제7장에 따라 승인된, 미국이 주도한 개입이었다. 파키스탄 평화유지군이 모하메드 아이디드 군대에 공격을 당한 뒤, 미국은 아이디드를 집중 추적하기 시작했다. 모가디슈 남부에 대한 폭격은 많은 사상자를 낳았고, 아이디드 추적은 실패했다. (미국이 유엔과 첩보를 공유하는 것을 거부했기 때문에 아이디드의 은신처로 추정되는 곳에 대한 신중한 급습은 실패로 돌아갔다. 유엔 사무실임이 드러났기 때문이다.) 아이디드가 미군 헬리콥터 두 대를 격추시키는 데 성공해서 살해한 병사 18명의 훼

---

23) John Mackinlay, "Improving Multifunctional Forces", *Survival* vol. 36 issue 3, 1994. 사실 매킨리 자신이 혼동을 하고 있다. 매킨리는 더 나아가 이렇게 말한다. "무력을 사용하는 경우에, 특히 관련된 당파에 의해 공정성[여기서 매킨리는 중립성을 의미한다]을 잃은 것처럼 보일 수도 있다. 그러나 정당성이 손상되지 않으면 공정성이라는 겉모습을 복원할 수 있다." 여기서 중요한 것은 현지 주민들의 눈에 비치는 정당성이다. 교전 당사자들이 규칙을 존중하지 않기 때문에 중립성[매킨리가 공정성이라고 말하는 것—옮긴이]을 복원하기가 불가능할 수도 있다. 중요한 점은 희생자들의 관점에서 공정성을 유지하는 것이다.
24) Charles Dobbie, "A Concept for Post-Cold War Peacekeeping", p. 137에서 재인용.
25) 1981~1987년에 미국 국방장관을 지낸 캐스퍼 와인버거Caspar Weinberger와 2001~2004년 국무장관을 지낸 콜린 파월Colin Powell을 가리킨다.—옮긴이

손된 시신을 텔레비전 카메라 앞에서 공개적으로 끌고 다니고, 그밖에도 75명을 부상시킨 사건은 미국을 나락으로 몰고 갔다.

다양한 전문가들이 지적한 것처럼, 문제는 무력사용 자체가 아니라 압도적인 무력이라는 가정과, 정당성과 신뢰를 지원하는 방식으로 행동할 필요성과 현지의 정치 상황을 고려하지 않는 태도였다. 이오안 루이스Ioan Lewis와 제임스 메이올James Mayall은 처음에 파키스탄 평화유지군이 살해당했을 때 미국이 보인 반응을 설명한다.

> 독립적인 법적 조사를 실시하고 아이디드를 정치적으로 주변화하려고 노력하는 대신, 하우Jonathan Howe 제독의 군대는 분별없는 무력행사로 대응하여 상당히 많은 사상자——모두가 아이디드 지지자는 아니었다——를 발생시켰다.…… 하우 제독은 모가디슈의 보안관인 양 행동하면서 아이디드를 무법자로 선포하고 그를 체포하는 데 2만 달러의 포상금을 걸었다.[26]

이라크와 아프가니스탄에서도 미군은 이와 동일한 딜레마에 맞닥뜨렸다. 현대의 군대는 최소한의 무력을 사용하기가 간단치 않다. 현대의 군대는 클라우제비츠의 노선을 따라 조직되었고 또 비슷하게 조직된 군대와 대결하도록 훈련을 받았기 때문이다. 소말리아의 경우에서 드러난 것처럼, 현대의 군대는 새로운 전쟁의 도전에 직면할 때 대규모 화력을 가하거나 아무것도 하지 않는 것 사이의 중도의 방법을 찾는 데 무척 어려움을 겪는다. 상대편의 사상자가 얼마가 되건 간에 자기편 사상자를 최소화하는 것이 목표인 전쟁 수행 및 무력을 사용하지 않는 평화유지와 달리, 세계시민주의 법집

---

26) Ioan Lewis and James Mayall, "Somalia", ed. James Mayall, *The New Interventionism 1991-1994: United Nations Experience in Cambodia, Former Yugoslavia, and Somalia*, Cambridge: Cambridge University Press, 1996, p.117.

행은 모든 편의 사상자를 최소화해야 한다. 뉘른베르크 전범재판의 의미는 집단이 아니라 개인에게 전쟁범죄의 책임을 지웠다는 점이다. 세계시민주의 법집행에서 요구하는 것은 전쟁범죄나 인권침해를 저지른 개인들을 체포하는 것이지, 어느 편을 무찌르는 게 아니다.

세계시민주의 법집행은 희생자들의 생명을 구하기 위해 평화유지자들의 생명을 위험에 빠뜨리는 것을 의미할 수도 있다. 아마 이것이 가장 바꾸기 어려운 가정일 것이다. 국제 인력은 새로운 전쟁에서 언제나 특권계층이다. 유엔이 인간애의 원칙에 입각해 창설되었다고 주장할지라도, 유엔이나 각국 인력의 생명은 현지인의 생명보다 소중히 여겨진다. 인도주의 개입에 관한 주장은 멀리 떨어진 곳의 사람들을 위해 자국민의 생명을 희생시킬 수 있는지를 둘러싸고 전개된다. 서구 강대국, 특히 미국이 아무리 고도로 정밀한 포탄을 사용하더라도 물리적·심리적 피해를 야기할 수밖에 없는 공습을 선호하는 것은 자국민이나 서구인을 특권화하기 때문이다. 이런 식의 민족적·국가주의적 사고는 아직 공통의 인간 공동체라는 개념과 타협하지 못했다.

사실 세계시민주의 법집행의 제안은 새로운 종류의 군인 겸 경찰soldier-cum-policeman을 창시하자는 야심적인 제안이다. 이를 위해서는 전술과 장비, 그리고 무엇보다도 지휘와 훈련에 관한 상당한 재고가 필요하다. 필요한 장비의 종류는 대체로 각국의 군대가 미래에 벌어질 클라우제비츠식 전쟁을 대비해 주문하는 것보다 더 저렴하다. 수송, 특히 공중수송과 해상수송은 매우 중요하며 효율적인 통신 역시 중요하다. 이런 장비는 대부분 민간에서 구입하거나 임대할 수 있다. 군사장비가 더 구하기 쉽고 융통성이 있기는 하지만 말이다. 미국의 공수설비가 종종 결정적인 역할을 했다. 보스니아와 이라크에서는 매우 정교한 공수장비가 공습에 사용되었다. 전술적인 공중 지원, 아니 정확히 말하자면 공중의 우위가 폭력을 통제하는 데서 다국적 평화유지군에게 결정적 이점이 될 것이지만, 대규모 정교한 공습의 유용성은 단점—부수적인 민간인 피해, 숨겨진 목표물을 타격하는 어려움, 지상 통제의 부재—에 비해 제한적이다. 교전 당사자들이 보유한 것보다 큰 대형 무기 또한 중요한 역할을 할 테지만, 험한 지형에서 기동성이 떨어지기 때문에 중장비는 대부분 무용지물이 될 수도 있다.

더 중요한 점으로, 새로운 세계시민주의 군대는 전문화되어야 할 것이다. 다국적 군대로 이루어질 공산이 크기 때문에 통합 지휘체계와 합동훈련, 표준적인 급여 및 조건을 도입할 필요가 있다. 새로운 세계시민주의 군대는 합법적인 무기 소지자가 되어야 한다. 전쟁법규를 숙지하고 존중해야 하며 엄격한 행동수칙을 따라야 한다. 부패나 인권침해에 관한 보고가 제기되면 적절한 조사가 이루어져야 한다.[27] 무엇보다도 이 새로운 군대를 움직이는 동기는 폭넓은 세계시민주의 권리 개념 속에 통합되어야 한다. 군인, 즉 합법적인 무기 소지자가 조국을 위해 죽을 각오로 임했다면, 다국적 군인/경찰은 인류를 위해 목숨을 건다.

코소보의 사례

코소보를 둘러싼 전쟁은 인도주의적 목적을 위해 전쟁수행 기법을 사용함으로써 생기는 문제를 여실히 보여 준다. 코소보 개입은 인권을 위한 최초의 전쟁이라고 치켜세워졌다. 영국 총리 토니 블레어는 공습 중에 맞은 나토 50주년을 기념하면서 새로운 "국제사회 독트린"을 선언했다. "이제 좋든 싫든 우리는 모두 국제주의자"라고 블레어는 시카고의 청중에게 말했다. "번영을 원한다면 세계 시장에 참여할 수밖에 없다. 혁신을 원한다면 다른 나라에서

---

27) 캄보디아, 보스니아-헤르체고비나, 소말리아, 모잠비크 등에서 유엔 인력의 인권 학대에 관한 보고가 있었다. 인권 학대 가운데는 모잠비크에서 일어난 성폭행, 살인, 아동성매매 관여 등도 있었다. 예를 들어 African Rights, *Somalia: Human Rights Abuses by the UN Forces*, London: African Rights, 1993을 보라.

등장하는 새로운 정치적 사고를 무시해선 안 된다. 우리가 계속 안전하기를 원한다면 다른 나라에서 벌어지는 분쟁과 인권침해에 등 돌려선 안 된다."[28]

그러나 전쟁이 남긴 실제 기록은 훨씬 모호하다. 선언된 목표는 국제사회의 행동에서 혁신과 중요한 선례를 나타냈다. 코소보 이후에는 르완다의 대량학살 같은 비극이 벌어지는 동안 국제사회가 수수방관하기가 훨씬 힘들 것이라고 기대해야 마땅하다. 그렇지만 코소보에 적용된 방법은 전통적인 전쟁 개념과 훨씬 더 부합하는 것이었고 선언된 목표와는 거의 연결되지 않았다. 사상자 발생에 대한 우려 때문에 이 목표를 달성하기 위해 선택된 전술은 유고슬라비아 공습이었다.

하지만 실제로 공습의 효용성은 무척 의문스러웠다. 총 3만 6,000회 정도의 출격이 이루어졌는데 그 중 1만 2,000회가 공습 출격이었다. 2만 개 정도의 '스마트'smart 폭탄과 5,000개의 재래식 폭탄이 투하되었다. 그러나 유고슬라비아 군대가 많은 피해를 입은 것 같지는 않다. 유고슬라비아 군대는 50년 동안 우월한 적에 저항하도록 훈련을 받았다. 창고·공항·막사 등의 거대한 지하 네트워크가 구축되어 있었다. 또 레이더 교란 장치를 설치하고, 탱크와 대포를 은닉하고, 방공시설을 보전하고, 부대 집결을 피하는 등의 전술을 개발해 놓은 상태였다. 나토는 초기 단계에서는 유고슬라비아 방공 체계를 파괴하는 데 성공하지 못했다. 나토 항공기들이 계속해서 4,500km 상공을 비행한 것도 이 때문이었다. 또 지상의 세르비아 군대에 큰 타격을 입히는 데도 성공하지 못했다. 나토는 공습으로 세르비아군을 꼼짝 못하게 만들고 장비를 바깥으로 갖고 나오지 못하게 했다고 주장하지만, 그렇다 하더라도 공습을 통해 코소보의 알바니아계 민간인들에 대한 군사작전을 막지

---

28) "Doctrine of the International Community", speech by Tony Blair at the Economic Club, Chicago, 24 April, 1999, http://www.pm.gov.uk/output/Page1297.asp.

는 못한 게 분명하다. 특히 나토는 기갑부대를 타격하는 데 초라한 기록을 남긴 것으로 보인다. 나토의 주장은 더 많지만, 세르비아가 철수한 뒤 코소보에서 발견된 "탱크 잔해"는 26개에 불과했다.[29] 게다가 유고슬라비아 병력 4만 명이 코소보를 떠났다. 상대적으로 병력 손실이 거의 없었다는 말이다.

도로, 교량, 발전소, 석유 저장시설, 공장 같은 민간 목표물을 타격하는 데는 큰 성과를 거두었다. 항공기가 4,500km 이상의 고도로 비행해야 한다고 고집한 탓에 조종사들은 지상에서 무슨 일이 벌어지는지를 볼 수 없었고, 흔히 서툴게 조정된 수치 자료에 기초한 정보에 의존했다. 그 결과, 공습이 지속되면서 당혹스럽게 드러난 것처럼 실수가 거듭되었다. 최악의 사례는 중국 대사관과 코소보 내부의 난민들을 폭격한 것이다. 1,400명 정도가 이른바 부수적 피해로 목숨을 잃었다. 환경주의자들은 이제야 산업시설 피해가 야기한 결과를 평가하는 중이다. 노비사드Novi Sad 같은 곳에서는 유적지가 파괴되었다. 텔레비전 송신국이 폭파되어 안에 있던 기자들이 목숨을 잃기도 했다. 코소보 전쟁에 참여하기를 거부한 몬테네그로도 공격을 당했다.

세르비아계는 코소보 알바니아계의 대탈출을 중단시키기는커녕 폭격을 핑계 삼아 이 과정을 더욱 가속화했다. 폭격이 시작된 1999년 3월 24일에 이르는 시기 동안, 주로 유고슬라비아 정규군과 세르비아 경찰이 코소보해 방군의 활동을 구실로 삼아 인종청소를 자행했다——40만 명에 달하는 사람들이 조국을 등졌다. 3월 24일 이후, 어린이를 포함하여 1만 명 정도가 인종청소 작전에서 살해되었고, 100만 명 이상이 강제로 조국을 떠났다. 6월에 나토군이 진입했을 때는 60만 명만이 코소보에 남아 있었고, 그나마도 그 중 40만 명은 국내실향민이었다.[30]

---

29) UK Ministry of Defence, *Kosovo: Lessons from the Crisis*, Cmnd 4724, London: HMSO, 2000; UK House of Commons Select Committee on Defence, *Fourteenth Report, Session 1999-2000*, London: HMSO, 2000 등을 보라.

게다가 나토군이 진입한 뒤 역逆인종청소 과정이 시작되어 세르비아계 16만 명이 조국을 등졌다. 오늘날 남은 세르비아계는 고립지역에 보호를 받으며 살고 있으며, 분할된 도시인 미트로비차Mitrovica와 2004년 3월의 폭동 사태에서도 드러나듯이, 세르비아계와 알바니아계는 여전히 팽팽한 긴장상태에 있다.

이런 식의 폭격이 낳은 정치적 결과 역시 역효과를 야기했다고 주장할 수 있다. 나토 대변인들은 실수로 죽이는 것과 의도적으로 죽이는 것은 큰 차이가 있다고 고집하지만, 폭격 희생자들에게 이 차이는 분명하지 않다. 민간인의 죽음이 '학살'인지 '부수적 피해'인지를 누가 결정하는가? 마찬가지로, 폭격이 정권을 겨냥한 것이었지 세르비아인들을 겨냥한 게 아니었다는 서구 지도자들의 주장 또한 폭격의 효과를 몸소 겪은 이들에게 전혀 명백하지 않다. 공습은 세르비아 민족주의 정서를 결집시켰고, 그 덕분에 밀로셰비치는 전쟁 중에 비정부기구와 독립 언론을 초토화함으로써 코소보에 대한 행동에 거슬리는 국내의 제약을 최소화할 수 있었다. 또한 세르비아인들 사이에서 자신들이 피해자라는 인식이 전쟁에 대한 책임의식을 압도하는 결과를 낳았다. 마케도니아와 몬테네그로에서는 난민의 유입과 더불어 공습 때문에 여론이 양극화되면서 국내의 긴장이 한층 악화되고 향후에 확산될 위험이 더욱 커졌다. 공습은 또한 국제사회의 여론도 양극화했다. 동구와 남반구의 많은 이들에게 이 전쟁이 인권을 위한 것이라는 주장은 발칸반도에 대한 서구의 제국주의적 이해관계를 추구하기 위한 핑계로 비쳤다.

---

30) 사망자 수는 논란의 여지가 많다. 이 수치는 코소보독립국제위원회Independent International Commission on Kosovo가 비정부기구를 비롯한 여러 원천의 광범위한 보고를 기초로 대조·조사한 가장 믿을 만한 추정치이다. Independent International Commission on Kosovo, "Documentation on Human Rights Violations", *The Kosovo Report*, Oxford: Oxford University Press, 2000, Annex 1을 보라.

결국 밀로셰비치가 항복하고 난민들이 코소보로 돌아가면서 나토는 승리를 주장하고 유엔의 임시 행정기구를 설치할 수 있었다. 그러나 모든 편이 겪은 인종청소의 외상外傷은 결코 돌이킬 수 없다. 사실 장기적인 해결 전망은 점점 불투명해지는 것처럼 보인다. 어떤 이들은 공습이 2000년 10월에 밀로셰비치가 실각하는 데 기여했다고 주장한다. 경제제재와 더불어 공습이 경제붕괴를 촉진시키는 데 힘을 보탠 것은 확실하지만, 공습은 또한 서구에 반대하는 격앙된 민족주의적 태도를 뿌리내리는 데도 톡톡히 일조했다. 이런 태도는 밀로셰비치가 국외로 이송되어 헤이그에서 사망한 뒤에도 이어지고 있다.

코소보 위기에 대한 세계시민주의적 접근이 있었다면, 아마 사람들을 보호하는 것을 직접적인 목표로 삼았을 것이다. 사상자를 최소화하는 것을 목표로 계획된 지상군의 인도주의 개입이 이루어져야 했다. 다국적 군대의 인명 손실 위험을 무릅쓰더라도 말이다. 인도주의 개입은 공습과 다르며, 고전적인 '낡은 전쟁'의 지상 작전과도 다르다. 이 개입이 추구하는 목표는 심각한 인권침해를 방지하는 것이지 적을 패배시키는 게 아니다. 인도주의 개입은 정의상 방어적이며 확전을 추구하지 않는다. 개입의 초점은 개별 인간이지 다른 국가가 아니다. 또한 인도주의 개입은 전쟁법규에 대한 존중과 민주주의 지지를 수반해야 한다. 사실상 인도주의 개입은 세계시민주의 법집행의 구성 요소가 되며, 따라서 전쟁 수행보다는 치안유지에 더 가깝다.

이러한 개입은 가능하면 동의에 바탕을 두어야 한다. 그러나 개입 이전 시기에 이루어진 것처럼, 화해할 수 없는 당파들 간의 정치적 타협을 찾는 것을 목표로 한 고위급 협상 대신, 지상의 입지에 협상의 초점을 맞췄어야 했다. 협상의 목표는 코소보에 국제사회의 존재를 확립하는 것이었지 지위의 문제를 해결하는 게 아니었다. 협상가들에게 힘을 실어 주기 위해 공습 위협을 들먹이는 대신, 이웃 나라인 마케도니아의 지상에 나토의 입지를 강화해야 했다. 유럽안보협력기구 코소보감시단의 입지 역시 확대되어야 했다(폭격이 시작되면서 감시단은 철수했고, 남아 있던 현지 직원들은 살해되었다).

인도주의 개입은 사람들을 보호하고 법을 집행함으로써 세계시민주의 정치적 대응을 위한 조건을 창출할 수 있다. 그 목표는 사람들이 공포 없이 자유롭게 행동하고 통합적 형태의 정치를 양성할 수 있는 안전한 환경을 조성하는 것이다. 인종청소에 책임이 있는 자들을 교섭을 통해 밀어 올려 주는 게 아니라 아예 끼어들지 못하게 막는 방법을 찾아야 한다. 폭격이 끝나기 전에 밀로셰비치와 몇몇 공모자들을 기소한 것은 이런 방향으로 나아가는 건설적인 걸음이었다. 비자 거부나 은행계좌 동결같이 특정 대상을 겨냥한 제재도 적용할 수 있다. 이런 식의 개입을 했더라면 밀로셰비치가 유고슬라비아 안에서 자신의 행동을 정당화하기가 더 어려웠을 테고 더 많은 국제적 지지가 결집되었을 것이다.

인도주의 원조에서 재건으로

마크 더필드는 1990년대의 이중적인 경제원조 체계에 관해 쓴 바 있다. 한편에는 구조조정 프로그램이나 공식 경제의 쇠퇴에 이바지하는 이행 전략에 입각한 공식 원조가 있다. 다른 한편에서는 이러한 결과에 대처하기 위한 안전망이 만들어지고 있는데, 대부분 원조 제공을 비정부기구에 하청 주는 것이다.[31] 알바로 데 소토Alvaro de Soto와 그라시아나 델 카스티요Graciana del Castillo도 한쪽의 국제통화기금 및 세계은행과 다른 한쪽의 유엔 사이의 협조가 부족한 점에 대한 논의에서 비슷한 주장을 편다. 국제통화기금과 세

---

31) Mark Duffield, "Relief in War Zones: Towards an Analysis of the New Aid Paradigm", *Third World Quarterly* vol.18 no.3, 1997.

계은행의 정책이 정치적·인도주의적 측면에서 낳는 결과와 대가는 전혀 고려되지 않는다. 두 사람은 국제통화기금의 안정화 프로그램을 배경으로 진행된 엘살바도르의 평화 프로그램 이행의 문제점을 설명한다. 엘살바도르는 국제통화기금의 지출 한도를 지켜야 했기 때문에, 국가 경찰을 창설하고 평화협정에서 요구한 대로 게릴라들을 재통합하기 위한 무기-토지 교환 프로그램에 착수할 수 없었다. "한편에는 구조조정 프로그램과 안정화 계획이, 다른 한편에서는 평화 과정이 태어났고, 마치 다른 집의 아이들처럼 길러졌다. 이 둘은 다른 지붕 아래 살았다. 대략 같은 세대에 속한다는 점 말고는 공통점이 거의 없었다."[32]

1990년대 동안 인도주의 원조가 크게 늘어났다. 2000년에 이르러 인도주의 원조는 공적개발원조의 10%에 달했고, 계속 증가하고 있다. 1991년 유엔 인도주의업무국Department of Humanitarian Affairs[33]의 설립과 1992년 유럽공동체 인도주의지원사무국European Community Humanitarian Office (ECHO)[34]의 설립은 인도주의 원조의 중요성이 점차 커지는 현실을 반영한다. 5장에서 나는 인도주의 원조 제공이 어떤 식으로 전쟁경제의 작동에 삽입되는지를 설명한 바 있다. 사실 인도주의 원조는 공식 경제의 실패에도 기여한다. 지역 생산을 밀어내는 것이다. 1992년 말 소말리아에서는 시급하게 식량을 필요로 하는 사람들에게 구호품을 확실히 전달하기 위해 식량을 쏟아붓는 정책이 시행되었는데, 그 결과로 식량 가격이 급락하여 농민들의 식량 생산이 경제성을 잃어버렸다.[35] 암염 생산 중심지였던 투즐라에서는 암

---

32) Alvaro de Soto and Graciana del Castillo, "Obstacles to Peace-building", *Foreign Policy* no.94, 1994.
33) 1998년에 인도주의업무조정국Office for the Coordination of Humanitarian Affairs으로 개편되었다. — 옮긴이
34) 유럽공동체가 폐지된 2009년에 유럽위원회 인도주의지원국Humanitarian Aid Department of the European Commission으로 명칭이 바뀌었다. 단 'ECHO'라는 약칭은 계속 쓰고 있다. — 옮긴이

염 채굴을 중단하는 것은 위험하기 때문에 매일 몇 톤의 소금을 내다 버렸지만, 다른 한편에서 유엔난민고등판무관실은 인도주의적 목적을 위해 네덜란드에서 소금을 수입하고 있었다. 난민촌에서 인도주의 원조를 제공하는 것은 흔히 가난한 농민들이 스스로 생계수단을 포기하도록 만드는 결과를 낳는다.[36] 인도주의 프로그램은 또한 현지 전문가들을 무시하고 새로운 위계를 만들어 내는 경향이 있다. 국제기구에서 일하는 사람들은 급여와 각종 특전을 받는 반면, 의사나 교사 같은 자격이 충분한 현지인들은 인도주의 구호에 의지해 살아가는 것이다.

인도주의 원조는 무척 중요하다. 이런 원조가 없다면 사람들이 굶주릴 것이기 때문이다. 그러나 훨씬 더 세심하게 대상을 정하고 현지 상황을 정말로 잘 아는 지역 전문가들의 조언을 받아들일 필요가 있다. 그리고 재건을 위한 원조를 동반할 필요가 있다. 여기서 재건이라 함은 용인된 규칙에 따른 공식적인 정치경제의 재구축과 5장에서 설명한 부정적인 사회·경제 관계의 역전을 의미한다. '재건'이라는 단어에는 또한 과거의 전쟁에서 끌어낸 다른 함의도 담겨 있다. 이것은 흔히 1947년 마셜계획Marshall Plan 모델에 따라 전반적인 정치적 해결이 이루어진 뒤에 실행되는 경제원조 프로그램이라고 여겨진다. 구호기관들은 종종 정치적 해결에 도달하기 전에는 재건 원조를 제공할 수 없다고 고집하며, 실제로 재건 원조의 유혹이 정치적 해결에 다다르기 위한 유인책을 나타낸다고 주장한다. 그러나 나는 영속적인 해결은 대안적인 정치, 즉 시민성의 정치에 기초한 상황에서만 이루어질 수 있다고 주장한 바 있다――그런데 이런 부정적인 사회·경제 관계가 지속되는 한 시민성의 정치를 실행하기란 무척 어렵다. 따라서 평화가 확립된 뒤에 실행해

---

35) African Rights, *Somalia and Operation Restore Hope: A Preliminary Assessment*.
36) Frances Stewart and Valpy Fitzgerald, *War and Underdevelopment*, Oxford: Oxford University Press, 2001.

야 할 전략이 아니라 평화를 달성하기 위한 전략으로 재건을 바라보아야 한다.

전쟁경제에 가깝다고 말할 수 있는 상황은 실제 전쟁의 상황과 별반 다르지 않다. 최근에 휴전에 합의한 곳이든, 전쟁의 부정적인 관계가 확산되는 '안 좋은 동네'든 간에 증상——실업, 기본 기반시설의 붕괴, 범죄의 만연 등——은 대동소이하며, 이런 증상은 전쟁의 발발이나 재개에 기여하는 요인이다. 다시 말해 재건은 예방과 치유를 목표로 하는 전쟁 전 전략이자 전쟁 후 전략이다.

재건은 무엇보다 우선 지역 차원에서라도 정치적 권위를 다시 세우고 시민사회를 재건하는 것을 의미해야 한다. 즉 법과 질서를 다시 세우고 대안적인 정치 집단이 결집할 수 있는 조건을 마련해야 한다. 지나간 과거를 재건하자는 말이 아니다. 전쟁을 야기한 조건이 되풀이되지 않도록 반드시 정치·경제적 재구성이 수반되어야 한다. 적절한 거버넌스 형태의 개조와 규제되는 시장 관계의 도입은 시간이 걸리기 때문에 사회의 다양한 집단이 참여할 수 있는 장기적 과정의 일부가 되어야 한다.

분명히 전쟁 이전의 제도를 개혁해야 할 필요가 있다는 점에서 재건이 체제 이행을 포괄해야 한다고 주장하는 사람들이 왕왕 있다. 유감스럽게도 오늘날 이행이라는 말은 표준적인 공식에 따른 민주화, 그리고 시장으로 가는 이행과 결부되기에 이르렀다. 여기에는 선거 같은 민주주의의 형식적 측면뿐만 아니라 경제 자유화와 사유화도 포함된다. 진정한 논쟁과 참여가 벌어질 수 있는 의미 있는 정치적 기관이 부재한 상황에서, 그리고 법의 지배가 허약하고 신뢰와 신용이 부족한 상황에서 이런 표준적인 공식은 오히려 근원적인 문제들을 악화시키면서 배타주의 정치나 과거 국영기업들의 범죄화를 위한 유인을 제공할 수 있다. 재건은 개혁을 수반해야 하지만 반드시 표준적인 이행 공식 노선을 따를 필요는 없다.

재건은 시민성의 지대 zone of civility에 초점을 맞추어야 한다. 그래야 이런 지대가 전범으로 작용해서 다른 장소들에서도 비슷한 기획을 고무할 수 있기 때문이다. 정당성 있는 지역 당국이 존재하지 않는 곳에서는 지역 신탁통치나 보호령을 제안할 수도 있다. 보스니아-헤르체고비나의 모스타르에 대한 유럽연합의 행정 경험은 지역 신탁통치 구상에 관한 회의론을 낳았다. 그렇지만 이 경우의 문제점은 당시 행정부에 적절한 치안유지 능력이 없었고, 따라서 악명 높은 범죄자까지 포함된 경찰력을 장악한 민족주의 정당들과 권력을 공유해야 했다는 점이다. 신탁통치나 보호령에 반대되는 주장으로 자립이라는 말이 흔히 사용되지만, 조직폭력배들에게 좌지우지되는 상황에서 사람들이 자립하기란 무척 어려운 일이다.

우선적으로 할 일은 정상적인 생활을 재개하고 난민과 실향민들이 돌아올 수 있는 상황을 조성하기 위해 법과 질서를 회복하는 것이다. 이 임무에는 무장해제, 동원해제, 지역 보호, 전쟁범죄자 체포, 치안유지 또는 지역 경찰대 설립과 훈련, 사법부 복원 등이 포함된다.

무장해제와 동원해제를 달성하기 위해 커다란 노력을 기울이긴 했지만, 기록은 들쭉날쭉하다.[37] 유엔군이 부분적 무장해제 이상을 달성하기란 무척 어려우며, 무기 '되사기' 프로그램 같은 방법은 수준 이하의 무기만 되돌려 주고 고품질 무기는 여전히 숨겨 놓는 결과를 낳기 십상이다. 게다가 적어도 소형 무기 같은 경우는 생산자도 많고 남아도는 무기를 구하기도 쉬워서 취득할 수 있는 경로가 많기 때문에 할 일이 끝이 없다. 결과적으로 보면 안전한 환경을 조성하는 것이 무장해제보다 훨씬 중요할 게 분명하다. 효과적인 치안유지와 전쟁범죄자 체포는 다국적군이 민정장교들과 함께 수행하든, 현지 경찰이 국제 감독 아래 수행하든, 또는 시민성의 지대가 잘 확립

---

37) 본국제군축센터Bonn International Center for Conversion(www.bicc.de)에서 매년 펴내는 『세계 무장해제, 탈군사화, 동원해제에 관한 군축 연구』Conversion Survey on Global Disarmament, Demilitarization and Demobilization를 보라.

된 경우처럼 현지 당국이 외부의 지원을 일부 받으면서 책임을 맡든 간에 안전을 위해 필수적인 조건이다.

법과 질서를 위해서는 무장해제와 치안유지뿐만 아니라 독립적이고 신뢰할 만한 사법부와 활동적인 시민사회, 즉 상대적으로 자유로운 공공 공간의 형성이 필요하다. 이런 이유로 교육과 자유 언론에 대한 투자야말로 가차 없는 특수주의의 선전을 중단시키고 물리적 위협뿐만 아니라 심리적 위협까지 종식시키는 데 필수적이다. 이런 조건들이 민주주의의 형식적인 절차보다 훨씬 더 중요하다. 국외자들은 흔히 시간표를 제공하는 방편이자 자신들의 관여를 마무리하는 종착점으로 선거를 고집한다. 그러나 안전과 공공 공간, 화해와 열린 대화라는 선결 조건이 마련되지 않는다면 선거는 결국 교전 당사자들을 정당화하는 결과로 이어질 것이다. 데이턴협정 이후 보스니아에서 그랬던 것처럼 말이다.

자립적인 시민성의 지대를 창출하기 위해, 즉 법과 질서, 교육과 언론의 재원을 마련하고, 군인들이 일자리와 학교를 찾고, 세금을 거두기 위해서는 지역 경제를 복원해야 한다. 무장해제뿐만 아니라 동원해제도 어려운 일인데, 그것은 단지 불안정한 환경 때문만은 아니다. 사실 DDR 프로그램(무장해제disarmament · 동원해제demobilization · 재통합reintegration 프로그램)의 가장 큰 약점은 재통합이다. 많은 병사들이 강도짓을 그만두고 안정된 일자리를 찾기를 바라며, 어리거나 젊은 병사들은 교육을 받기를 바란다. 그러나 실업과 노동력 부족, 불충분한 교육 시설 등의 이유로 재통합 프로그램은 큰 성공을 거두지 못했다.

우선적인 과제는 기본 서비스와 지역 생산이다. 지방과 지역 차원에서 수도 · 전력 · 교통 · 우편 · 통신 등의 기반시설을 복구할 필요가 있다. 기반시설은 수요 때문에 필요할 뿐만 아니라 정상적인 무역 연결을 복원하는 데도 필수적이며 다른 분야에서 전혀 합의를 이루지 못할 때에도 교섭 주제로 삼을 수 있다. 전쟁이 최고조에 달한 때에도 이런 식의 구체적인 문제에 관해서는 합의에 도달할 수 있다. 특히 쌍방의 관심사가 있을 때는 더욱 그러하다. 가령 사라예보에 대한 가스 공급은 전쟁 기간 내내 어떤 식으로든 지속되었다. 다른 분야는 인도주의 원조의 필요성을 경감하기 위한, 특히 식량·의복·건축재료 등 지역 차원의 기본 생필품 생산에 대한 지원이다. 공공서비스와 더불어 이런 생산은 현지 고용을 창출하기 위한 좋은 방법이다.

재건이 평화를 위한 전략인 한 경제적 안정과 희망을 제공해야 한다. 사람들의 삶을 지배하는 공포의 분위기를 제거하고 특히 젊은이들에게 군대나 마피아가 아닌 다른 생계수단을 제공해야 하는 것이다. 해야 할 일은 상황마다 다르겠지만 일정한 원칙은 정할 수 있다.

첫째, 모든 원조 프로젝트는 개방성과 통합의 원칙에 입각해야 한다. 서비스를 복구한다는 점에서는 전쟁을 통해 확립된 분리와 분할을 받아들이고, 따라서 현 상태를 바꾸는 데 조력하는 대신 그것을 정당화하기가 너무나도 쉽다. 가령 모스타르에서 유럽연합 행정기구는 크로아티아계와 무슬림계로 양분된 도시를 재통합하기로 되어 있었다. 유럽연합은 수도 공급 같은 몇몇 제한된 경우에 공동 프로젝트에 대한 교섭을 간신히 끌어냈지만, 대부분 각각의 반쪽에서 독자적인 프로젝트를 도입하는 게 더 쉬웠고, 결국 공공연하게 독자적인 발전 전략을 따르게 되었다. 안전한 환경이 전무하고 유럽연합이 한쪽 편을 드는 것을 망설였기 때문에, 모든 문제를 민족주의 지도자들이 협상해야 했다. 개방성과 통합이라 함은 누구나 원조 프로젝트의 혜택을 받을 수 있어야 하며, 프로젝트는 가령 난민·실향민·동원해제된 군인을 고용하거나 공유의 요소를 포함함으로써 사람들을 하나로 묶는 것을 분명한 목표로 삼아야 함을 의미한다. 지방 차원만이 아니라 국가나 지역 차원에서도 개방성과 통합을 육성할 필요가 있다.

둘째, 원조는 탈집중화되어야 하며 지방 차원의 기획을 장려할 필요가 있다. 수혜자를 늘리면 더 많은 사람들이 프로그램에 참여하고, 실험의 기회가 커지며, 구호의 알짜배기만 빼 가거나 정치적 타협 때문에 왜곡될 위험이 줄어든다. 동원해제가 이루어지는 곳 가운데 가장 성공을 거둔 것처럼 보이는 경우는 흔히 퇴역군인들 스스로 조직한 지역 공동체에 기초한 프로그램이다—퇴역군인들의 조직인 소말릴란드퇴역군인협회SOYAAL와 함께 동원해제와 재통합 프로그램을 개발한 소말릴란드의 국가동원해제위원회National Demobilization Commission나 우간다퇴역군인회Uganda Veterans' Board가 대표적인 예이다.

'무장개조차량'technical(기관총이나 대전차포를 장착한 소형 트럭) 위의 소년들은 지친 상태다. 소년들의 눈에는 이익은 전혀 보이지 않고 죽음만이 보인다. 그저 가난 때문에 무장개조차량에 올라탄다. 지금 안정된 일자리를 가진 이들 중 일부는 한때 최악의 폭력배였다. 소년들은 강도짓을 해서 수백만 달러를 버는 것보다 안정된 일자리에서 200달러를 버는 걸 더 좋아한다.[38]

시에라리온에서 성공을 거둔 무기-발전 교환 프로그램에서 현지 공동체들은 경찰의 도움을 받아 스스로 무장을 해제하며, '무기가 없음'이 선언되면 자신들이 선택하는 발전 프로젝트를 보상으로 받는다.

셋째, 현지 전문가들을 활용하고 구호를 어떤 식으로 제공할지에 관해 현지에서 폭넓은 논의를 장려하는 게 무척 중요하다. 해당 분야의 지식과 경험이 있는 사람들을 활용하여 효율성을 증대하고, 투명성을 높이고, 부패를

---

38) Alex de Waal, "Contemporary Warfare in Africa", eds.Mary Kaldor and Basker Vashee, *New Wars*, Restructuring the Global Military Sector vol.1, London: Cassell/Pinter, 1997, p.331.

줄이고 시민의 참여를 증진시키기 위해서 말이다. 국제 원조가 야기하는 최악의 결과 중 하나는 외부 계약과 왜곡된 급여 규모의 결과로 숙련된 사람들이 이동하는 것이다. 숙련도가 높은 의사나 기술자, 교사, 변호사 등이 급여가 훨씬 높다는 이유로 운전사나 통역사 노릇을 하는 일이 다반사이다. 보스니아, 코소보, 아프가니스탄 등은 모두 이런 유형의 숙련 이동의 예를 보여 준다.

상황이 가장 어려워 보이는 지역에서도 이런 원칙에 입각해 원조 자금을 지원할 가능성은 존재한다. '안 좋은 동네'의 확산을 상쇄하기 위해 시민성의 지대를 확대하는 전략은 안 좋은 동네로 직접 뻗어 들어갈 수 있어야 한다. 가난하고 야만적인 지역은 현지 '당국'의 행태 때문에 원조를 거부당하는 악순환에 빠진다. 실업과 범죄가 판을 치면서 특수주의적 군벌들의 입지를 떠받치는 데 일조한다. 이런 지역에서 공간을 열기 위해서는 전쟁의 분할을 가로지르는 상향식 프로젝트를 지원할 방법을 확인하는 게 무엇보다도 중요하다.

재건은 발전에 대한 새로운 접근으로, 즉 구조조정/체제이행과 인도주의 양자 모두에 대한 대안으로 볼 수 있다. 세계시민주의 법집행의 예가 그렇듯이, 단기적으로는 더 비용이 많이 들 수밖에 없으며, 부자 나라들이 이제까지 평화유지와 대외 원조에 기꺼이 지출했던 것보다 더 많은 자원이 필요할 것이다. 이를 위해서는 최근에 국제경제의 주류를 지배했던 공공지출의 수준에 관한 신자유주의적 가정 일부를 포기해야 할 것이다. 재건은 정치·경제·안보 문제를 새로운 유형의 인간주의적 세계 정책으로 통합해야 함을 의미한다. 이 정책은 국제기구의 정당성을 향상시키고 대중의 지지를 결집시킬 수 있어야 한다.

7장 _ 이라크의 '새로운 전쟁'

2003년 5월 1일, 부시 대통령은 에이브러햄 링컨 호 갑판 위에서 군 작업복 차림으로 이라크 전쟁 종식을 선언하면서 이렇게 말했다. "무너지는 동상의 이미지 속에서 우리는 새로운 시대의 출현을 목격했습니다."[1] 국방장관 도널드 럼즈펠드Donald Rumsfeld와 마찬가지로, 부시 대통령 역시 새로운 형태의 전쟁을 발견했다고 주장했다. 신속하고 정확하며 사상자 발생을 줄이기 위해 정보기술을 활용하는 전쟁 말이다. 이라크 침공의 즉각적인 여파 속에서 군사 전문가들은 환호성을 질렀다. 부시 자신은 이라크 침공을 "역사상 가장 신속한 진격 중 하나"라고 설명했다.[2] 맥스 부트Max Boot는 『포린어페어스』Foreign Affairs에 기고한 글에서 이라크 전쟁을 "눈부신" 전쟁이라고 묘사했다. "미국과 동맹국들이 어쨌든 승리했다는——그것도 무척 빨리 승리했다는——점이야말로 군 역사에서 두드러진 업적의 하나로 자리매김되어야 한다."[3]

---

1) George W. Bush, "President Bush Announces Major Combat Operations in Iraq Have Ended: Remarks by President Bush from the USS Abraham Lincoln", 1 May, 2003, http://georgewbush-whitehouse.archives.gov/news/releases/2003/05/20030501-15.html.
2) ibid.
3) Max Boot, "The New American Way of War", Foreign Affairs vol.82 no.4, 2003.

이라크에서 현재 진행 중인 전쟁은 정말로 새로운 유형의 전쟁이지만 이 책에서 설명한 종류의 전쟁이다. 첨단 위성 시스템에서 휴대전화와 인터넷에 이르기까지 온갖 종류의 신기술이 사용되는 것은 사실이다. 그러나 정책 입안자들에게 유용한 방식으로 이 전쟁을 이해하고자 한다면, 그 새로운 성격을 기술의 측면에 한정해서는 안 된다. 이 전쟁의 새로운 면은 앞의 장들에서 전개된 방침에 따라 기술의 측면보다는 세계화의 충격 속에 진행되는 국가의 해체와 사회관계의 변화라는 측면에서 분석할 필요가 있다.

부시와 럼즈펠드의 새로운 전쟁 개념은 신기술을 활용하는 낡은 전쟁의 개정판에 가깝다고 주장할 수 있다. 이라크 현장의 현실을 이해하지 못하는 미국의 무지와 전쟁이 어떠해야 하는지에 관한 자신의 시각을 강요하는 경향은 무척 위험하다. 이런 태도는 새로운 전쟁을 조장하며 자신의 지위를 영속화하는 위험을 수반한다. 어떻게 보면, 이라크 전쟁은 이 책에서 전개한 핵심 주장──전쟁에 대한 인식을 새로운 세계적 맥락에 맞추지 않는 것은 위험하다는 주장──의 선례가 될 수 있다.

아래에서는 먼저 자신이 치르는 전쟁에 대한 미국의 시각이 왜 '낡은 전쟁'의 개정판이라고 규정할 수 있는지를 설명하고, 나아가 현장의 현실을 '새로운 전쟁'으로 분석하고자 한다. 마지막 절에서는 전쟁 전에는 사담 후세인이, 그리고 나중에는 '새로운 전쟁' 자체가 이라크 국민들과 국제사회 모두에 제기한 위험을 줄이기 위한 대안적 전략의 가능성을 설명할 것이다.

'이라크 자유 작전'──기술집약적인 낡은 전쟁

지난 20년 동안 미국 역대 행정부는 미국이 선진기술을 이용하여 군사적 우위를 유지하는 식으로 장거리 전쟁을 치를 수 있다는 통념을 발전시켰다. 미국 정부는 그리하여 미국인 사상자를 발생시키지 않거나 최소화하고 추가로 세금을 걷지 않고서도 국민을 보호하고 미국의 안보를 지킬 수 있다고 국민들을 안심시켰다.

이런 사고의 기원은 냉전 체제로까지 거슬러 올라간다. 냉전 시기의 전쟁 억지는 가상전쟁으로 이해할 수 있다.[4] 냉전 시기 내내 양쪽은 마치 전쟁 중인 것처럼 행동하면서 군사력을 증강하고, 기술 경쟁과 첩보 전쟁을 벌이고, 기동연습과 훈련에 몰두했다. 이런 활동을 보며 사람들은 2차대전을 떠올렸고, 미국인들은 우월한 기술을 활용하여 악에 맞서 세계를 지킨다는 미국의 사명에 대한 믿음을 계속 간직했다. 기술 발전은 소련이 획득할 것이라고 전략 계획가들이 상상한 바—이른바 최악의 시나리오—에 대응하여 이루어졌다. 내가 다른 곳에서 주장한 것처럼, 이렇게 내향적인 계획이 이루어진 탓에 미국과 소련의 기술 변화는 서로를 상대로 하기보다는 오히려 계획가들의 상상 속에서 계속 진화해 나간 유령 독일군대에 대항해서 무장하는 것처럼 진행되었다고 보는 게 더 이해하기 쉽다.[5]

정보기술의 등장은 1970년대와 1980년대에 미래 군사전략의 방향을 둘러싼 논쟁을 불러일으켰다. 이른바 군사개혁학파는 정밀유도병기(PGM)의 사용 때문에 2차대전 시대의 군사 교의는 이제 1차대전 때의 병사들만큼 취약하며 방어하는 쪽이 유리해졌다고 주장했다. 휴대용 미사일의 사용으로 인한 베트남 전쟁과 중동 전쟁의 높은 소모율은 이런 주장을 뒷받침하는 듯 보였다. 한편 미국의 전통적인 전략을 옹호하는 사람들은 2차대전 당시의 공세적 기동전이 훨씬 더 중요하다고 주장했다. 지역파괴무기area destruction munition의 사용으로 방어하는 군대와 미사일을 압도할 수 있고, 무인 항공기(UAV)로 취약한 유인 항공기를 대체할 수 있기 때문이었다. 그

---

[4] Mary Kaldor, *Imaginary War: Understanding the East-West Conflict*, Oxford: Blackwell, 1990을 보라.
[5] ibid., ch.11, 12.

결과 등장한 것이 당시에는 핵탄두를 탑재했던 최신 토마호크Tomahawk 순항미사일이 수행하는 '깊숙한 타격'deep strike을 핵심으로 하는 1980년대의 공지전AirLand Battle 전략이었다.

1990년대에 접어들어 '군사혁신'(RMA)이 등장함에 따라 이런 사고는 더욱 활동 범위를 넓혔다. '군사혁신'에 열광하는 사람들에게 정보기술의 등장은 전쟁에 혁명적 변화를 가져왔다는 점에서 등자鐙子나 내연기관의 발명만큼 중요한 것이다. '군사혁신'은 스펙터클의 전쟁이며, 컴퓨터와 새로운 통신기술을 사용해서 원거리에서 수행하는 전쟁이다.[6] 냉전이 종식된 뒤 미국의 군비 지출은 3분의 1이 줄었지만, 이것은 주로 인력에 영향을 미쳤다. 군사 연구개발은 전체 군비지출보다 훨씬 덜 줄었고, 그 덕분에 전통적인 냉전 교의의 후속 연구와 '군사혁신'과 연결된 신기술 모두 발전할 수 있었다. 신기술의 중요한 측면은 가상 기동연습의 진보이다. 이런 진보 덕분에 현대 전쟁 개념의 가상적인 성격이 더욱 두드러진다. 미국 국방부는 점점 더 할리우드 제작자들을 채용해서 미래의 최악의 시나리오를 고안하는 일을 맡기고 있다. 그 결과 바야흐로 제임스 데어 데리언James Der Derian이 말하는 마임넷MIME-NET, 즉 군사·산업·연예네트워크military-industrial-entertainment network가 생겨나는 중이다.[7] 이라크 전쟁에 관해 가장 많이 인용되는 언급 중 하나는 미 육군 제5군단장이자 이라크 주둔 미 육군 부대 전체를 책임지는 윌리엄 월리스William Wallace 장군의 말이다. "지금 우리가 싸우는 적은 기동연습에서 싸웠던 적과 조금 다르다."[8]

---

6) Lawrence Freedman, *The Revolution in Strategic Affairs*, Adelphi Paper 318, London: International Institute of Strategic Studies, 1998을 보라.
7) 9·11 직후에 군은 서던캘리포니아대학의 크리에이티브테크놀로지연구소Institute of Creative Technology와 계약을 맺어서 할리우드를 끌어들여 최악의 테러리즘 시나리오를 예상했다. James Der Derian, "9/11: Before, After and in Between", eds. Craig Calhoun, Paul Price and Ashley Timmer, *Understanding September 11*, New York: New Press, 2002, p.180을 보라.

부시 행정부에게 '국방전환'defence transformation이라는 용어는 '군사혁신'을 대체하는 새로운 은어가 되었다. '국방전환'에 열광하는 어떤 이는 다음과 같이 말했다.

전동벨트가 아무리 덜커거릴지라도, 현대 미국 경제의 특징 ── 모험심, 자발성, 정보공유 의지 ── 은 결국 미국 군대에까지 도달한다. 자동차 엔진을 만지작거리면서 자라난 10대가 2차대전에서 동력화된 군대를 움직이는 데 톡톡히 일조한 것처럼, 비디오게임과 웹서핑, 스프레드시트 작성에 익숙한 하사들은 오늘날의 정보화 시대의 군대를 효과적으로 만든다.[9]

럼즈펠드는 '국방전환'이 "새로운 하이테크 무기를 쌓아 올리는 것 이상을 의미한다"고 주장한다. "비록 이것 역시 분명 일부분이긴 하지만 말이다. '국방전환'은 또한 새로운 사고방식과 새로운 전투방식을 의미한다."[10]

럼즈펠드는 '능가하는' 힘에 반대되는 '압도하는' 힘에 관해 이야기한다.

21세기인 지금 이제 수량은 전투에서 힘을 가늠하는 기준이 될 수 없다. 어쨌든 바그다드가 함락되었을 때, 현장에는 10만 명이 넘는 미군이 있었을 뿐이다. 프랭크스Tommy Franks 장군은 전형적인 3대 1의 수적 우위로 적을 능가한 게 아니라 혁신적이고 예상치 못한 방식의 첨단 역량을 가지고 적을 압도했다.[11]

---

8) 맥스 부트에 따르면, 『뉴욕타임스』 기사는 '조금'이라는 말을 생략함으로써 미국의 곤경을 과장했다. Max Boot, "The New American Way of War"를 보라.
9) Eliot A. Cohen, "A Tale of Two Secretaries", Foreign Affairs vol.81 no.3, 2002, p.39.
10) Donald H. Rumsfeld, "Transforming the Military", Foreign Affairs vol.81 no.3, p.21.
11) 2003년 7월 9일, 미국 상원 군사위원회에서 도널드 럼즈펠드의 증언.

그러나 군사력을 사용하는 방식에 관한 전통적인 가정과 전통적인 제도적 국방구조에 정보기술이 접목되고 있을 뿐이라는 결론을 피하기는 어렵다. 제2차 세계대전 이래로 방식은 크게 바뀌지 않았다.[12] 공지전, '군사혁신', 오늘날의 '국방전환' 등 10년마다 이름이 바뀌긴 했지만, 이것들은 모두 원거리 공중폭격과 신속한 공세적 기동전의 결합을 수반한다. 비디오게임의 활용 자체는 냉전의 틀 안에서 교육받은 게임 애호가들의 가정을 만족시킬 뿐이다.

이라크 전쟁은 전쟁에 관한 전통적인 사고방식 ─ 이라크에서 실제로 벌어지고 있는 사태를 모호하게 만든 사고방식 ─ 에 어떻게 정보기술을 접목시키는지를 보여 주는 좋은 예이다. 현란하고 극적인 전쟁이었다. 연합군은 정밀유도 공군력의 도움을 받음으로써 "적이 예상하지 못하고 일찍이 세계가 본 적이 없는 정확성과 신속성, 대담성을 결합하여" 이라크 정권을 무너뜨렸다고 주장할 수 있었다.[13] 미국의 정보 우위도 중시되었다. 연합군은 위성사진과 지상의 보고 양쪽으로부터 수신한 정보를 처리할 수 있었고, 그 결과 어느 시점에서건 무선 인터넷 시스템을 통해 적군과 아군의 병력 배치를 각각 붉은색과 파란색으로 표시할 수 있었다. 포스 21 여단급 이하 지휘통제 시스템 Force XXI Battle Command, Brigade and Below(FBCB2)이라고 알려진 이 시스템은 거의 모든 차량과 항공기에 장착되었다. 그 덕분에 공중에서 직접 붉은색 군대를 파괴할 수 있었다. 맥스 부트는 2차대전 초기에 독일이 '겨우' 2만 7,000명의 사상자를 낳으면서 44일 만에 프랑스와 네덜란드,

---

12) 셰르스티 호칸손 Kersti Håkansson은 베트남과 아프가니스탄에서 사용된 전술을 비교하면서 이 점을 입증한 바 있다. Kersti Håkansson, "New wars, Old Warfare? Comparing US Tactics in Afghanistan and Vietnam", eds. Jan Angstrom and Isabelle Duyvesteyn, *The Nature of Modern War: Clausewitz and his Critics Revisited*, Stockholm: Swedish National Defence College, Department of War Studies, 2003을 보라.
13) George W. Bush, "Major Combat Operations in Iraq have Ended".

벨기에를 함락했다고 지적한다(강조는 맥스 부트). 이와 비교하여 미국과 영국이 프랑스의 4분의 3 규모인 이라크를 침략하는 데는 26일이 걸렸고 161명의 전사자가 발생했다(그 중 대다수는 아군의 발포, 즉 은어로 하자면 '파란색이 파란색을 공격'한 결과였다).

이라크 전쟁은 또한 강력한 도덕적 십자군으로 묘사되었다. 미국의 냉전적 사고에는 언제나 이상주의적인 기질이 있었다. 부시의 '악의 축'은 로널드 레이건의 '악의 제국'을 그대로 되풀이한 것이다. 미국은 하나의 나라가 아니라 세계 전체를 아메리칸 드림으로 전향시키고 세계에서 적을 없애는 임무를 띤 대의인 것이다. 이라크 전쟁은 새로운 세계질서를 수립하기 위해 고안된, 냉전만큼이나 원대하고 야심찬 세계적 전쟁인 '대테러전쟁'에서 하나의 승리로 표현되었다. "우리는 미국의 안전과 지구의 평화를 소수의 미친 테러리스트들과 폭군들의 손에 내버려 두지 않을 것"이라고 부시는 2002년 6월 1일 웨스트포인트 육군사관학교 졸업식에서 말했다. "우리는 우리나라와 세계에서 이 어두운 위협의 그림자를 걷어 낼 것이다." 그리고 에이브러햄 링컨 호에서 한 승전 연설에서는 "이라크 해방"을 "대테러전에서 결정적으로 중요한 진일보"라고 치켜세웠다.[14]

사실 저항이 거의 없었다. 이라크군과 공화국수비대는 사라져 버렸다. 미국은 이라크 병사들에게 군복을 벗고 집으로 돌아가라고 호소하는 아랍어 전단을 뿌렸고, 대다수의 병사는 지시를 따랐다. 어느 전문가가 지적한 것처럼, '사담의 순교자들' 부대를 비롯한 소규모 부대들이 저항을 시도한 3월 셋째 주의 "격렬한 비정규 전투라는 좋지 않은 일시적인 사건"이 있었다.[15] 그러나 미국은 군대를 포함한 이라크 국민들의 동의 아래 이라크에 진입했다. 처음에는 상황이 조용해 보였다. 연합군이 이라크를 장악했기

---

14) George W. Bush, "Major Combat Operations in Iraq have Ended".

때문이 아니라 이라크 국민들이 연합군에게 의심스러운 점을 선의로 받아들였기 때문이다. 2003년 11월에 내가 이라크를 방문했을 때, 이라크 사람들은 여전히 침공을 해방/점령이라고 말하고 있었다. 사실 이 글을 쓰는 지금, 연합군이 실제로 점령한 유일한 지역은 자신들이 보호하는 기지들뿐이다――다른 곳은 연합군 성원들이 감히 가기가 매우 위험하다. 마찬가지로 미국은 후세인 정권을 무너뜨린 것처럼 보이지만, 후세인이 체포되고 두 아들이 살해된 뒤에도 이 정권의 옛 구성원들이 나라의 상당 부분을 여전히 장악하고 있는 것 같다.

다시 말해, 이라크 침공은 사실 전쟁이 아니었다. 오히려 훈련에 가까웠다. 침공은 또한 이라크 정권에 대한 승리도 아니었다. 그러나 침공은 이와 같이 묘사되었고, 실제로 미국의 정책 입안자들은 지금도 이런 식으로 침공을 보고 있다. 그 때문에 이라크의 실제 상황을 다루기가 무척 어렵다. 특히 새로 설립된 연합국 임시행정처는 승리한 점령자처럼 행동하면서 군대 해산이나 바트당 잔재 일소 같은, 2차대전 직후를 연상시키는 조치를 취하고 있다. 최소한의 저항으로 침공이 이루어지도록 해준 바로 그 사람들은 이런 모습에 분노하고 모욕감을 느낀다.

새로운 전쟁

야히아 사이드가 지적하는 것처럼, 망명 반대파의 조언을 받은 부시 대통령이나 사담 후세인 모두 이라크 정권을 사회의 모든 측면을 통제하고 무력으로만 제거할 수 있는 고전적인 전체주의 체제로 묘사하는 데 공통의 이해관

---

15) Ahmed S. Hashim, "The Sunni Insurgency in Iraq", Center for Naval Warfare Studies, 15 August, 2003, http://www.mei.edu/Publications/WebPublications/MEICommentaries/CommentariesArchive/tabid/624/ctl/Detail/mid/1531/xmid/81/xmfid/13/Default.aspx.

계를 갖고 있었다.[16] 사실 '이라크 자유 작전' 당시 이라크 정권은 전체주의의 최종 단계에 전형적인 특징을 보여 주었다——세계화의 영향 아래서 붕괴하는 체제는 폐쇄적인 독재의 엄격하게 통제된 성격을 유지할 수 없었다. 1970년대와 1980년대에 바트당 정권은 명령경제 노선을 따라 사회를 조직하면서 중앙집권적인 행정과 계획, 대규모 안보 지출, 세속적인 인민주의적 아랍 민족주의 이데올로기와 결합된 공포의 분위기 등과 더불어 토지개혁과 복지제도 수립에서 연유하는 사회주의의 요소들을 남겨 놓았다. 공산주의 나라들과 달리 줄곧 사기업이 허용되었지만, 석유에 의존한 결과로 경제가 금리생활자적 성격을 띠었기 때문에 사기업들은 국가에 전적으로 의존했고 비밀스러운 세습적인 방식을 보존하는 데 관심을 쏟았다.

통제를 유지하고 바트당이 집권하게 된 것과 같은 쿠데타를 예방하기 위해 보안기구가 급격히 늘어났다——군대, 공화국수비대, 공화국특별수비대, 다양한 정보기관, 그리고 더 최근에는 '사담의 순교자들' 부대나 대통령경호대같이 명백하게 사담 후세인을 보호하기 위해 신설된 부대뿐만 아니라 종족별 부대도 있다. 보안기관의 고위급 인사들은 빈번하게 숙청되었고, 각기 다른 부대의 충성을 보장하기 위해 씨족, 친족관계, 이데올로기 주입, 가족적 유대 등이 활용되었다. 사실상 중첩되는 복잡한 명령 체계가 만들어졌다. 사담 후세인에 따르면, "우리 당의 방식에서는 우리와 의견이 다른 이가 탱크 몇 대에 올라타 정부를 전복시킬 가능성이 전혀 없다. 이 방식은 성공을 거두고 있다."[17]

---

16) Yahia Said, "Civil Society in Iraq", eds. Helmut Anheier, Marlies Glasius and Mary Kaldor, *Global Civil Society 2004/5*, London: Sage, 2005, p.6을 보라.
17) Toby Dodge, "Cake Walk, Coup or Urban Warfare", eds. Toby Dodge and Steven Simon, *Iraq at the Crossroads: State and Society in the Shadow of Regime Change*, Adelphi Paper 354, Oxford: Oxford University Press for the International Institute for Strategic Studies, 2003, p.62에서 재인용.

석유 수입은 이란과의 파괴적인 전쟁(1980~1988년)의 비용을 감당하기에 불충분했고, 이 시기 동안 이라크는 매우 높은 수준의 부채를 쌓아 올렸다. 1차 걸프 전쟁과 그에 따른 제재의 부과 모두 경제에 파괴적인 영향을 미쳤다. 국내총생산이 급격하게 감소하고, 영아사망률이 높아졌으며, 문자해득률이 떨어졌다. 농업에 종사하는 이들의 비율이 두 배로 늘면서 탈도시화가 일어났고, 유엔기구·해외 송금·밀수·석유 암거래·이란인 성지참배자들에게서 얻는 소득 등을 기반으로 한 지하 달러경제가 생겨났다.[18] 이 시기 동안 교육받은 중산층 다수가 나라를 떠났고, 각종 국가기관이 쇠퇴하고 해체되었다. 사실 1991년 이후 북부에 쿠르드족 자치지역이 세워지면서 국가는 말 그대로 양분되었다. 사담 후세인은 자신의 정당성이 쇠퇴함에 따라 정체성의 정치를 더욱 강조하기 시작했다. 정치적 지지를 확대하는 한편 정실 네트워크의 기반으로 삼기 위해서였다. 옛 소련이나 옛 유고슬라비아가 숨을 다하던 시기에 민족주의가 동원되었던 것처럼, 사담 후세인도 시민사회가 파괴되고 국가기관이 쇠퇴하고 바트당 이데올로기가 신뢰를 잃으면서 생긴 공백을 메우기 위해 부족주의와 이슬람에 호소했다.

부족주의는 19세기 말 이래 계속 쇠퇴했지만, 영국과 바트당은 부족 정체성을 재건하는 게 유용함을 깨달았다.[19] 1991년에 남부에서 시아파 봉기가 일어난 뒤에는 재부족화 과정이 더욱 진척되었다. 1992년, 사담 후세인은 부족 수장들을 대통령궁으로 초청했다. 후세인은 농업개혁에 대해 사과하면서 부족장들에게 '족장들의 족장'이라고 개명한 대통령에 대한 충성서약

---

18) Dilip Hiro, *Iraq: A Report from the Inside*, London: Granta Books, 2003을 보라.
19) 다른 곳과 마찬가지로, 현대의 부족은 대부분 식민주의의 구조물이다. 1920년 영국에 대항한 이라크 반란 이후, 영국 행정부는 이와 흡사한 전략을 채택하면서 선거로 뽑힌 지방자치 의회를 폐지하고 그 대신 영국 민정관이 임명한 부족 원로들이 주재하는 부족의회 majlis를 설치했다. Judit Yaphe, "War and Occupation in Iraq: What Went Right? What Could Go Wrong?", *Middle East Journal* vol.37 no.3, 2003을 보라.

에 서명할 것을 요구했다. "부족 수장들은 병역을 면제받았고 자기가 맡은 구역 안에서 법과 질서를 강제하기 위해 소형 화기와 통신 및 운송시설을 제공받았다.……대부분 수니파인 주요 부족들은 국가안보 책임을 부여받았고, 소규모 부족들은 법과 질서 유지, 분쟁 해결, 세금 징수 등의 지역 임무를 떠맡았다."[20)]

다른 나라에 비해 이라크에서는 성직자와 종교기관의 역할이 약하긴 했지만 종교 또한 1990년대에 더욱 중요해졌다. 사담 후세인이 의도적으로 종교를 강조한 때문이기도 하고, 공포가 지배하는 산산조각 난 가난한 사회에서 종교 자선과 종교 의례가 삶의 의미를 주었기 때문이기도 하다. 1999년, 정권은 '이슬람 신앙 고양 캠페인'을 시작했다. 음주와 노름을 규제하고, 종교 교육과 언론의 종교 프로그램을 장려하고, 수니파와 시아파 성직자들의 제한된 정치 진출을 허용하는 등의 내용이었다.

마지막으로, 북부의 쿠르드족 정당들이 사실상 자치적인 소국가를 세움에 따라 민족정치가 더욱 중요해졌다.

정체성의 정치가 부상하는 것과 나란히 범죄도 늘어났다. 찰스 덜퍼 Charles Duelfer가 중앙정보국에 제출한 보고서에서 자세히 드러나는 것처럼, 1996년에 석유-식량 교환 프로그램이 도입되면서 정실 관행, 밀수, 가격 조작, 중간상, 기타 다양한 유형의 범죄활동의 기회가 더욱 늘어났다.[21)]

그리하여 침공 직전에 이라크는 국가파탄 초기의 모든 징후——법적 세원의 부족, 국가 서비스의 쇠퇴, 정당성의 상실, 군대의 잠식과 보안기관의 증식, 분파주의적인 정체성의 정치와 범죄의 부상——를 나타내고 있었다.

---

20) Faleh A. Jabar, "Clerics, Tribes, Ideologues and Urban Dwellers in the South of Iraq: The Potential for Rebellion", eds. Toby Dodge and Steven Simon, *Iraq at the Crossroads*, p.173.
21) Central Intelligence Agency, *Comprehensive Report of the Special Advisor to the DCI on Iraq's WMD*, Washington, DC: CIA, 30 September, 2004를 보라.

침공은 그 과정을 3주라는 짧은 기간으로 압축했을 뿐이다. 침공 이후 점증하는 정치적 폭력은 내가 말하는 '새로운 전쟁'의 모든 성격을 보여 준다.

무엇보다도 이라크 전쟁은 국가 행위자와 비국가 행위자들로 이루어진 느슨한 네트워크가 치르는 전쟁으로서 과거 전쟁에 전형적인 수직적으로 조직된 게릴라 반란보다는 사회운동에 가깝다. 반란의 정확한 규모는 아무도 모른다. 2003년 10월까지 미국 관리들은 주로 예전 정권의 잔당들로 이루어진 반란자의 수가 5,000명을 넘지 않는다고 주장했다. 2004년 10월, 『뉴욕타임스』는 고위 관리들이 판단하기로는 "핵심 저항 세력"은 8,000명에서 1만 2,000명 사이의 전사들로 이루어져 있고, "적극적인 동조자나 은밀한 협력자"를 포함시키면 그 수가 2만 명에 달한다고 보도했다. 지금도 미국 관리들은 반란이 "마지막 몸부림을 치고" 있다고 거듭해서 주장한다. 미국 상원 군사위원회 청문회에서 칼 레빈Carl Levin 상원의원은 국방부 부장관에게 전체 반란자의 추정치가 6,000명에서 9,000명에 불과한데 1만 5,000명 정도의 반란자를 죽였다는 조지 케이시George Casey 장군의 주장과 앞뒤가 안 맞는 것 아니냐고 물었다.[22] 많은 소규모 세포 조직들이 다양한 수준에서 협조를 하면서 반란을 이루고 있다. 대부분의 추정에 따르면, 약 70개의 세포 조직이 존재한다고 한다.[23]

이라크 언론보도와 미국 정보당국에서 나오는 미국 싱크탱크들의 보도, 현지 인터뷰 등을 통해 반란에 관해 알아낼 수 있는 사실은 대부분의 반란이 이라크 민족주의와 수니파 이슬람주의 세력이고 2003년 여름을 시작

---

22) 전하는 바에 따르면 월포위츠Paul Wolfowitz 부장관은 이 질문에 깜짝 놀랐다고 한다. 반란 가담자 수가 보통 2만 명 정도로 추산되었기 때문에 부당한 질문으로 여겨졌다. 그렇더라도 1만 5,000명 모두가 반란 가담자였다고 믿기는 어렵다. *Strategic Comments* vol. 11 issue 1, 2005를 보라.
23) International Institute for Strategic Studies, *Strategic Survey 2004/5: An Evaluation and Forecast of World Affairs*, London: IISS, 2004를 보라.

으로 어느 정도 자생적으로 생겨난 것이라는 점이다. 반란에 새로 가담하는 가장 중요한 이들은 전직 군인이다. 앞에서 인용한 『뉴욕타임스』보도에 따르면, 실업 상태인 이라크 보안 인력 출신이 10만 명에 달하는데, 수니파 삼각지대[24]에 집중되어 있다. 이 전직군인 집단은 미군 특공대의 본거지인 팔루자Fallujah, 군 고위 장교들이 주로 위치한 모술Mosul, 바그다드 일부 지역 등에 주로 자리 잡고 있다. 야히아 사이드에 따르면,

> 1990년대에 팔루자는 수니파 이슬람 학문의 중심지로 부상했다. 군 체제의 많은 이들이 팔루자의 수많은 사원과 신학교에서 나오는 보수적 형태의 이슬람을 받아들였다. 군대가 해산되자 많은 병사와 장교들이 이 지역의 고향으로 돌아가서 반란의 중추를 형성했다. 이 반란자들은 외국 점령자들과 그들과 손잡은 서구화된 이라크인들의 공격에 맞서 자신들의 지위뿐만 아니라 보수적인 이슬람 문화를 지키기 위해 싸우고 있다.[25]

이 사람들은 전문적인 노하우를 제공하며, 또한 과거 정권의 일부 무기 창고를 드나들 수 있다.

이런 민족주의·수니파 이슬람 세포 조직들 가운데 대표적인 것으로는 이라크민족이슬람저항Iraqi National Islamic Resistance, '1920년혁명여단' 1920 Revolution Brigades(영국의 지배에 대항한 이라크 반란을 기리는 명칭), 이라크해방민족전선National Front for the Liberation of Iraq, 이라크무장군·해방총사령부General Command of the Armed Forces and Liberation in Iraq, 이라크해방민중저항Popular Resistance for the Liberation of Iraq, 애국전선Patriot Front, 그리고 가장 최근에 생겨난 '이라크저항이슬람전선'Iraqi Resistance Islamic Front(JAMI) 등이 있다.[26] 나세르파Nasserites, 알안바르여단Al Anbar brigades, 민주이라크해방총서기국General Secretariat for the Liberation of

Democratic Iraq 같은 이름의 소규모 좌파 세속주의 단체들도 있다.
 이 단체들은 흔히 사담 후세인과 점령 양자 모두에 반대한다. 2003년에 발표된 어느 영상 메시지에서는 다음과 같이 경고했다.

 어제, 폭군과 그 부하들은 자신들이 갇혀 있는 구멍에서 내놓은 언론보도를 통해 자신이 저항의 배후에 있으며 저항을 실천하는 이들이 자신과 연결된 채 충성을 다하고 있다고 발표했다. 공동묘지와 처형의 배후에 있는 자가 점령과 패권과 보호령을 거부하는 우리 민중의 투쟁을 활용하여 자신과 정권의 이익을 챙기려고 하는 것이다.[27]

 마찬가지로 팔루자에 기반을 둔 '각성과 성전'Awakening and Holy War 이라는 단체는 2003년 7월에 이란 방송국에 보낸 테이프에서 사담과 미국이 동전의 양면에 불과하다고 말했다.[28]
 들리는 바로는 예전 바트당원들은 매우 독자적인 집단을 이루고 있다. 여러 보도에 따르면, 그들의 활동은 주로 저항 군사작전의 자금을 조달하는 것이다. 지금도 분명하게 존재하는 '사담의 순교자들'이나 '뱀대가리운동' Snake's Head Movement, 알아다우Al-Adawh(복귀) 같은 전투집단이 일부 있다.[29] 어느 보도에 따르면, 바트당 단체들이 2004년 4월인가 5월에 알하시카

---

24) 이라크 북쪽의 티크리트와 북동쪽의 바쿠바, 서쪽의 라마디를 잇는 삼각형 모양의 지역으로 주민의 90% 이상이 수니파이다. ― 옮긴이
25) 2004년 12월 3~9일 바그다드 방문 보고서.
26) Ahmed S. Hashim, "The Sunni Insurgency in Iraq"; Samir Haddad and Mazin Ghazi, "An Inventory of Iraqi Resistance Groups: 'Who Kills Hostages in Iraq?'", *Al Zawra*(Baghdad), 19 September, 2004도 보라.
27) Ahmed S. Hashim, "The Sunni Insurgency in Iraq"에서 재인용.
28) Samir Haddad and Mazin Ghazi, "An Inventory of Iraqi Resistance Groups".
29) Ahmed S. Hashim, "The Sunni Insurgency in Iraq".

Al Hasaka[30]에서 대규모 회합을 열었다고 한다. 사담 후세인의 옛 참모들과 이복동생인 이브라힘 사바위Ibrahim Sabawi도 회합에 참가했다.[31] 그 뒤에 바그다드에서 열린 바트당 지지자들의 비밀 회합에는 2,000명에 가까운 인원이 모였다고 한다.[32]

민족주의자들과 수니파 이슬람주의자들 외에 시아파 저항단체도 몇 개 있었다. 인민주의 지도자 무크타다 알사드르Moqtada al-Sadr가 이끄는 메흐디민병대Mehdi Army는 2004년 여름에 결정적인 역할을 했다. 불과 몇 주 안에 알사드르는 대부분 극빈층인 1만 명에서 1만 5,000명 정도의 젊은이를 신병으로 모집했다. 주로 바그다드의 사드르시티al-Sadr City와 기타 남부 도시 출신이었다. 사드르시티에 대한 미국의 공격으로 3,000명 정도의 사상자가 발생했다. 그 이후 메흐디민병대의 역할은 한결 모호해졌다. 알사드르 지지자들은 선거 뒤 처음 구성된 이라크 정부에서 장관 네 자리를 차지했지만, 메흐디민병대는 아래에서 설명하는 다른 당파의 민병대들처럼 활동을 계속하면서 특히 이라크 남부에서 간헐적으로 연합군을 상대로 무력을 행사하고 있으며 최근에는 종파 간 폭력사태를 일으키고 있다.

이 집단들은 대부분 자신들의 주요 공격 목표가 점령군이라고 주장하며, 이라크 언론보도에 따르면, 유괴·암살·인질 살해 등에 반대한다고 한다. 그렇지만 이런 역할을 전문으로 하는 극단적인 이슬람 단체도 일부 있는 듯하다. 이슬람분노여단Islamic Anger Brigades이나 검은깃발단Black Banners,

---

30) 원문에는 'Al Hawaka'라고 되어 있으나 시리아의 도시인 'Al Hasaka'의 오기이다. 본문에서 언급하는 기사인 Annia Ciezadlo, "Fragmented Leadership of the Iraqi Insurgency", *The Christian Science Monitor*, 21 December, 2004, http://www.csmonitor.com/2004/1221/p01s03-woiq.html?s=t5 참조. ─ 옮긴이
31) Anthony H. Cordesman, "The Developing Iraqi Insurgency: Status at End 2004", Washington, DC: Center for International and Strategic Studies, updated December 2004.
32) Yahia Said, "Civil Society in Iraq".

승리파Victorious Sect 무자헤딘, 살라피Salafi[수니파 근본주의 이슬람 운동—옮긴이] 집단의 무자헤딘 부대 등이 여기에 속한다. 이 단체들 가운데 일부는 알카에다와 연결되어 있다. 니컬러스 버그Nicholas Berg와 켄 비글리Ken Bigley를 살해한 아부 무사브 알자르카위Abu Musab al-Zarqawi가 이끄는 '유일신과 성전'Jama'at al-Tawhid wal-Jihad[33]이나 침공 전에 쿠르디스탄 북부에 근거를 두고 있던 '안사르 알수나'Ansar al-Sunna나 '안사르 알이슬람'Ansar al-Islam 같은 단체[34]가 대표적이다. 2004년 10월, 자르카위는 오사마 빈라덴에 충성할 것을 공개적으로 서약하고 자신의 단체를 '두 강의 땅의 알카에다'al-Qaeda in the Land of the Two Rivers, 즉 메소포타미아의 알카에다라고 개명했고, 2004년 12월에 빈라덴은 자르카위가 이라크를 다스리는 자신의 '수장'emir이라고 말했다. 2005년 봄, 자르카위는 이라크에서 종파 전쟁을 벌일 것을 호소했고, 시아파를 겨냥한 공격과 처형이 점점 많아졌다. 자살 폭탄 공격도 늘어났다.[35] 2005년 9월 14일, 자르카위 조직은 시아파 지역을 중심으로 바그다드 전역에서 잇따라 일어나 150명의 목숨을 앗아간 자살 폭탄 공격이 자신들의 소행이라고 주장했다. 인터넷에 공개된 녹음테이프에서 자르카위는 다음과 같이 발표했다.

'두 강의 땅의 알카에다 조직'은 이라크 전역에 있는 변절자Rafidha[시아파를 경멸적으로 가리키는 표현]들에 대한 전면전을 선포하는 바이다. 무자헤딘의 공격에서 안전하기를 바라는 종교 집단이라면 12이맘파Ja'fari의 정

---

33) 원문에는 'Jama'at al-Tawi'라고 되어 있으나 이는 오기이다.—옮긴이
34) 안사르 알수나는 '수나(예언자 무함마드의 언행)를 따르는 사람들'이란 뜻이고, 안사르 알이슬람은 '이슬람을 따르는 사람들'이란 뜻이다.—옮긴이
35) Anthony H. Cordesman, "New Patterns in the Iraqi Insurgency: The War for a Civil War in Iraq", Washington, DC: Center for Strategic and International Studies, 27 September, 2005를 보라.

부와 그 정부가 저지른 범죄를 [거부]해야 한다. 그렇지 않으면 십자군과 같은 운명을 겪게 될 것이다."[36]

2006년 2월 22일에 이라크 시아파의 성소 중 한 곳인 바그다드 북쪽 사마라Samarra의 알-아스카리 영묘Al-Askari Shrine가 파괴된 사건은 종파 간 폭력의 확대에서 전환점을 이룬 것 같다. 2006년 6월에는 자르카위가 살해되었다. 이 글을 쓰는 지금, 자르카위의 사망이 조직에 어떤 영향을 미칠지는 분명하지 않다. 외국인 전사들은 주로 알카에다 여단들에서 적극적으로 활동하고 있다고 한다. 비록 그 수는 과장된 것 같지만 말이다. 대부분의 추정치는 외국인 전사들이 전체 반란자의 5%에서 10%를 차지한다고 본다. 그러나 자살 폭탄 공격에서는 더 높은 비율을 차지한다. 2005년 6월, 미국 관리들은 외국인 전사들이 전체 피구금자 1만 4,000명 가운데 600명 이하이고, 사상자 중 5%에 못 미친다고 주장했다.[37] 최근의 보도에 따르면, 외국인 전사들이 이라크에서 배운 기술을 실행에 옮기기 위해 고국으로 돌아가고 있다고 한다.[38]

2003년 10월에 처음 언론에 보도된 이맘 알리 빈-아비-탈리브 성전여단Imam Ali Bin-Abi-Talib Jihadi Brigade이라는 이름의 시아파 저항 단체 역시 당시 과도통치위원회의 위원 전원과 연합군에 협조하는 이라크인 모두를 살해하겠다고 위협했다. 마지막으로, 반란을 빙자하여 활동하는 다양한 조직범죄 집단이 있다. 사담 후세인이 미국의 침공 직전에 감옥에서 풀어 준

---

36) Sarah Leah Whitson, *A Face and A Name: Civilian Victims of Insurgent Groups in Iraq*, Human Rights Watch Series vol.17 no.9, 2005.
37) Anthony H. Cordesman, "New Patterns in the Iraqi Insurgency".
38) "Foreign Fighters Leaving Iraq to Export Terror, Warns Minister", *The Guardian*, 3 October, 2005.

많은 범죄자들도 이런 집단에 속해 있다.

이 집단들의 공통점은 미국의 점령에 반대한다는 것이다. 다른 '새로운 전쟁'에서 등장한 운동들과 마찬가지로, 이 집단들 역시 세계화가 만들어 낸 상황의 측면에서 이해할 수 있다. 일부는 예전의 권력 지위를 지키기 위해 싸우며, 다른 일부는 물리적·물질적으로 불안정한 지금의 상황에 대응하고 있다. 이슬람과 이라크 민족주의 모두 중요한 이데올로기적 흐름이지만, 반란이 처음부터 종파적 정체성을 띠었던 것은 아니다. 반란자의 대다수가 수니파이긴 했지만 말이다. 그러나 폭력이 격화됨에 따라, 미국의 '대테러전쟁' 개념을 고스란히 반영한 서구에 맞선 투쟁이라는 통념이 점차 종파적인 성격을 띠게 되었다. 연합군의 공격 대상이 수니파 지역에 집중되고 있기 때문이다. 여느 새로운 전쟁과 마찬가지로, 폭력은 정치적 동원의 형태를, 즉 전쟁 전에는 윤곽이 분명하지 않았던 수니파나 시아파의 정체성을 구성하는 방식을 나타낸다. 실제로 정치인들이 표나 장관 자리를 얻기 위해 종파적 정체성을 활용함에 따라 정치적 과정은 이런 정체성을 강화한다.

반란자들은 광범위한 전술을 활용한다. 바그다드 비정부기구조정위원회NGO Coordinating Committee에서 대조·작성한 〈표 7-1〉은 공격 목표와 사상자의 패턴을 보여 준다.

종파 간 공격이 빈번해지는 2005년 말 이전까지는 공격의 절대 다수(약 70%)가 연합군을 대상으로 벌어졌다. 반란자들은 또한 점차 이라크 보안기구, 특히 경찰과 신설된 군대, 이라크 과도정부 구성원을 비롯한 부역자로 여겨진 이라크인, 송유관과 발전소를 비롯한 핵심 기반시설, 국제기구와 비정부기구, 외국 계약업체, 평범한 민간인 등으로 공격을 확대했다. 민간인 공격이 차지하는 비율은 2003년 9월에서 2004년 10월까지의 1년과 2005년 1월에서 6월에 이르는 시기 사이에 전체 공격의 4%에서 9%로 증가했다. 무기와 장비는 기성품 제어·통신 시스템을 장착한 비교적 간단한 사제 폭탄

〈표 7-1〉 2003~2005년 이라크에서 벌어진 사고와 사상자

(단위: 명)

대상	2003년 9월~2004년 10월			2005년 1월~7월		
	사고 건수	사망자 수	부상자 수	사고 건수	사망자 수	부상자 수
연합군/다국적군	3,227	451	1,002	3,984	267	675
연합군/다국적군 공중수송	49	55	32	33	60	0
연합국 임시행정처	32	60	206	수치 없음	수치 없음	수치 없음
외교 사절	11	7	9	2	수치 없음	2
지역 당국	31	56	81	80	58	57
계약업자	113	210	203	220	148	138
민간인	180	1,981	3,467	569	1,800	3,300
범죄자와 용의자	49	1,316	972	130	724	74
이라크 민방위대	58	191	310	수치 없음	수치 없음	수치 없음
이라크 보안기구	수치 없음	수치 없음	수치 없음	274	581	576
쿠르드군	31	25	8	31	17	15
경찰	209	480	1,012	435	583	754
유엔	67	2	3	수치 없음	수치 없음	수치 없음
국제기구	1	2	0	수치 없음	수치 없음	수치 없음
비정부기구	5	5	11	3	5	수치 없음
언론인	8	27	38	6	수치 없음	수치 없음
통역자	7	17	6	7	5	2
공공자산	182	5	15	180	수치 없음	수치 없음
기타	143	1	1	94	수치 없음	수치 없음
총계	4,396	4,896	6,466	6,136	4,451	5,776

주: 총계는 원 데이터의 수치이다. 일부 수치가 없거나 어떤 사고는 두 번 계산되었기 때문에 총계가 일치하지 않는다.

출처: Data from NGO Coordination Committee in Iraq, November 2004 and September 2005.

에서부터 휴대용 대전차 로켓발사기(RPG), 박격포, 수류탄, 칼라시니코프 소총, 소형화기 등의 첨단무기에 이르기까지 다양하다. 반란자들이 점점 여러 가지 첨단무기를 사용한다고 한다. 지금까지 약 500차례의 자살 폭탄 공격이 있었고 이는 점점 증가하는 추세이다. 2005년 상반기에만 200차례 이상이 벌어졌다. 세포 조직들은 무척 분산되어 있어서 성원들조차 지도자나 자금 원천을 알지 못하는 경우가 다반사이다. 조직들은 인적 접촉이나 심부름꾼 활용, 인터넷 암호 메시지 등을 통해 연합군의 첩보를 피하는 정교한 방식을 개발하고 있다.[39]

민간인을 직접 겨냥한 공격은 처음에는 전체 사고에서 작은 비율에 불과했지만, 이런 공격에서 사망하고 부상당한 사람 가운데 가장 큰 비중을 차지한 것은 민간인이었다. 민간인에 대한 보호가 부족한 때문이었다. 민간인 다음으로 가장 많은 수의 사상자를 기록한 것은 '범죄자와 용의자'라는 범주에 속한 이들이었다. 이 사람들은 아마 미국의 공격 목표가 된 반란자일 것이다. 그러나 '범죄자와 용의자'를 민간인과 구별하기 힘들기 때문에, 그리고 살해된 반란자들에 관한 보고가 무척 많기 때문에, 이 수치에는 아마 추가적인 민간인 사망자가 숨겨져 있을 것이다. 홍미롭게도 이 범주는 2003년 9월에서 2004년 10월까지 시기의 33%에서 2005년 상반기의 16%로 줄어들었다. 이런 감소가 미국이 좀더 주의를 기울인 때문인지 계산 방법상의 차이를 반영하는 것인지는 분명치 않다. 어쨌든 이 범주에 대한 미국의 공격은 2005년 여름 동안 다시 크게 증가했다. 다음으로 높은 사상자 수는 이라크 경찰과 2005년 1월 이후의 모든 이라크 보안기구이다.

전체 공격횟수는 꾸준히 증가하고 있다. 〈표 7-1〉에서 볼 수 있듯이, 2005년 상반기의 전체 사고건수는 2003년 9월부터 2004년 10월까지 시기

---

39) Anthony H. Cordesman, "The Developing Iraqi Insurgency"를 보라.

보다 상당히 많으며 사상자 규모는 대략 비슷하다—즉 월별로 보면 두 배 더 많다. 2004년 하반기 이래 수니파 삼각지대 바깥의 많은 지역을 포함하여 40~60개 도시가 공격의 무대가 되었다. 폭력 사태가 가장 빈발하는 도시는 바그다드로 1주일에 20~40건의 공격이 발생한다. 모술이 두번째로 1주일에 4~13건이 발생한다.[40] 앞에서 언급한 극단주의 단체들, 특히 알카에다와 손잡은 단체들은 언론의 관심을 극대화하기 위해 고문을 자행하고 인질을 참수하는 장면이 담긴 비디오 같은 섬뜩하게 눈길을 끄는 사건을 전문적으로 벌이는 것처럼 보인다.

반란이 널리 퍼짐에 따라 이라크 정부와 보안기관에 대한 첩보 역량과 침투 역시 확산되었다. 그 결과, 점점 효율적인 공격이 이루어지고 있다. 한 예로 2004년 10월 23일, 경찰관 복장을 한 게릴라들이 이라크 동부의 외딴 도로에서 새로 훈련받은 이라크 병사 49명을 처형했다. 훈련을 마친 뒤 집으로 돌아가는 길에 가짜 검문소에서 저지를 당한 것이었다.

이런 공격의 뚜렷한 양상을 확증하기는 어렵다. 폭력 사건의 양상에는 일정한 조정이 있는 듯 보인다—가령 선거를 앞둔 시기에 공격이 증가한다. 그러나 인질 납치를 허용할 것인가라든가 인질을 어떻게 다룰 것인가 등에 관한 전술을 둘러싼 이견과 수니파 성직자들의 의문의 살해 등에서 드러나는 것처럼 어느 정도 내분도 존재한다. 연합군이 계속 주된 공격 대상이긴 하지만, 이라크 정부와 민간인을 상대로 한 공격이 증가하고 있으며, 종파 간 공격의 일환이 되는 일도 흔하다. 이런 공격이 낳는 효과는 불안과 공포가 만연한 전반적인 분위기를 조성하는 것이다. 이런 상황에서 사람들은 반란과 점령 가운데 하나를 택해야 한다는 압박감을 느끼고, 보호자 노릇을 할 수 있는 능력과 힘을 나타내는 사람들이 권력을 증대하기가 더 쉽다. 바그다

---

40) Anthony H. Cordesman, "The Developing Iraqi Insurgency".

드 일부 지역에서는 이미 인구 교체가 시작되고 있다.

　　미국 관리들은 과거 정권 인사들이나 사우디아라비아나 종교 자선 단체 등을 통해 반란자들이 "무제한의 돈"을 공급받고 있다고 주장한다.[41] 또 평범한 범죄자들이 돈을 받고 공격을 수행한다고 주장한다. 미 육군 제4보병사단장인 레이먼드 T. 오디에노Raymond T. Odierno 소장은 이렇게 말한다. "여기 처음 왔을 때 우리는 공격을 수행하는 데 100달러 정도 하고 성공하면 500달러를 받는다고 믿었다. 지금은 공격을 수행하는 데 1,000달러에서 2,000달러 정도 받고, 성공하면 3,000달러에서 5,000달러 정도 받는다고 믿는다." 소장의 말에 따르면, 사로잡힌 반란자의 70~80%가 평범한 범죄자들이었다고 한다.[42]

　　예전 바트당원들과 일부 이슬람 집단이 상당한 자금을 보유하고 있을 수도 있지만, 돈을 노린 약탈과 인질 납치, 수송차량 강탈 등이 만연한 것도 분명하다. 불법 석유 판매 또한 널리 퍼져 있다.[43] 그 중 일부는 순수한 범죄일 테지만—법과 질서의 부재가 범죄를 유도한다—다양한 집단이 이런 방법을 통해 자금을 조달할 가능성도 있다. 기반시설을 수십 년 동안 방치하고 의도적으로 파괴한 데다가 보안의 부재로 실질적인 신규 투자가 이루어지지 않은 상황에서 일상화된 폭력은 새로운 전쟁에 전형적인 범죄화된 경제를 낳는다. 이런 경제에서 소득은 흔히 폭력적인 방법에 좌우된다.

---

41) Eric Schmitt and Thom Shanker, "Estimates by U.S. See More Rebels with More Funds", *New York Times*, 22 October, 2004.
42) Bruce Hoffman, *Insurgency and Counterinsurgency in Iraq*, Santa Monica, CA: Rand Corporation, 2004에서 재인용.
43) 남부에서는 밀수업자들이 송유관에 직접 구멍을 뚫는데, 그 덕분에 유조선들이 마음대로 적재량을 가득 채울 수 있다. 보통 이런 일은 석유부 직원들이 협조할 때만 가능하기 때문에 석유 산업에 부패가 만연한 것이 분명하다. 4월에 이라크 석유부는 암시장에서 석유를 판매한 혐의가 있는 450명 이상의 직원을 해고했으며, 한 석유부 관리는 송유관 하나에서만 20개의 불법 꼭지를 발견했다(2005년 6월 런던 바스라에서 있었던 이라크 석유 노동조합 대표와의 인터뷰).

물론 현재 미국 편에는 영국군 8,600명과 기타 21개 나라(침공 당시에는 28개국이었다)의 소규모 병력을 포함하여 16만 명의 연합군 병력이 이라크에 주둔하고 있다.[44] 미국은 '비국가 행위자'들을 널리 활용하고 있다. 미국의 민간 보안 계약업자는 개인으로 따지면 6,000명에서 6만 명에 달하고(대다수가 이라크인이다) 24개에서 40개에 이르는 사기업이 존재하는 것으로 추정된다.[45] 일부 퇴역 군인들이 군사 및 보안 활동을 수행한다. 5,000명 정도의 외국인 용병이 보안 기업에서 일하고 있다고 한다. 대부분의 민간 계약업자들은 병참, 훈련, 통신·첩보, 음식 조리, 세탁 같은 일을 지원한다.[46] 사실 정규군과 민간 계약업자의 결합은 여러 '새로운 전쟁'에서 나타난 정규군과 준군사 집단의 네트워크를 연상시킨다. 이 경우에 흔히 준군사 집단이 전쟁 법규에서 벗어난 업무를 수행하곤 한다. 그리하여 아부그라이브Abu Ghraib 교도소에서 고문 스캔들이 터졌을 때, 민간 계약업자들이 수상쩍은 업무를 일부 수행했음이 분명히 드러났다.

게다가 이라크 군과 경찰은 이제 막 창설되는 중이다. 2005년 10월 현재, 전체 이라크 보안기구의 규모는 19만 6,600명에 달하는데 그 중 9만 1,100명이 국방부에서 지휘하는 군대이고 7만 명이 고속도로 순찰대를 포함한 경찰이며, 나머지 4만 명은 내무부 지휘 아래 있다.[47] 이라크 보안기구를 재건하는 과정이 불안정하고 많은 굴곡을 거치긴 하지만 이 수치는 증가하고 있다. 신병들은 반란자들에게 위협을 받으며, 2004년 11월에 팔루자

---

44) 다국적군 웹사이트(www.mnf-iraq.com)를 보라[이 웹사이트는 현재 이라크 주둔 미군 웹사이트(www.usf-iraq.com)로 바뀌어 자동 연결된다—옮긴이]. www.globalsecurity.org도 보라.
45) 이 수치는 다양한 언론보도와 웹사이트를 대조·취합한 것이다.
46) 2004년 5월에 필자가 바그다드에 있었을 때 터키인 세탁 노동자들이 내가 머무는 호텔에 숙박하고 있었다. 연합군의 세탁물을 쿠웨이트로 보내는 예전 방식은 비용이 많이 들었고, 이라크인 세탁 노동자들에게 맡기는 것은 너무 위험하다는 판단에 따른 것이었다.
47) 미국 국방부 공식 웹사이트(www.defendamerica.mil)를 보라.

에서 일어난 것과 같은 대규모 공격에서 많은 병력이 자취를 감추거나 반란자들과 은밀히 결탁했다. 2005년 2월에 열린 상원 청문회에서 폴 월포위츠는 이라크 신병 가운데 많은 수가 급여를 받은 뒤 원래 자리로 돌아오지 않는다는 사실을 인정했다. 많은 당파 민병대가 경찰을 비롯한 보안 기구에 흡수된 탓에 서로 다른 쪽에 충성을 바친다는 문제가 생겨난다──체포된 반란자 가운데 실제로 현직 경찰이 포함된 바스라Basra에서 영국군이 깨달은 문제도 이런 것이었다. 실제 병력과 목표로 하는 병력 사이에는 여전히 간극이 있다. 2005년 9월 현재 목표 인원은 27만 1,041명으로 약 7만 5,000명, 즉 실제 병력의 절반 정도가 모자란다. 게다가 미 합참의장 리처드 마이어스Richard Myers 장군은 전체의 3분의 1 정도만이 "어느 곳의 어떤 위협에든 대처할 수 있는" 훈련과 장비를 갖추었다고 말한 바 있다.[48] 그렇지만 이런 점은 그다지 중요하지 않을 수도 있다. 현장에 존재하기만 하면 안심을 줄 수 있기 때문이다.

미국의 전술은 반란을 물리치는 것을 목표로 한다. 럼즈펠드는 이 전쟁은 미국이 이겨야만 하는 "의지의 투쟁"이라고 강조한 바 있다. 따라서 미국이 사용하는 전술에는 '수색 섬멸'이라는 이름으로 알려진 고전적인 대게릴라전의 기법이 포함된다. 많은 수의 잠재적인 반란자를 구금하고, 정보를 끄집어내기 위해 강제 심문 기법을 사용하고, 팔루자, 사마라, 나자프Najaf, 사드르시티 같은 장소에 대한 공격을 통해 반란자들의 안전한 피난처를 파괴하는 등의 방법이 그것이다. 어느 미군 병사는 이렇게 말했다. "[내가] 생각하기로 우리는 '가슴과 머리를 사로잡으라'라는 오랜 격언을 실천하는 데 많은 에너지를 쏟지 않을 것이다. 그런 건 성공의 기준이 되지 않는다고 본

---

48) Anthony H. Cordesman, *Iraqi Force Development: A Current Status Report, July 2005-February 2006*, Washington, DC: Center for Strategic and International Studies, 2006을 보라.

다."⁴⁹⁾ 〈표 7-1〉을 보면 '범죄자와 용의자' 범주에서 공격 횟수 대비 사망자 수 비율이 매우 높음을 알 수 있다. 전체 기간을 볼 때 미군의 수송을 겨냥한 공격에 대한 미군 사망자 비율이 0.06명에 불과한 반면, 미국의 공격에서 사망한 '범죄자와 용의자' 비율은 11.3명이다. 다시 말해, 미군은 반란자들에 비해 거의 200배나 더 효율적으로 사람을 죽였다.

반란자와 민간인을 구별하기 어렵기 때문에, 미국이 아무리 부인하더라도 공격과 구금의 주된 희생자는 민간인인 것처럼 보인다. 어느 쪽의 공격이든 간에 무척 많은 민간인 사상자를 발생시킨다──가장 믿을 만한 추정치에 따르면 2005년 10월까지 약 2만 8,000명의 사상자가 발생했다.⁵⁰⁾ 또 민간인들이 전투를 피해 달아나거나 주택 파괴로 집을 잃거나 종파 공격이 두려워 고향을 버림에 따라 많은 수의 실향민이 발생한다. 한 예로 2004년 11월의 팔루자 공격으로 15만 명의 실향민이 생겨났다.

반란자들은 이런 공격이 이루어지기 전에 종적을 감출 수 있고 또 이라크의 많은 지역에서 몸을 숨기거나 공공연하게 드러낼 수 있기 때문에, 이런 공격이 낳는 주된 효과는 불안감과 불의에 대한 반감을 높이고 이 전쟁이 이

---

49) Andrew F. Krepinevich Jr., "How to Win in Iraq", *Foreign Affairs* vol.84 no.5, 2005에서 재인용.
50) 민간인 사상자에 관한 주요한 자료는 두 개가 있다. http://www.iraqbodycount.org라는 웹사이트는 언론에 보도된 폭력 사건을 기초로 한 것이다. 2005년 10월 현재 추정치는 2만 6,457명에서 2만 9,795명 사이이다. 다른 자료는 영국 의학 저널 『랜싯』*The Lancet*에 실린 역학 연구인데, 이 연구는 사상자를 추정하는 최선의 기법으로 널리 인정받는다. 이 연구는 이라크 모든 행정구역의 표본 가구 집단에 기초해 이루어졌다. 다른 곳보다 사상자 수가 월등히 많은 팔루자 표본 집단(폭력에 의한 사망의 3분의 2를 차지한다)을 제외한 연구는 사상자 비율이 언론에 실제로 보도된 것보다 훨씬 높음을 발견했다. 연구에 따르면, 팔루자를 제외하고 이라크 전역에서 전쟁 전 비슷한 시기와 비교할 때 사망자 수가 9만 8,000명 더 많은 것으로 추산되었다. 가장 큰 사망 원인은 폭력 사건으로 전체의 24%를 차지했다. 이 중 대다수인 2만 3,500명이 미국의 공습으로 사망했다. 팔루자의 사망자와 연구가 끝난 뒤 발생한 사망자를 추가하면, 약 2만 8,000명이라는 총계는 꽤 작아 보인다. Les Roberts, Riyadh Lafta, Richard Garfield, Jamal Khudhairi and Gilbert Burnham, "Mortality before and after the 2003 Invasion of Iraq: Cluster Sample Survey", *The Lancet*, 29 October, 2004를 보라.

슬람을 상대로 한 서구의 전쟁이라는 주장을 입증하는 것밖에 없다. 수많은 민간인을 살상하고 팔루자 같은 도시를 깡그리 파괴한 결과, 더 많은 동조자들이 반란 진영으로 들어간다. 실제로 11월에 팔루자 공격이 벌어지던 바로 그 순간에 반란자들은 수니파 삼각지대 전역에서 파상 공격을 지휘할 수 있었던 것으로 보인다. 게다가 미군의 작전이 대부분 수니파 지역에서 이루어지고 인명과 재산에 대한 막대한 부수적 피해를 야기하기 때문에, 반란자들은 이런 공격을 수니파 공동체를 겨냥한 공격으로 묘사한다.

이라크 행정부와 연합군은 물론 석유-식량 교환 프로그램을 통해 입수한 자금과 과거 정권에서 압수한 자산을 포함한 정부 세입으로 자금을 조달한다. 확실히 이 자금 중 일부는 새로운 전쟁경제로 흘러 들어간다. 그러나 혹자는 전쟁경제가 미국의 점증하는 물질적 불안정과 국가기관 및 정당성의 약화에 기여하고 따라서 전쟁 이데올로기를 낳은 조건에 기여한다고 주장할 수도 있다. 이런 새로운 판본의 낡은 전쟁이 이를테면 2차대전과 다른 점은 미국의 인명 희생을 요구하지 않는다는 사실이다. 미국인들은 추가적인 전쟁 세금을 내지 않아도 된다. 사실 전쟁은 세금 인하를 동반한다. 또한 미국인들은 징집돼서 전쟁에 나가 싸우지도 않으며, 미국인 사상자는 비록 늘기는 했지만 역사적인 기준에서 보자면 여전히 적은 편이다. 미국의 전쟁 동원체제는 미국의 예산 적자를 통해 자금을 조달받고, 이런 적자는 해외 차입으로 조달된다. 적자 규모를 줄이려는 어떤 시도도 전쟁지출 삭감(물론 전체적인 방위 지출을 억제해야 할 것이다)이나 조세 증액보다는 사회보장 삭감을 통해 이루어지기 쉽다. 모든 국민이 전쟁동원체제에 동원되었던 2차대전과 달리, 오늘날에는 점점 더 많은 사람들이 정치적·사회적으로 배제된다.

미군과 반란자들 외에도, 이라크에 존재하면서 합법적인 폭력 독점의 부재 상태를 조성하는 다른 광범위한 민간 보안 집단들을 언급하는 게 중요하다. 과도정부에 참여하는 정당들에 소속된 수십 개의 무장 집단이 여전히 존재하면서 당 지도자들이 징발한 별장과 저택을 보호할 뿐만 아니라 다른 보안 업무에도 종사한다. 이라크 북부에서 여전히 법과 질서를 유지하는 중요한 역할을 하는 쿠르드민주당Partîya Demokrata Kurdistan(PDK)과 쿠르디스탄애국동맹Patriotic Union of Kurdistan에 소속된 쿠르드족의 페시메르가Peshmerga['죽음에 맞서는 자들'이라는 뜻—옮긴이], 이전 정권 때부터 존재한 종교 정당에 소속된 다양한 민병대, 부족 무장 민병대, 미국이 헝가리에서 훈련시킨 이라크국민회의Iraqi National Congress(INC) 소속 민병대 같은 새로운 집단 등이 여기에 속한다.[51] 이 집단들은 미래의 정치적 조정을 좌우하기 위해 현장에서 기정사실을 만들어 내느라 분주하다.

이라크에서 지금 벌어지고 있는 일은 사실상 미국이 진정으로 새로운 유형의 전쟁으로 끌려 들어가고 있다는 것이다. 미국은 자신들이 신기술의 등장으로 변형되고 개선된 낡은 전쟁을 치르고 있다고 믿고 있지만, 이런 믿음은 안정을 가져다줄 수 있는 대이라크 전략을 오히려 가로막는다. 다른 새로운 전쟁의 경우처럼, 교전 당사자들은 양쪽 모두 자신들이 달성하려는 목표에 관한 각자의 서사에 사로잡혀 있고 이 각각의 서사는 상대방을 먹이로 삼는다. 미국인들은 자신들이 민주주의를 위한 투쟁을 이끌고 있다고 믿으며, 더 많은 저항에 직면할수록, 특히 눈길을 끄는 저항에 직면할수록, 전쟁을 지지하는 사람들이 더욱더 미국이 정의를 실천한다고 확신하고 미국 내의 양극화된 분위기가 호전파의 힘에 더욱 이바지한다고 믿는다. 미국인들과 다른 이들이 이런 서사를 믿는 한, 반란이 커지는 것은 문제가 되지 않는다. 오히려 반란의 확대는 장기전이라는 사고를 영속화하고 구체화한다. 이

---

51) Mary Kaldor and Yahia Said, "Impressions from a Visit to Iraq, April 28 to May 10 2004", London School of Economics and Political Science, Centre for the Study of Global Governance, 2004 [http://www.lse.ac.uk/Depts/global/2middleeastpub.htm에서 해당 글을 열람할 수 있다—옮긴이].

와 동시에 미국의 행동이 불안감과 모욕감을 악화할수록 반란은 더욱 커지며, 이슬람을 상대로 한 서구의 전쟁이라는 사고를 선전하는 이들, 또는 종파 간 전쟁을 부추기기 위해 이라크 정부와 시아파와 쿠르드족을 서구와 동일시하는 이들이 더욱 우세해진다.

여느 새로운 전쟁의 경우처럼 희생자는 주로 민간인이다. 사상자의 대부분이 민간인이고, 미국인들에게 구금되거나 반란자들에게 인질로 잡히는 것도 민간인이며, 전투의 결과로 또는 안전지역을 확보하려는 양쪽의 노력의 결과로 자기 집에서 쫓겨나는 것도 민간인이다. 미군이 반란자들을 공격하고 반란자들이 미군을 공격하긴 하지만, 교전 당사자들이 직접 서로 전투를 벌이는 경우는 드물다. 대신 이라크 민간인이나 이제 막 생겨나는 이라크 보안기구와 관련된 사람들이 주로 희생된다. 아마 이런 점이 새로운 전쟁의 독특한 성격일 것이다. 보스니아의 경우와 달리, 민간인을 의도적으로 공격하는 일은 드물다. 전쟁이 종파적 성격을 띠면서 점점 늘어나긴 하지만 말이다. 그러나 체첸의 경우처럼, 인종청소와 대게릴라전을 구별하는 것은 점점 어려워진다. 민간인이 살해되고, 구금되고, 고문당하고, 자기 집에서 쫓겨난다. 전투원과 비전투원을 구별하기가 무척 어렵기 때문이다. 민간인은 또한 십자포화 속에 갇힌다. 연합군 병력과 달리 엄호를 받지 못하기 때문이다.

충돌의 각 단계는 국가기관 및 공유된 규범과 규칙의 해체 과정을 가속화한다. 이라크 내에서뿐 아니라 점차 양극화되는 미국 내에서도 말이다. 특히 이 전쟁에서 좌절되는 것은 다름 아닌 이라크 민주주의의 전망이다. 선거와 논쟁을 통해 의견 불일치를 다루는 평화로운 방법을 희망하는 사람들은 억압적인 바트당 이념과 보수적 이슬람 양자가 지배하거나 최악의 경우에는 알카에다가 지배하는 반란자들과 제휴하거나 연합군과 제휴(이 경우에는 많은 이라크 시민들의 불신의 눈초리를 받는다)하거나 양자택일을 해야 한다.

과거에나 지금이나 대안이 있는가

서구에서는 이라크 전쟁의 목표와 이런 목표의 옳고 그름을 둘러싸고 커다란 논쟁이 벌어지고 있다. 전쟁에 찬성하는 이들은 이라크가 쌓아 놓은 대량살상무기를 제거하고, 테러리즘을 물리치고, 이라크에 민주주의를 안겨 주기 위한 전쟁이라고 주장했다. 반면 전쟁에 반대하는 이들은 미국의 권력을 확대하고 특히 석유 자원을 장악하기 위한 제국주의 전쟁이라고 주장했다.

여기서 내가 제기하는 주장은 '낡은 전쟁'의 기법이 이런 목표를 달성하는 데 아주 좋지 않은 방법이라는 것이다. 사실 전쟁은 찬성파가 주장하는 목표와 정반대되는 결과를 달성한 것 같다. 대량살상무기는 전혀 찾지 못했다. 오히려 최근에 국제원자력기구는 침공 이후 지금까지 이라크에서 377톤의 폭발물이 사라진 사실에 대해 깊은 우려를 표명했다. 전쟁이 대량살상무기 확산에 기여했을 수도 있는 것이다.[52] 또한 후세인과 알카에다 사이의 연계도 전혀 밝히지 못했다. 그렇지만 전쟁이 벌어진 이래 알카에다의 공격이 여러 차례 벌어졌고, 알카에다 집단들은 현재 이라크에 존재하며 테러리스트를 '수출'하고 있다. 민주주의에 관해 말하자면, '새로운 전쟁'은 민주주의의 전망이 될 만한 모든 것을 단계적으로 파괴하고 있다. '새로운 전쟁'으로 극단적인 종파 정치가 생겨나고 있기 때문이다. 그리고 만약 미국의 목표가 기지를 확장하고 석유 공급을 확보하는 것이었다면, 후세인과 거래를 하는 게 확실히 쉽고 더 안전한 선택이었을 것이다. 이제 석유 기반시설 가동이 정지되고 파괴되었기 때문이다. 석유 생산이 전쟁 전 수준을 회복하려면 오랜 시간이 걸릴 것이고, 미국이 확대한 기지들은 적대 세력의 영토에 둘러싸여 있다.

---

52) Anthony H. Cordesman, "Al Qaqaa and the Military Realities in Iraq", Washington, DC: Center for Strategic and International Studies, 2004.

내가 주장하는 바는 오히려 전쟁의 목표는 전쟁 그 자체였다는 것이다. 이 전쟁은 미국의 정체성의 기반이 되는 낡은 전쟁이라는 사고의 생명력을 유지시키고, 21세기에 낡은 전쟁을 개량하고 상대적으로 고통을 줄일 수 있음을 보여 주기 위한 것이었다. 이 전쟁이 냉소적인 조작이었다고 말하려고자 하는 것은 아니다. 오히려 부시 행정부 내의 보수주의자들은 미국의 사고를 확산시켜야 하는 자신들의 사명과 미국의 힘을 믿는다. 내가 말하고자 하는 요점은 이 보수주의자들이 자신들이 만들어 낸 서사에 사로잡혀 있다는 것이다. 이런 서사는 미국의 대중과 잘 공명하며 미국의 언론에 의해 강화된다. 또 일부 반란 집단, 특히 전 세계적 성전jihad이나 서구에 맞선 이슬람이라는 사고를 신봉하는 이들이 가진 비슷한 신념은 이런 신념을 거울처럼 반영한다고 주장할 수도 있다.

그렇다면 과거에나 지금이나 전쟁에 대한 대안이 있는가? 앞 장에서 주장한 것처럼, 내가 말하는 새로운 전쟁에서 가장 중요한 전략은 정당한 정치적 권위를 복원하는 것이다. 이런 점은 다른 새로운 전쟁과 마찬가지로 침공 전이나 후나 이라크에서도 자명한 사실이다.

침공 전 시기에 전쟁에 대한 최선의 정당화는 정권 교체regime change였다. 사담 후세인 정권은 세계에서 가장 잔인한 정권 중 하나였다──후세인이 외국을 상대로 모험을 벌이고 북부와 남부의 봉기를 진압하고, 숙청과 억압을 자행하고, 또 경제를 황폐하게 만든 결과로 수백만 명이 사망했다. 그렇다면 정권 교체를 달성하는 것 말고 대안이 있었을까? 이라크 내부의 반대 세력과 논의를 통해 나는 1980년대 동유럽에서 헬싱키최종문서Helsinki Final Act[53]에 기초하여 외부와 아래로부터 동시에 압력을 가한 결과

---

53) 유럽의 냉전을 종식시킨 1975년 헬싱키조약의 최종문서인 「유럽안보의 기초와 국가 간 관계 원칙에 관한 일반선언」을 가리킨다.──옮긴이

로 개방을 이뤄 낸 것처럼 이라크에서도 이런 방식으로 정권을 '개방'할 가능성이 실제로 있었다고 믿는다.[54]

실제로 실현된 것보다 많은 일이 이라크 내부에서 진행되고 있었다. 사실 국외로 추방된 반대파와 사담 후세인은 이런 현실을 억누르는 데 공통된 이해관계를 갖고 있었다. 첫째, 당시 이라크에는 지하 운동과 정당이 존재했다──알다와당Al Da'wa Party(시아파 이슬람)[55], 공산당, 학생총연합General Union of Students in Iraqi Republic(GUSIR), 그리고 후세인 정권이 낳은 희생자의 홀어미들을 지원하기 위해 많은 일을 한 이라크여성연맹Iraqi Women's League등이 대표적이다. 둘째, 공공 공간을 창조하기 위한 다양한 시도가 있었다. 예를 들어, 쿠웨이트 침공 시기에 바트당을 나온 어느 유명한 화가는 헤와르Hewar('대화'라는 뜻이다)라는 미술관을 설립했다. 미술관은 화가들이 자기 작품을 전시하고 외국인 구매자를 찾을 수 있는 장소가 되었고, 서로 만나서 이야기를 나누는 카페도 있었다. 정권에 공공연하게 반대한 나진Najeen('생존자들'이라는 뜻이다) 그룹 같은 화가들도 이 미술관 소속이었다. 마찬가지로 전·현직 바트당원들로 구성된 수요 그룹이라는 집단은 매주 수요일에 만나서 정치와 지식계의 현안을 논의했다. 성원 한 명이 체포되어 처형된 뒤에도 모임은 계속되었다.[56]

아마 더 흥미로운 것은 수니파와 시아파 사원들이 모두 종교를 새롭게 강조한 후세인의 정책을 활용해서 폴란드 가톨릭교회를 상기시키는 전략을 구사해 사원 내에 더 많은 열린 공간을 창출한 점일 것이다. 2004년 5월에 내가 만난 수니파성직자협의회Council of Sunni Clerics 성원들은 동유럽을 떠올리게 만드는 언어를 써 가며 자신들이 어떻게 하여 사담 후세인을 쿠데

---

54) Mary Kaldor, "In Place of War: Open up Iraq", *Open Democracy*, 13 February, 2003.
55) 알다와는 '소명'이라는 뜻이다.──옮긴이
56) Yahia Said, "Civil Society in Iraq".

타로 무너뜨릴 수는 없겠다는 결론에 다다르게 되었는지 말해 주었다. 그 대신 1999년부터 이 성직자들은 시아파 성직자들과 함께 서서히 정권의 목을 조르는 전략을 발전시켰다.

이처럼 '아래에서부터 이루어진' 개방을 외부에서 지원할 수도 있었다. 전쟁 전에 지하단체들이 실제로 제안했던 것처럼 말이다. 지하단체들은 포괄적인 제재를 해제하고 그 대신 특정 대상에 대한 제재를 실시할 것과 1991년 전쟁 이후 체결된 휴전안의 조항들, 특히 인권 존중과 정치적 다원주의 허용에 관한 조항을 존중하도록 사담 후세인에게 압력을 가할 것을 주장했다. 또 후세인 정부의 극악한 조작으로 수렁에 빠져 있던 '석유-식량 교환' 프로그램을 유엔이 직접 운영할 것을 제안했다. 이 단체들은 국제 평화유지군이 주둔하면 국내 상황이 개선되며, 유엔안보리 결의안 제689호에서 규정한 바에 따라 무기사찰단에 인권감시단을 추가할 수도 있다고 주장했다. 당시 이런 제안은 순진한 것이라고 비난을 받았지만, 그렇게 따지면 1980년대에 동유럽에 변화를 가져오려 한 노력들 역시 마찬가지였다.

침공 직후에도 정당성 있는 이라크 정부를 세울 진정한 기회로 삼을 수 있는 순간들이 있었다. 만약 침공 직후에 연합군이

- 군대를 해산하지 않고
- 임시 사법제도를 신속하게 도입해서 전 정권의 범죄자들을 일반 바트당원들(대개 어쩔 수 없이 당에 가입했으며 주로 전문가 계층으로 이루어져 있었다)과 떼어 놓고
- 국외로 추방된 고문과 조언자 집단에게 일차적으로 의존하는 대신 각기 다른 정치·시민·종교·부족 집단들과 협의하고
- 과도통치위원회가 진정한 권력을 행사할 수 있도록 허용했다면

반란 사태를 피할 가능성이 있었을지도 모른다. 침공 직후에 시민들이 주도한 기획이 무수히 많았다. 약탈에 맞서 자기 동네를 보호하는 근린감시단, 소중한 유물을 보호하는 박물관 직원들, 다양한 형태의 사회적·인도주의적 기획 등이 그것이었다. 계속해서 학생과 여성단체, 새로 결성된 민주주의 단체, 종교기관 등에서 토론과 대화가 꽃을 피웠지만, 이런 토론에 참여한 많은 이들이 연합국 행정당국에 의해 주변으로 밀려나고 무시당하는 느낌을 받았다.[57]

유엔 특별대표 라흐다르 브라히미 Lakhdar Brahimi[원문에는 'Lakhtar Bahimi'로 되어 있으나 오기로 보인다──옮긴이]가 권력 이전을 위한 권고안을 작성하라는 요청을 받은 2004년 봄은 또 다른 결정적 순간이었다. 브라히미는 많은 이들과 협의를 한 끝에 실제로 폭넓은 지지를 결집시킬 수 있는 일련의 제안을 내놓았다. 그렇지만 결국 새로운 과도정부는 미국의 압력 아래 새로운 친미파 국외 망명자들이 장악하게 되었고, 연합국 임시행정처를 대신해 새로 문을 연 미국 대사관은 일상적인 행정에 계속 간섭했다.

그러나 2005년 1월 선거는 또 다른 기회였다. 선거는 비교적 평화롭게 치러졌고, 수니파 단체들이 선거를 보이콧하긴 했지만 총투표율은 60%였다──물론 북부와 남부에서는 훨씬 높았다. 시아파 공동후보단인 통일이라크동맹 United Iraqi Alliance이 전체 투표의 48%를 얻었다. 만약 통일이라크동맹이 신속하게 정부를 구성하고, 수니파 공동체에 손을 내밀고, 다국적군 철수를 위한 시간표를 마련했다면, 아마 정당성 있는 정치적 권위를 세울 수 있었을 것이다. 이렇게 했다면 가장 극단적인 반란 분파를 제외한 모든 세력

---

57) Yahia Said, "Civil Society in Iraq"; Mary Kaldor and Yahia Said eds., *Impressions from a Visit to Iraq*; Mary Kaldor and Yahia Said, *Regime Change in Iraq*, Discussion Paper 26, London School of Economics and Political Science, Centre for the Study of Global Governance, 2003.

을 아우를 수 있었을 것이다. 그러나 이런 일은 벌어지지 않았다. 정부 형성 과정은 더디고 구불구불했으며, 일부 수니파를 끌어들여 작성한 헌법은 종파적인 동시에 정치적 이슬람에 가까운 문서임이 드러났다. 2005년 10월 15일에 치러진 헌법에 관한 국민투표에서 전체적으로 찬성표가 많긴 했지만, 수니파 공동체에서 압도적으로 헌법을 거부함에 따라 이라크 사회는 더욱 양극화되었다. 뒤이어 2005년 12월에 치러진 선거는 종파적 입장을 더욱 굳혔고, 정부를 구성하려는 구불구불한 과정은 종파 간 폭력에 불을 붙이고 있다.

이 글을 쓰는 지금, 종파 간 싸움은 늘어날 것처럼 보인다. 앞 장에서 나는 '시민성의 섬들'에 기초한 '새로운 전쟁'을 위한 전략을 제안했다. 이 섬들은 18개 행정구역 가운데 적어도 12개를 차지하는 대체로 평화로운 지역뿐만 아니라 전국 각지의 일부 집단의 사람들 사이에도 존재한다. 여기에는 아야톨라 시스타니Ayatollah Sistani나 이슬람학자협회Association of Muslim Scholars 성원들(민간인에 대한 공격을 비난하는 수니파 성직자들) 같은 종교 지도자들, 여전히 강력한 여성단체들, 학생들, 그리고 기타 독립적 지식인들이 포함된다. 통합적인 세계시민주의 정치의 씨앗을 계속 살려 놓으려면, 이 사람들이 만나고 대화하는 공간을 보호해야 하며 그들의 사고와 제안에 귀를 기울이고 그것을 진지하게 받아들여야 한다.

진지한 정치전략이라면 진지한 안보전략과 경제전략 역시 동반해야 할 것이다. 연합군은 신뢰를 받지 못한다. 철수 시간표를 확정할 필요가 있다. 연합군이 철수하면 전투가 대부분 잦아들 것이다. 공격의 주된 표적이 연합군이기 때문이다. 특히 영국군에 대한 공격이 폭력의 주된 원천인 남부의 경우가 그러하다. 그러나 종파 간 폭력이 증가하기 때문에 군대가 필요하다. 이라크 군대나 이라크 국민들이 신뢰하는 다국적군이 이런 역할을 맡을 수 있다. 중요한 점은 고전적인 전쟁 수행이나 평화유지와는 다른 방식으로 이 군대를 활용해야 한다는 것이다. 그보다는 법 집행을 지원하는 데 군대를 활용할 필요가 있다. 새로운 전쟁에서는 어느 쪽이건 전쟁법규와 인권법을 위반한다. 정당성 있는 보안기구의 임무는 정치 과정이 시작되어 법의 지배를 확립할 수 있도록 사람들을 보호하고, 공공안전을 제공하는 것이다. 이런 역할을 위해 군인, 경찰, 민간인의 조합으로 보안기구를 구성하고 다양한 인도주의 활동과 법적 활동을 수행할 역량을 부여할 필요가 있다.[58]

2005년 한 해 동안 미국은 전략의 변화를 도입했다. 변화된 전략은 겉으로 보기에 '시민성의 섬들' 개념과 약간 비슷한 점이 있지만 정치전략이라기보다는 군사전략이다. 이것은 이른바 '기름때'grease spot 전략에 입각한 '소탕, 확보, 재건'clear, hold, and build 전략이다.[59] 이 전략의 요점은 비교적 평화로운 장소에 집중하고 이런 장소를 확장하는 것이다. 문제는 '소탕' 부분이다. 반란자들을 물리치기 위해 미군이 사용하는 전술은 종종 민간인 살해를 수반하며 따라서 통합적 정치의 가능성을 손상시킨다. 팔루자는 두 번이나 '소탕'되어야 했고, 지금도 미군에 대한 공격이 계속되고 있다.

전쟁 전 시기에 1991년에 일어난 것과 비슷한 봉기가 벌어지는 경우에 사람들을 보호하기 위해 이런 군대를 활용할 수 있어야 했다. 그해에 다국적군은 북부에 쿠르드족을 위한 안전한 피난처를 세우는 데 성공했다. 그러나 남부에서는 시아파 봉기가 야만적으로 진압되었다. 이런 봉기가 일어나는 경우에 이루어지는 개입은 공세적이기보다는 수세적일 것이다. 정권을 무너뜨리기보다는 사람들을 보호하기 위해서, 그리고 적을 물리치기보다는 상황을 안정시키기 위해서 개입하는 것이기 때문이다.

---

58) 이러한 구상의 함의에 관한 자세한 논의로는 Study Group on Europe's Security Capabilities, "A Human Security Doctrine for Europe: The Barcelona Report of the Study Group on European Security Capabilities", 15 September, 2004, http://www.lse.ac.uk/Depts/global/Publications/HumanSecurityDoctrine.pdf를 보라.
59) Andrew F. Krepinevich Jr., "How to Win in Iraq"를 보라.

전쟁 후 시기에는 공공안전을 제공하는 것이 주된 임무가 되어야 했다. 이런 점이야말로 최근의 국제개입이 하나같이 가르쳐 준 교훈이다. 보스니아와 코소보에서 휴전 직후에 공공안전을 제공하는 데 실패한 결과, 세르비아계에 대한 역逆인종청소가 벌어졌고 범죄가 널리 확산되었다. 아프가니스탄에서는 카불 외곽에서 공공안전을 제공하지 못한 탓에 군벌들이 자신들의 영지를 다시 손에 넣었다. 그리고 이라크에서는 공공안전을 제공하지 못한 탓에 약탈이 횡행했다. "이런저런 일이 일어나게 마련"이라는, 종종 인용되는 럼즈펠드의 간명한 언급에도 불구하고, 이런 결과는 군대 해산과 바트당 청산 정책과 더불어 재앙을 가져온 연합국의 실수 중 하나였다.[60] 전쟁이 끝난 뒤 주된 임무는 전쟁범죄자와 반란자들을 추적하는 게 아니라 개인과 공동체를 보호하고 법과 질서를 회복하는 일이어야 했다. 남부에 주둔한 영국군은 어느 정도 이런 접근법을 택했고, 남부가 비교적 조용했던 데에는 이런 요인이 일부 작용했다. 그렇지만 이런 접근법은 정치적 정당성을 복원하기 위한 노력이 동반되어야 하며, 영국군은 여전히 상대적으로 고립되어 있고 반란 확산에 취약하다. 이라크 국가 전체가 정당성이 없기 때문이다.

마지막으로 물론 경제전략 역시 있어야 한다. 여기서 우선과제는 개인과 가족이 생계를 유지할 수 있는 정당성 있는 자율적인 방식을 창조하는 것이다. 이것은 민주적 권한 부여를 위한 토대로서도 중요하고 또 범죄나 협력(침공 전 정부에 대한 협력이나 현재 반란에 대한 협력)이 아닌 물질적 대안을 찾기 위해서도 중요하다. 전쟁 전에는 포괄적인 제재를 적용하고 또 나중에는 이라크 정부에 석유-식량 교환 프로그램 운영을 맡긴 탓에 절망감과 무

---

60) 『뉴스위크』는 2003년 7월 21일자에서 비밀경찰인 무하바라트Mukhabarat가 "이라크 지도부가 미국-영국-시온주의 연합군에게 무너진 뒤 필요한 일을 하라는" 지시를 내렸다고 보도했다. 이 문서에는 취해야 할 11단계의 조치가 간략하게 서술되어 있었는데, 필요한 조치란 약탈, 정부기관 방화, 발전소와 석유 기반시설 파괴, 훔친 무기를 활용한 혼란 조성 등이었다.

력감이 만연했다. 전후戰後 시기에는 가능한 곳부터 이라크 계약업자를 이용해서 고용과 지역 경제활동을 창출하고 기본 서비스를 복원하는 것이 우선 과제였지만, 서구 계약업자들에게 막대한 액수를 낭비해 버렸다. 석유 수입을 분배하기 위한 투명하고 공정한 절차를 개발하는 것 역시 매우 중요하다.

현재의 정세에서 낙관적 태도를 갖기란 쉽지 않다. 반란은 고조되고 있다──공격과 사상자가 점점 늘어나고, 날마다 더 많은 단체와 이름이 보도된다. 부시가 성공적인 전시 지도자로서 새로운 기술집약적인 전쟁을 선도했다는 생각은 2004년 선거 승리와 2기 행정부 출범에 이바지했고, 두번째 임기에서는 행정부의 강경파 인사들이 다시 임명되고 승진했다. 도덕적 십자군을 추구하는 미국의 태도는 전 세계적 성전이라는 반란자들의 관념을 더욱 강화한다. 미국의 새로운 '전략계획'Strategic Plan은 대테러 '장기전'을 구상한다.[61] 사실 이라크의 새로운 전쟁은 전 세계적인 새로운 전쟁으로 나아가는 발판으로 볼 수 있다. 사고와 경험이 확산됨에 따라 이 전쟁은 억누르기 어려울 것이고 또 전쟁에서 모아지는 환멸과 공포와 증오 때문에 종식시키기가 어려울 것이다.

그러나 실제로 새로운 전쟁이 벌어지는 상황에서 상상 속 낡은 전쟁의 서사가 얼마나 오래 지속될까? 미국의 사상자 수는 전쟁의 역사적인 기준에서 보자면 적지만 바야흐로 늘어나고 있다. 2005년 10월 현재, 연합군 사망자 수는 2,147명이다. 나라별로는 미국 1,953명, 영국 96명, 이탈리아 26명, 우크라이나 18명, 폴란드 17명, 불가리아 13명, 스페인 11명, 슬로바키아 3명, 네덜란드 2명, 덴마크 2명, 에스토니아 2명, 태국 2명, 라트비아 1명, 엘살바도르 1명, 카자흐스탄 1명, 헝가리 1명이다.[62] 또한 전쟁 적자재정을 무한

---

61) Department of Defense and the Chairman of the Joint Chiefs of Staff, *National Military Strategic Plan for the War on Terrorism*, Washington, DC, 1 February, 2006.

히 유지할 수 없다는 것도 자명하다. 이미 달러화는 한 차례 커다란 하락을 겪었다. 군대는 지나치게 분산되어 있고, 군인, 특히 생각했던 것보다 훨씬 오래 소집되어 복무하는 예비군 사이에는 환멸과 불만이 커지고 있다. 허리케인 카트리나는 국내 기본 서비스를 방기한 사실에 대한 관심을 환기시켰다. 민주당 정치인들은 마침내 전쟁을 비판하고 철군을 요구하기 시작했다.

과연 현실은 낡은 전쟁의 서사와 오늘날 그것이 적절한지에 대한 문제 제기를 초래할 것인가? 다른 행위자들, 즉 유엔이나 유럽연합이 이라크 시민사회와 더불어 앞에서 설명한 원칙에 입각하여 모종의 대안 전략을 개발할 수 있을까? 전 세계적인 새로운 전쟁을 실제로 막을 힘을 가진 설득력 있는 대안적 서사를 제시할 수 있는 전략을 말이다.

---

62) http://edition.cnn.com/SPECIALS/2003/iraq/forces/casualties를 보라. [지은이가 제시한 합산과 달리 실제 국가별 수치를 합하면 2,149명이라는 수치가 나온다. 원래 CNN에서 2003년 3월 19일 개전일부터 2005년 10월 7일까지 합산한 수치로 보도한 것인데, 애초에 계산에서 오류가 있었던 듯하다. 위의 CNN 웹사이트에서는 월별 통계만을 제시하기 때문에 어디에서 오류가 생겼는지 확인하기가 불가능하다. ─옮긴이]

8장_거버넌스, 정당성, 안보

18세기 말과 19세기의 자유주의 저자들은 목적론적인 역사관을 갖고 있었다. 이 저자들은 시민성의 지대가 필연적으로 시간과 공간 속으로 확장될 것이라고 믿었다. 존 킨John Keane은 『폭력에 관한 성찰』에서 이러한 낙관주의를 야만성은 시민성의 불가피한 부수물이라고 생각한 지그문트 바우만 Zygmunt Bauman이나 노르베르트 엘리아스Norbert Elias 같은 20세기 저자들의 비관주의와 대조시킨다.[1] 이 저자들에게 폭력은 인간 본성에 뿌리내려져 있다. 국가에게 폭력을 독점하도록 허용한 대가는 20세기의 전쟁과 전체주의라는 끔찍한 야만이다.

    냉전의 종식은 이러한 규모의 국가주의적 야만성의 종식을 특징지었을지도 모른다. 분명 근대 전쟁의 위협, 특히 핵전쟁의 위협 ― 20세기 야만성의 절대적인 표현 ― 은 줄어들었다. 이런 사실이 이제 폭력을 통제할 수 없음을, 앞의 장들에서 설명한 새로운 유형의 전쟁이 만연할 것이며 포스트모던 세계에서 지속되는 특징일 것임을 의미하는가? 이제까지 내가 펼친 주장에 담긴 함의는 이제 전쟁을 지리적으로 제한하기가 불가능하다는 것이다. 같은 영토 공간 안에 평화지대와 전쟁지대가 나란히 공존한다. 정도는 각기

---

1) John Keane, *Reflections on Violence*, London: Verso, 1996.

다를지라도 세계 각지에서 내가 설명한 새로운 전쟁의 특징 ──정체성의 정치, 폭력의 탈집중화, 세계화된 전쟁경제──을 발견할 수 있다. 게다가 초국적인 범죄 네트워크, 정체성에 기초한 디아스포라 네트워크, 난민과 망명자의 폭발적인 증가뿐만 아니라 세계적 미디어를 통해서도 이런 특징이 확산되는 경향이 있다. 뉴욕·마드리드·런던 등에서의 테러 공격과 보스니아와 소말리아 같은 곳에서 벌어진 내전, 심지어 공습을 통해 진행되는 가상 구식 전쟁 등은 모두 새로운 유형의 조직폭력의 표현물이다.

그러나 새로운 전쟁을 영토적으로 억제하기가 불가능하다면, 정치적으로 억제할 수 있는 방법을 구상하는 것은 가능할까? 세계화는 결국 분열과 배제뿐만 아니라 통합과 포섭도 수반하는 과정이다. 평화나 인권, 환경보호 같은 목표에 바탕을 둔 새로운 세계시민주의 정치가 특수주의 정치와 나란히 등장하고 있다. 비관주의자들이 옳은 것일까? 과연 폭력은 인간사회에 고유한 것일까? 아니면 새로운 세계시민주의 정치가 지역적·세계적 수준에서 정당성을 복원할 수 있는 기초를 제공할 수 있을까? 초국적 차원에서 폭력을 통제하고, 세계적·초국적 기관들이 정당한 폭력의 독점을 되찾고, 기민하고 적극적인 세계시민주의 시민집단이 이런 기관들의 권력 남용을 견제할 수 있는 세계를 상상할 수 있을까?

2장에서 논의한 것처럼, 2차대전 이후 시기에는 군사력이 대단히 초국가화되었다. 유럽의 동맹이 공고화되고 통합 지휘체계가 확립되는 동시에 군사원조, 무기 판매, 훈련 등을 통한 전 세계적 군사 연계 네트워크가 형성됨에 따라 초강대국을 제외한 대다수 나라들은 사실상 일방적으로 전쟁을 벌일 수 있는 능력을 포기할 수밖에 없었다. 냉전 직후에 무장력의 재국가화가 어느 정도 이루어지긴 했지만 군사 영역의 초국가화의 강화를 구성하는 새로운 일련의 조정──다국적 평화유지군, 합동 군사훈련, 그리고 서유럽연합이나 '평화를 위한 동반자 관계', 북대서양협력회의North Atlantic

Cooperation Council(NACC) 같은 조직 신설이나 쇄신 등——역시 자리를 잡았다. '대테러전쟁'의 공표는 주권의 재천명으로 볼 수도 있지만, 현재 미국은 아프가니스탄과 이라크에서 일방적으로 행동하는 것이 얼마나 어려운지를 깨닫고 있다. 냉전 시기에는 폭력의 경계가 두 블록의 가장자리로 확장되었다. 다르게 말하자면, 블록체계 전체에 걸쳐서 평정이 달성되었다. 문제는 이러한 초국가적인 군사력의 덩어리가 전 세계적 평정으로 이어질 수 있는가 하는 점이다. 우리는 영토적 경계가 없는 평정을 상상할 수 있을까?

이 질문에 대한 자명한 답은 없다. 시대마다 거버넌스 과정(인간사를 어떻게 관리하는가), 정당성(권력이 어디에 기초하는가), 안보 형식(조직폭력을 어떻게 통제하는가) 사이에 복잡한 관계가 존재한다. 한편으로 보면, 질서를 유지하고, 물리적인 차원에서 개인을 보호하고, 행정 능력에 안전한 토대를 제공하고, 법의 지배를 보장하고, 대외적으로 영토를 보호하는 능력은 모두 정치기관의 주된 기능이며 정당성은 이런 기능에서 생겨난다. 게다가 이런 정치기관의 성격은 대개 이 기능들을 수행하고 안보의 측면에 우선순위를 두는 방식과 관련하여 정의된다. 다른 한편, 근원적인 정당성이 없다면 앞에서 정의한 의미의 안보를 제공하는 것은 가능하지 않다. 종교적 명령이든, 이데올로기적 광신이든, 민주적 동의든 간에 사람들이 왜 규칙을 준수해야 하고 특히 조직폭력의 대리인들——가령 군인이나 경찰——이 왜 명령을 따라야 하는지를 설명해 주는 기제가 있어야 한다.

2장에서 나는 근대(낡은) 전쟁의 진화가 유럽 민족국가의 등장과 연결된 방식, 즉 대내적 평정이 폭력의 외부화와 결부되고 정당성이 전쟁의 실제 경험에 뿌리내린 애국심의 통념에서 파생된 방식을 설명한 바 있다. '국가안보'라는 용어는 대체로 대외적 국경방어와 같은 뜻이었다. 2차대전 이후 시기에는 내부/외부의 구별이 블록 경계선까지 확대되었고, 2차대전의 경험에서 끌어낸 이데올로기적 정체성——자유 개념과 사회주의 개념——이 블록의 정당성의 토대 자리에서 민족적 정체성을 밀어냈지만 그것을 대체하지는 못했다. 블록안보 역시 양 블록의 대외적 방어를 의미했다.

오늘날 미래의 거버넌스 양상과 안보 정책의 방향에 관해서 커다란 불확실성이 존재한다. 미국 행정부는 '국가안보전략'National Security Strategy에서 테러리스트들을 숨겨 주고 대량살상무기를 손에 넣는 '깡패 국가'들을 전통적인 군사적 수단을 동원해 물리침으로써 미국을 방어한다는 구상을 설명한다.[2] 이와 대조적으로 유럽인들은 예방적 관여와 다자주의의 필요성을 강조하는 '유럽안보전략'European Security Strategy을 제안한 바 있다.[3] 그러나 과연 이런 접근들은 새로운 전쟁지대에서 수많은 사람들이 경험하는 진정한 불안감을 다루는 것일까? 합법적으로 조직폭력의 국가 독점은 군사력의 초국가화에 의해 위로부터 잠식되고 있다. 또 새로운 전쟁에 특유한 조직폭력의 사유화에 의해 아래에서부터 잠식되고 있다. 기존의 또는 새로운 안보기관은 어떤 조건 아래서 사유화된 폭력 형태를 제거하거나 주변으로 밀어내고 신뢰를 회복할 수 있을까?

그 해답은 정치적 선택에, 즉 우리가 현재의 폭력의 성격을 어떻게 분석하고 어떤 안보 개념을 택할 것인가에 달려 있다. 19세기와 20세기의 경험에 뿌리를 둔 전통적인 정치학은 단지 과거의 새로운 변형이나 혼돈으로 치닫는 몰락만을 예상할 수 있을 뿐이다. 정치학의 사고를 지배하는 흐름은 기존의 거버넌스 체계를 지향하면서 이 체계의 정당화나 합법화 형식을 제공하고 또한 동시에 어떻게 이 체계 안에서 움직일지에 관한 조언을 제시하기 위한 토대를 제공하기 때문에 미래에 관한 일종의 숙명론이나 결정론을 낳는다. 이와 대조적으로 정치학에 대한 비판적이거나 규범적인 접근은 인간

---

2) http://www.whitehouse.gov/nsc/nss.html.
3) http://ue.eu.int/uedocs/cmsUpload/78367.pdf.

의 행위능력을 고려한다. 이런 접근법은 적어도 분석할 수 있는 일정한 틀 안에서는 사람들이 스스로 자신의 역사를 만들고 미래를 선택할 수 있다는 가정에 입각한다.

아래에서는 오늘날의 폭력의 성격에 관한 각기 다른 인식에 바탕을 둔 서로 경쟁하는 미래의 정치적 전망에서 파생되는 안보에 관한 몇 가지 가능한 사고방식을 개괄해 보고자 한다. 이런 전망 가운데 하나는 정체성에 기초한 분할이 이데올로기에 기초한 분할을 밀어내는 일종의 블록체제의 재건에 입각한 세계질서의 복원이다. 이 접근법은 영토에 기초한 정치권력을 주요 행위자로 보고 새로운 전쟁을 낡은 전쟁의 변형, 즉 지정학적 충돌로 다루는 국제관계에 관한 현실주의적 가정에 의존한다. 이런 유형의 사고를 보여 주는 가장 유명한 예는 새뮤얼 헌팅턴Samuel Huntington의 『문명의 충돌』이다. 이 책에서 헌팅턴은 이데올로기 대신 문화적 정체성에 기초한 블록체제의 변형을 제안한다.[4] 이 전망은 현 미국 행정부, 그리고 아마도 알카에다가 제안하는 것과 가장 가까울 것이다.

두번째 전망은 신중세주의neo-medievalism[5] 또는 무정부 상태라고 묘사할 수 있는 것으로 현실주의에 대한 포스트모던적 거부에 의존한다.[6] 이런

---

4) Samuel Huntington, *The Clash of Civilizations and the Remaking of World Order*, New York: Simon & Schuster, 1996 [새뮤얼 헌팅턴, 『문명의 충돌』, 이희재 옮김, 김영사, 1997]; Samuel Huntington, "The Clash of Civilizations?", *Foreign Affairs* vol.72 no.3, 1993.
5) 신중세주의 명제는 흔히 움베르토 에코가 창안한 것으로 여겨진다. Umberto Eco, *Travels in Hyperreality*, London: Picador, 1987 [움베르토 에코, 『포스트모던인가 새로운 중세인가』, 조형준 옮김, 새물결, 2005/움베르토 에코, 『철학의 위안』, 조형준 옮김, 새물결, 2005]. 자세한 설명으로는 Barry Smart, *Postmodernity*, London: Routledge, 1996을 보라. 정치적 주권의 중첩을 지적하며 세계시민주의적 거버넌스 접근법과 가까운 불Hedley Bull의 신중세주의New Medievalism와는 구별해야 한다. Hedley Bull, *The Anarchical Society: A Study of Order in World Politics*, London: Macmillan, 1977.
6) Robert D. Kaplan, "The Coming Anarchy", *The Atlantic Monthly*, February 1994; Robert D. Kaplan, *The Ends of the Earth: A Journey at the Dawn of the 21st Century*, London: Papermac, 1997 [로버트 캐플런, 『지구의 변경지대』, 황건 옮김, 한국경제신문사, 1997].

사고를 주창하는 사람들은 새로운 전쟁을 낡은 방식으로 이해할 수 없음을 알고 있지만, 또한 동시에 새로운 전쟁에서 전혀 논리를 발견하지 못한다. 그저 홉스적인 만인에 대한 만인의 '투쟁'Warre으로 여길 뿐이다.[7] 이런 전망은 본질적으로 절망의 조언으로서 전 세계적 상황 전개를 분석하지 못하는 무능력을 자인하는 것이다. 마지막으로 세번째 전망은 좀더 규범적인 접근에 기초한 것으로서 앞 장에서 세계시민주의를 위해 제시한 주장에 의존한다.

문명의 충돌

헌팅턴의 명제는 문화적 정체성 ─ 이른바 역사적 문명에 대한 충성 ─ 에 정당성의 원천을 두는 블록체제의 변형이다. 헌팅턴의 책은 크나큰 주목을 받았다. 많은 사람들이 일부 기성 정치권, 특히 냉전에 생계를 의존하는 이들의 무언의 확신이라고 믿는 바 ─ 양극 세계의 안락한 확실성을 재창조하고 공산주의를 대체하기 위한 새로운 위협을 만들어 내려는 시도 ─ 를 표현하기 때문이다. '대테러전쟁'은 헌팅턴식 접근의 전형적인 예를 나타낸다고 말할 수 있다. 이슬람 테러리즘은 파시즘과 공산주의 같은 전체주의 운동과 비교된다.[8] 민주적이고 자유로우며 암묵적으로 기독교적인 서구는, 도널드 럼즈펠드에 따르면, 향후 50년 동안 계속될 수도 있는 대결에서 2차대전과 냉전 당시 파시즘과 공산주의에 맞선 것과 같은 방식으로 군사적으로 이 운동에 맞서야 한다. '대테러전쟁'을 냉전과 맞먹는 규모로 벌임으로써, 알

---

7) 마르틴 반 크레펠트에 따르면, "사실 여기서 우리가 다루는 것은 저강도 전쟁도 아니고 전쟁의 사생아 같은 것도 아니다. 오히려 그것은 본질적으로 홉스적인 의미의 만인에 대한 만인의 투쟁, 즉 우리 시대에 가장 중요한 충돌이다." Martin Van Creveld, *The Transformation of War*, New York: Free Press; Oxford: Maxwell Macmillan International, 1991, p.22.
8) 이런 주장을 담은 역작으로는 Paul Berman, *Terror and Liberalism*, London: Norton, 2003을 보라.

카에다라고 알려진 광신자, 범죄자, 소외된 젊은이 등의 이질적인 집단이 독일이나 소련과 대등한 강적으로 올라서고 있다.

헌팅턴은 우리가 이데올로기보다는 문화가 사회와 국가 집단을 결속시키는 기제가 되는 다문명 세계로 들어서고 있다고 주장한다. 많은 비판자들이 지적한 것처럼, 헌팅턴이 문화라고 말하는 것이 무엇인지는 다소 모호하다. 비록 헌팅턴 본인에게는 종교가 핵심적인 규정 요소이긴 하지만 말이다. 그리하여 서구는 기독교이지만, 가톨릭과 개신교만을 포괄한다. 헌팅턴은 이슬람 국가인 터키의 유럽연합 가입을 허용해서는 안 된다고 완강하게 주장하며, 정교회 국가인 그리스를 가입시킨 것이 실수라고 생각한다. 헌팅턴에 따르면, 그리스는 확실히 서구문명의 일원이 아니다. 또한 국가가 문명의 핵심적인 보증자이다. 헌팅턴은 서구의 미국과 아시아의 중국 같은 '핵심 국가'의 역할을 강조한다.

헌팅턴은 예닐곱 개의 문명을 정의한다(중화, 일본, 힌두, 이슬람, 서구, 라틴아메리카, 그리고 어쩌면 아프리카). 그러나 세계질서를 형성하는 지배적인 분할이 서구와 이슬람이나 아시아 사이를 가른다고 본다. 이슬람은 위협으로 여겨진다. 인구 성장과 헌팅턴이 말하는 무슬림의 "폭력 성향" 때문이다. 아시아는 중화 민족의 이른바 "대나무 네트워크" 주변에 조직된 급속한 경제성장 때문에 위협으로 간주된다. 헌팅턴에게 서구는 미국의 정치적 신조에 서구문화를 더한 것으로 정의된다. 헌팅턴은 서구문화가 쇠퇴하고 있으며 외래문화에 맞서서 자신을 방어해야 한다는 견해를 취한다. 특히 미국과 유럽은 냉전 시기에 그랬던 것처럼 단결해야 한다.

폭력의 주된 원천은 헌팅턴이 말하는 "단층선 전쟁"fault-line war에서 나온다. 헌팅턴은 공동체 간 충돌은 오늘날 존재하는 사실이라고 주장한다. 다시 말해 새로운 충돌에 대한 원초론적 관념primordialist conception을 받아들인다. 헌팅턴에 따르면, 공동체 간 충돌의 규모가 커지는 것은 공산주의의 붕괴 때문이기도 하고 인구 변동 때문이기도 하다. (헌팅턴은 보스니아 전쟁이 주로 무슬림의 높은 출생률의 결과라고 생각한다.) 보스니아-헤르체고비나의 경우처럼 공동체 간 충돌에 서로 다른 문명이 휘말릴 때, 이 충돌이 단층선 전쟁으로 비화되며 이른바 친족국가 증후군kin-country syndrome을 낳는다. 그리하여 러시아는 세르비아 편에서 보스니아 분쟁에 개입했고, 독일은 크로아티아 편에서, 그리고 이슬람 국가들은 보스니아 편에서 끼어들었다. (헌팅턴은 미국이 보스니아를 지지하는 걸 보고 약간 당황한다. 자신의 명제에 딱 들어맞지 않기 때문이다. 그러나 민족적·종교적 차이를 무시하는 정치 이데올로기의 그릇된 유산이라고 해명할 수 있다.) 다시 말해, 새로운 전쟁은 지배적인 문명의 충돌에 포함되고, 초강대국 후원자들은 이데올로기가 아니라 문화에 기초해서 재창조된다.

헌팅턴은 전 세계적인 보편화 사명에 매우 비판적이고 자신을 문화적 상대주의자로 묘사하며, 또한 동시에 다문화주의에 강하게 반대한다. 그리고 걸프 전쟁 당시 미군이 지나치게 산재되었던 사실을 거론하면서 미국은 이제 전 세계적 강대국으로 행동할 능력이 없으며, 미국의 임무는 다문명 세계에서 서구문명을 보호하는 것이라고 주장한다. 헌팅턴은 또한 인권과 개인주의가 순전히 서구적인 현상이며, 서구의 정치적 가치를 낯설어 하는 사회에 이것을 강요할 권리는 없다고 생각한다. 이와 동시에 미국은 국내에서 서구문화를 보호할 임무가 있다고 주장한다. 따라서 헌팅턴이 구상하는 세계는 핵심 국가들에 의해 위에서부터 결합된 상대적으로 동질적인 문명들이 국제질서의 공통 수호자 노릇을 하면서 각 문명의 순수성을 보존하기 위한 상호 대결을 통해 서로를 돕는 일종의 전 세계적 아파르트헤이트 체제이다. 다시 말해, 헌팅턴은 배타적인 정체성에 기초한 일종의 블록정치적 결집을 제안한다. "더 거대한 충돌, 즉 전 세계적으로 벌어지는 문명과 야만의 '진짜 충돌'에서 세계의 거대한 문명들은……단결하거나 갈라설 것이다. 다가

오는 시대에는 문명과 문명의 충돌이 세계평화에 가장 큰 위협이 되며, 문명에 기초한 국제질서가 세계대전을 막는 가장 확실한 방어 수단이 된다."[9]

헌팅턴에게 주요한 문제는 이슬람 세계에는 질서를 유지할 수 있는 핵심 국가가 없다는 사실이다. 냉전 시기의 양극 질서를 유지하기 위해 미국이 소련을 필요로 했던 것처럼, 헌팅턴의 시나리오에는 안정된 적이 필요하다. 이슬람권에 핵심 국가가 없다는 사실은 이런 주장의 한 가지 문제에 불과한 것이 아니다. 전체 이론 틀의 취약성과 관련된 것이기 때문이다. 헌팅턴에게 이것은 으레 그렇듯이 지정학의 문제이다. 그의 틀에서 국가는 합법적으로 조직화된 폭력을 독점하기 때문이다. 문명의 안전은 핵심 국가가 보장하며, 이런 안전은 적어도 함축적으로는 문명 블록의 정당성의 토대를 제공한다. 그러나 과연 이런 논의는 현실적인가?

헌팅턴은 왜 소련이 무너졌는지, 또는 현재의 이행기를 특징짓는 요소가 무엇인지 묻지 않는다. '세계화'나 '시민사회' 같은 단어들은 헌팅턴의 사전에 들어 있지 않다. 그에게 역사는 변화하는 국가관계에 관한 것이다. 변화하는 국가-사회 관계를 고려하지 않고서도 국가구조의 모델을 구성할 수 있다. 인구 성장이나 도시화같이 겉보기에 제멋대로인 발전에 기대어 근본주의의 성장이나 중국의 힘 같은 특정한 현상을 설명한다. 그러나 거버넌스의 내용이 무엇인지 또는 정치제도의 성격이 어떻게 변화하는지에 관해서는 질문하지 않으며, 어떻게 세계가 오늘날의 불확실성에서 새로운 문명 질서로 옮겨 가는지에 관한 설명도 거의 없다. 문명의 영토방위가 질서를 유지하는 길이라고 가정된다. 또 내부도 외부도 아니고 공적이지도 사적이지도 않은 폭력 형태들의 복잡성은 무시된다.

이런 문제는 아프가니스탄 전쟁과 이라크 전쟁에서 명백해졌다. 알카

---

9) Samuel Huntington, *The Clash of Civilizations and the Remaking of World Order*, p. 321.

에다는 국가가 아니며, 이라크와 아프가니스탄은 군사적으로 강력한 적이 아니라, 후에 분명하게 드러난 것처럼, 국가파탄 일보 직전의 상태였다. 탈레반이나 사담 후세인을 물리쳤지만 알카에다를 물리친 것은 아니었다. 훈련소를 파괴하고 일부 핵심 지도자를 살해하거나 생포했지만, 오히려 알카에다의 사상은 어느 때보다도 강력하며, 문명의 충돌이라는 관념을 먹고 자라고 있다. 아프가니스탄과 특히 이라크의 불안정한 상황은—문명의 질서라는 관념을 허물어뜨리는—테러리즘이 자라날 수 있는 비옥한 환경을 제공한다.

다가오는 무정부 시대

헌팅턴의 명제와 대조적으로 무정부 상태 주장의 강점은 과거와의 단절 및 낡은 전쟁과 새로운 전쟁의 차이를 고려한다는 것이다. 로버트 D. 캐플런Robert D. Kaplan의 『지구의 변경지대: 21세기 초의 여정』*The Ends of the Earth: A Journey at the Dawn of the 21st Century*은 이런 유형의 사고를 보여주는 좋은 예이다. 일종의 정치적 여행기인 이 책에는 오늘날 이 땅에 존재하는 사회적 삶에 대한 흥미진진한 묘사가 담겨 있다. 캐플런의 결론은 이처럼 당대 현실의 직접 경험에서 나온다. 캐플런은 세계 여러 지역에서 벌어지는 국가 권위의 잠식과 국가중심적 세계관이 낳은 근시안에 주목한다.

> 지도에 표시된 것처럼 아프리카에 50여 개의 국가가 존재하지 않는다면 어떨까?—아프리카 대륙에 단지 여섯이나 일곱, 여덟 개의 국가만 실제로 존재한다면 말이다. 아니면 국가 대신에 수백 개의 부족 집단이 존재한다면?……게릴라 군대와 도시 마피아가 장악한 영토—지도상에 결코 드러나지 않는 영토—가 정식으로 승인된 많은 나라들이 소유권을 주장

하는 영토보다 더 중요하다면 어떨까? 아프리카가 지도에 표시된 것보다 북미나 유럽에서 훨씬 멀리 떨어져 있다면?[10]

시에라리온에서 캐플런은 조직폭력의 독점이 무너지고 "군대와 민간인, 군대와 범죄집단" 사이의 구별이 약해지는 것을 발견한다.[11] 파키스탄에서는 "효율적인 통치보다 범죄활동에 바탕을 둔 부패한 정치체제"를 발견한다.[12] 이란에서는 재래시장에 바탕을 둔 새로운 유형의 경제에 관해 고찰한다. 여행을 통해 캐플런은 자원 부족 심화와 환경파괴의 확산, 도시화의 압력과 종교 근본주의의 확실성에 끌리는 불안정한 실업 상태의 젊은 도시 거주자라는 새로운 계급의 출현 등을 설명할 수 있는 시야를 얻는다. 캐플런은 세계적인 부의 불평등과 이런 불균형을 극명하게 가시화한 세계적 통신혁명에 관해 이야기한다. 또 비정부기구의 성장을 "미래의 다국적군"이라고 묘사한다.[13] 그리고 현대 기술이 전통적인 사회에 미치는 영향에 관해, 이를테면 아프리카에서 라디오가 마술 같은 작용을 하는 영향에 관해 숙고한다.

『애틀랜틱먼슬리』Atlantic Monthly에 기고한 원래 논문에서 캐플런은 사회질서가 무너진 세계를 묘사하기 위해 "무정부 상태의 도래"라는 표현을 만들어 냈다. 서아프리카에서 캐플런은 세계 다른 곳의 미래를 예시한다고 주장한 바 있는 자연으로의 회귀와 홉스적 혼돈 상태로의 회귀를 목격했다. 1995년 3월에 BBC와 인터뷰를 하면서 캐플런은 아프리카를 언급하며 다음과 같이 말했다.

---

10) Robert D. Kaplan, *The Ends of the Earth*, p.6.
11) ibid., p.45.
12) ibid., p.329.
13) ibid., p.432.

세계 각지를 여행하며 고급 호텔에 투숙하는 런던과 워싱턴의 사람들은 대부분 영어가 세계를 지배한다고 생각하지만, 바깥 세계가 실제로 어떤지 전혀 알지 못한다. 바깥세상을 보라. 고급 호텔들의 얇은 막, 즉 제대로 굴러가는 사회질서의 얇은 막은 날이 갈수록 점점 얇아지고 있다.[14]

책에서는 이 명제가 다소 수정된다. 캐플런은 에리트레아나 인도의 리시Rishi 계곡, 이스탄불의 슬럼 등에서도 시민성의 섬들을 발견한다. 현지 사람들이 자주관리의 새로운 형태를 확립하거나 전통적인 형태를 유지하는 데 성공한 곳들 말이다. 캐플런은 상대적으로 고립된 이 사례들이 다른 지역을 위한 모델을 제공할 수 있는지 의심하면서 이곳들의 성공은 대체로 어떤 시민적 심성의 전통을 물려받았는지 여부에, 즉 현지 문화에 무엇이 고유한지 여부에 달려 있다고 주장한다. 계속해서 캐플런은 다음과 같이 주장한다.

세계 지도는 결코 고정되지 않을 것이다. 미래의 지도——어떤 의미에서는 '마지막 지도'——는 지도제작상의 혼란을 보여 주면서 끊임없이 변화할 것이다. 어떤 지역은 친절하거나 심지어 생산적인 반면 어떤 지역은 폭력적일 것이다. 지도가 계속 변화할 것이기 때문에, 전력공급이 안정되거나 자체 발전기가 있는 곳에서는 인터넷을 통해 매일 일기예보처럼 갱신되고 전송될 수도 있다. 이 지도 위에서는 지난 몇백 년 동안 외교관을 비롯한 정책 결정 엘리트들이 세계의 질서를 규정했던 규칙들이 점점 덜 적용될 것이다. 주된 해법은 영향을 받는 문화 자체 안에서 나와야 할 것이다.[15]

---

14) David Keen, "Organized Chaos: Not the New World We Ordered", *The World Today* vol. 52, 1996에서 인용.
15) Robert D. Kaplan, *The Ends of the Earth*, p. 337.

캐플런의 주장은 본질적으로 결정론이다. 캐플런은 과거의 국가중심적 가정에 의존하는 헌팅턴류의 지정학적 해법을 적절하게 기각하지만, 거버넌스의 전망이 문화에 관한 본질주의적 가정에 좌우된다는 헌팅턴의 가설을 암묵적으로 공유한다. 몰락하는 국가들을 직접 목격하면서도 전 세계적 수준의 대안적인 권위 형태를 상상할 수 없는 탓에, 캐플런이 구상하는 시나리오에는 자의적인 몇몇 사례를 제외하고는 어떤 안전이나 정당성도 들어 있지 않다. 헌팅턴과 마찬가지로, 캐플런 역시 냉전의 죽음을 애도한다. 우리가 미래에 아테네 민주주의의 황금기처럼 냉전이 폭력과 혼돈 사이의 간주곡이었음을 깨닫게 될지도 모른다는 것이다. 캐플런은 무기력을 자인하면서 책을 마무리한다. "이런 문제들에 대한 일반적인 해법이 있다고 생각한다면 내가 겪은 경험을 배신하는 셈이 될 것이다. 우리는 현실을 통제하지 못한다. 사회가 점점 인구가 많아지고 복잡해짐에 따라, 유엔 같은 세계적 엘리트 집단이 위에서 현실을 감독할 수 있다는 발상은 정치'(과)학'이 현실의 한 가지라도 하나의 과학으로 환원할 수 있다는 발상처럼 터무니없는 것이다."[16]

세계시민주의적 거버넌스

위의 두 접근과는 대조적으로, 세계시민주의적 거버넌스, 또는 리처드 포크 Richard Falk의 표현으로 하자면 인간적 거버넌스[17]를 위한 기획은 영토에 기초한 정치체제라는 가정과 단절한다. 이것은 인간주의적 보편주의 관점에서 유래한 기획이자 세계/지방 분할을 가로지르는 기획이다. 이 기획은 캐

---

16) Robert D. Kaplan, *The Ends of the Earth*, p. 436.
17) Richard Falk, *On Humane Governance: Toward a New Global Politics*, Cambridge: Polity, 1995.

플런이 주목한 시민성의 섬들과 초국가기관들 사이의 동맹에 바탕을 둔다. 영토적인 의미의 경계는 존재하지 않는다. 그러나 정치적인 경계는 존재한다——세계시민주의의 공민적 가치를 지지하는 이들과 개방·관용·참여를 선호하는 사람들이 한편에 있다면, 반대편에는 특수주의와 배타주의, 그리고 종종 집단주의의 정치적 입장에 묶여 있는 이들이 있다. 19세기의 지배적인 국제적 분할은 민족에 따른 것이었고, 영토적인 민족 정의에 묶여 있었다. 20세기에는 좌파와 우파 사이의, 또는 민주주의/자본주의와 사회주의 사이의 이데올로기적 분할이 그 자리를 대신했다. 이런 분할 역시 영토에 묶이게 되었다. 설령 각각의 특수주의가 모두 독자적으로 영토적 권리 주장을 한다 할지라도 세계시민주의와 특수주의 사이의 분할은 영토적으로 정의될 수 없다.

이것은 단일한 세계정부를 위한 기획이 아니다. 세계시민주의적 권리에 대한 칸트적 개념은 주권국가들로 이루어진 연방이라는 가정에 바탕을 두었다. 세계시민주의적 권리는 본질적으로 연방 구성원 모두가 동의하는 일련의 규칙이었다. 우리가 제안하는 것은 본질적으로 일종의 '세계적인 감시'이다. 지방자치체에서 민족국가를 거쳐 대륙 차원의 조직에 이르기까지, 일련의 합의된 규칙 안에서 일정한 국제적인 행동규범에 따라 움직이는 영토에 기초한 정치체제를 구상하는 것은 가능하다. 국제기구가 할 일은 특히 인권 및 인도법과 관련하여 이런 규칙의 실행을 보증하는 것이다. 정부가 가정폭력을 막기 위해 가족 문제에 개입할 수 있다는 점이 점차 수용되는 것처럼, 세계적인 차원에서도 비슷한 원칙을 적용할 수 있다.

어떻게 보면 세계시민주의 체제는 이미 존재한다.[18] 초국적 비정부기구

---

18) David Beetham, "Human Rights as a Model for Cosmopolitan Democracy", eds. Daniele Archibugi and David Held, *Reimagining Political Community: Studies in Cosmopolitan Democracy*, Cambridge: Polity, 1998.

들은 인권침해와 대량학살을 비롯한 전쟁범죄를 감시하고 대중의 관심을 환기시키며, 국제기구들은 다른 방식으로 대응한다. 이제까지 부족했던 것은 집행력이다. 6장에서 자세히 설명한 것처럼, 중요한 것은 일종의 세계시민주의적 법집행으로 세계시민주의 체제를 뒷받침해야 한다는 점이다. 실제로 세계시민주의적 법집행은 안보 공백을 메우고 국제기구들의 정당성을 향상시킴으로써 환경이나 빈곤 같은 다른 분야에서 대중의 지지를 결집시키고 행동에 나설 수 있는 역량을 높여 줄 것이다. 물론 국제기구들은 책임성과 투명성을 높이고, 정당한 무력사용을 승인하기 위한 민주적 절차를 개발할 필요가 있다. '보호 책임'Responsibility to Protect[19]의 승인이나 2005년 유엔 정상회담에서 합의된 상비경찰과 평화건설위원회 창설 등을 비롯한 최근의 유엔 개혁 제안은 이런 방향으로 나아가는 시험 단계이다. 물론 중요한 점은 근대국가의 발전이 공생 과정을 수반하고 이 과정을 통해 전쟁·행정구조·정당성이 진화한 것처럼, 이미 세계시민주의 규범을 떠받치는 행정적 책임의 증대를 포함한—비록 분명 허약하지만—비슷한 과정을 통해 세계시민주의 거버넌스와 무엇보다도 민주주의의 발전이 이미 이루어지고 있다는 사실이다.

    이런 접근이 유럽 안보에 관한 논의에 함의하는 바는 무엇일까? 어떤 안보 조직이든 간에 배제적이기보다는 통합적이어야 한다. 경계를 가진 조직은 세계시민주의 법집행보다는 공통의 적에 대한 외부 방위를 암묵적으로 강조하는 조직이다. 유럽연합을 건설하는 과정에서 유럽에 관한 각기 다

---

19) 코피 아난 유엔 사무총장의 제안에 따라 2000년에 캐나다 정부가 구성한 '개입과 국가주권에 관한 국제위원회'에서 내놓은 보고서의 제목이다. 국가주권은 특권이 아니라 책임이라는 사고에 입각한 일련의 원칙을 가리킨다. 이 원칙에 따르면, 주권국가는 대량학살, 전쟁범죄, 반인도적 범죄, 인종청소 등에서 자국 국민의 생명과 인권을 보호할 책임이 있으며, 이 책임을 다하지 못하는 경우에 이런 사태를 방지하고 중단시키기 위해 국제사회가 개입할 수 있다.—옮긴이

른 관념 사이에 항상 긴장이 존재했다. 그 중 하나는 형성 중인 초강대국으로 유럽을 보는 것이다. 유럽연합 건설 기획을 유럽 강국들의 쇠퇴를 역전시키는 방편으로 보는 유럽주의Europeanism 흐름이 항상 존재했다. 많은 유럽 정치인들은 오래 전부터 공동방위정책을 선호했다. 유럽이 미국과 경쟁하는 초강대국이 될 수 있는 잠재력이 있다고 믿었기 때문이다. 공동방위정책을 따르면 유럽의 안보 역량이 회원국들의 그것과 동일한 모델에 입각해서, 단지 더 크고 훌륭하게 건설될 터였다. 이런 관념은 유럽연합이 미국의 동반자나 경쟁자가 될 수 있도록 전통적인 방위 모델에 입각해서 유럽의 통합된 군사력을 강화하는 것을 상상한다. 이런 접근법에 따르면, 유럽의 주된 위협은 미국과 마찬가지로 대량살상무기를 보유하거나 테러리스트들을 숨겨 주는 나라들이다. 여기에 필요한 주된 교의상의 변화는 기술과 관련된 것으로, 플랫폼 중심전platform-centric warfare에서 네트워크 중심전network-centric warfare으로 바뀐다는 것이다.[20] 그러나 유럽연합, 또는 나토의 외부 방위는 새로운 전쟁의 확산에서 유럽연합 국가들을 지켜 주지 못할 것이며, 오히려 경계선 밖에 있는 나라들을 잠재적인 적으로 다룰 것이다. 정치제도가 제대로 확립되지 못한 가난한 나라들, 이슬람이나 정교회일 공산이 큰 나라들은 외부자로 규정될 것이다. 이렇게 한다고 해서 헌팅턴의 모델에 입각한 새로운 문명 질서가 창조될 것 같지는 않다. 오히려 배제는 새로운 유형의 전쟁을 발생시키는 환경에 기여할 공산이 크며, 이런 전쟁은 쉽게 확산되고 테러리즘을 양성할 수 있을 것이다.

---

20) Nicole Gnesotto and André Dumoulin, *European Defence: A Proposal for a White Paper Report of an Independent Task Force*, Paris: European Union Institute for Strategic Studies, 2004를 보라. [플랫폼 중심전이 개별 무기체계의 화력과 기동력을 강조하는 개념인 반면, 네트워크 중심전은 적 역량 탐지, 공격 결정, 공격을 수행하는 무기체계를 모두 네트워크로 연결하여 전투력을 향상시킨다는 개념이다. — 옮긴이]

다른 하나는 유럽을 '평화의 기획'으로 보는 면면히 이어져 온 관념이다. 이것은 계몽주의의 구상이다──많은 위대한 자유주의 사상가들(아베 드 생피에르Abbé de Saint-Pierre, 제레미 벤담, 칸트)이 발전시킨 영구평화 기획은 본질적으로 유럽통합 제안이었다. 2차대전 직후에 유럽연합의 전신을 창설한 사람들은 같은 뜻에서 유럽 땅에서 다시 전쟁이 일어나는 것을 막기를 원했다. 이런 생각은 유럽 시민들의 마음속에서 줄곧 강력한 동기로 작용한다. 유로바로미터Eurobarometer[21]에서 유럽연합이 개인적으로 어떤 의미가 있느냐는 질문을 던졌을 때, 유로화와 이동의 자유에 뒤이은 세번째 답이 '평화'였다. 실제로 응답자의 8%는 "유럽의 평화와 안보를 유지하는 것"이 유럽연합의 우선과제라고 생각한다. 또한 이 분야가 유럽연합 정책 가운데 가장 효과적으로 수행되고 있다고 생각한다.[22] 세계화라는 현실 속에서 '평화 기획'은 최종 목표라기보다는 하나의 과정으로 이해되어야 한다. 이 과정을 지속하기 위해서는 법적 관계와 시민 영역의 결합이 재생산되고 확대되어야 했다. 상호 의존하는 탈냉전 환경 속에서 평화 기획은 유럽 차원만이 아니라 전 세계적 기획이 될 때만 성공할 수 있다. 따라서 이와 같은 유럽 관념은 세계 안보에 기여하는 것으로서 유럽의 세계시민주의 법집행 역량의 건설에 찬성한다.[23]

나토의 장점은 이 기구가 군사력을 초국가화하는 도구가 되었다는 점이다. 나토는 초국가적인 평정을 위한 토대를 제공했다. 아마 이런 점이야말

---

21) 1973년부터 유럽 차원에서 정기적으로 실시되는 여론조사. 유럽연합 차원의 여러 전반적인 사안에 대한 유럽 시민들의 인식을 조사하기 위해 치러진다.──옮긴이
22) European Commission, *Eurobarometer 60: Public Opinion in the European Union, Autumn 2003*, 2004, http://ec.europa.eu/public_opinion/archives/eb/eb60/eb60_rapport_standard_en.pdf.
23) Study Group on Europe's Security Capabilities, "A Human Security Doctrine for Europe: The Barcelona Report of the Study Group on European Security Capabilities", 15 September, 2004.

로 이제 프랑스와 독일 사이의 전쟁을 상상조차 할 수 없게 된 가장 중요한 이유일 것이다. 그리고 단점은 블록 간 전쟁의 가능성을 살려 놓았다는 점이다. 유럽 안보, 아니 세계 안보에 대한 세계시민주의적 접근법은 충돌할 가능성이 있는 나라들을 한데 모으고 무장력의 초국가화를 가능한 한 멀리까지 확산시키려고 노력할 것이다. 이런 노력은 유럽연합이나 나토, 아프리카 연합 같은 지역기구뿐만 아니라 유엔이라는 상위 조직을 통해서도 가능하다. 중요한 것은 조직의 이름이 아니라 안보 임무를 어떻게 재개념화할 것인가 하는 점이다. 6장에서 설명한 것처럼, 안보에 대한 세계시민주의적 접근법은 정치적 접근과 경제적 접근을 두루 아우른다. 초국적 기관이라는 상위 조직 아래 합법적으로 조직화된 폭력을 수행하는 대리인들의 임무는 일국적 안보 모델이나 블록 안보 모델의 경우와 같은 대외적 방위가 아니라 세계시민주의적 법집행이다.

결론

〈표 8-1〉은 거버넌스의 유형과 안보 형식 사이의 관계와 지금까지 설명한 경쟁하는 전망들에 따라 이러한 관계가 어떻게 변화하는지에 관한 도식적인 설명을 제공한다.

　미래는 마지막 세 시나리오——문명의 충돌, 다가오는 무정부 시대, 세계시민주의적 거버넌스——가운데 어느 길을 따를까? 그 답은 공적 토론의 결과와 제도의 효율성, 사회의 여러 층위와 각기 다른 장소에서 이루어지는 정치적 선택——런던이나 다르푸르, 이라크 등에서 벌어지는 테러리즘에 대한 대응, 이스라엘/팔레스타인이나 카슈미르의 오랜 분쟁을 해결하려는 노력, 보스니아나 코소보의 국제 행정기구의 미래, 세계화된 전쟁경제의 대안으로 작용하는 발전에 대한 약속 등——에 따라 달라진다. 보스니아는 과연

〈표 8-1〉 거버넌스의 유형

거버넌스의 유형	정치제도	정당성의 원천	안보 양식
국가 체계	민족국가	국가 건설, 애국주의	대외 방위, 국내 평정
냉전	민족국가, 블록, 초국적기구	이데올로기— 자유 또는 사회주의	억지력, 블록 결속
문명의 충돌	민족국가, 문명 블록	문화적 정체성	국내와 해외의 문명 방어
다가오는 무정부 시대	고립된 권력체 (pockets of authority)	없음	만연한 폭력의 한가운데에 있는 요새화된 시민성의 섬들
세계시민주의 거버넌스	초국적기구, 민족국가, 지방 정부	인간주의	근대 전쟁의 종언, 세계시민주의 법집행

계속해서 헌팅턴식의 소국가들로 분할되거나 국제 행정기구의 통치를 받을까, 아니면 언젠가는 제대로 기능하는 민주주의로 변모할까? 이라크는 캐플런의 무정부 상태를 보여 주는 사례일까, 아니면 헌팅턴류의 문명 간 전쟁으로 치닫는 중일까? 민주주의와 법의 지배를 확립하는 것을 돕는 대안적인 세계시민주의적 개입이 존재할 수 있을까? 헌팅턴식 전망의 전범인 '대테러전쟁'은 진창 속에서 허우적거리고 있다. 대테러전쟁은 중동이나 유럽과 미국 어느 쪽에도 이제 안전하다는 인식을 가져다주지 못했다. 그러나 불안감이 반드시 다른 접근으로 이어지지는 않는다. 사실 불안감은 점점 더 극단적인 입장들을 조장하면서 세계적 차원의 새로운 전쟁으로 이어진다. 이 전쟁에서 정체성의 정치와 민간인에 대한 공격, 세계화된 경제의 어두운 그늘은 서로를 강화하고 있다. 그 결과는 요새화된 시민성의 섬들이 점점이 박혀 있는 일종의 무정부 상태가 될까? 아니면 세계시민주의적 접근법이 전쟁지대와 시민성의 지대 사이의 간극에 다리를 놓는 길을, 즉 '대테러전쟁'의 대안

을 제공할 수 있을까?

　세계시민주의 접근법을 비판하는 이들은 이것이 자유주의나 사회주의 같은 근대 초기의 기획보다 훨씬 더 야심적인 근대주의/보편주의적 기획이며 따라서 전체주의적 주장을 내포하고 있다고 주장할지도 모른다. 게다가 이 개념이 세속적인 성격을 갖고 있고 정체성에 기초한 공동체주의 형태들을 명시적으로 거부한다는 점을 감안하면, 예전의 근대주의 기획들보다 유토피아주의와 비일관성이라는 통렬한 비난을 받을 여지가 더 많다고 주장할 수도 있다. 나는 보편주의적인 기획으로 공적 도덕을 떠받쳐야 한다는 견해를 받아들인다. 이런 기획이 환경에 따라 주기적으로 바뀔지라도 말이다. 이런 기획은 언제나 의도하지 않은 결과를 낳으며 따라서 그때그때 수정되어야 한다. 그러므로 보편주의적인 기획은 비록 그런 주장을 펼친다 할지라도 현실에서는 결코 보편주의적일 수 없다. 이런 기획은 자유주의나 사회주의처럼 적어도 한동안은 환경에 의해 타당성을 인정받거나 불신을 받는다. 이성이 본성에 내재한다는 18세기의 사고에는 경험을 통해 합리적(도덕적) 행동을 배울 수 있다는 뜻이 함축되어 있었다. 현실 속에는 좋은 삶의 방식과 나쁜 삶의 방식이 있으며, 이런 각기 다른 방식으로 어떻게 살지는 경험을 통해 배울 수 있다──가령 행복한 가정이나 불행한 가정의 경험을 통해, 또는 전쟁과 평화의 경험을 통해서 말이다. 이런 교훈을 영원히 배울 수는 없다. 현실은 너무나도 복잡하고, 특정한 합리성이 작동하는 것처럼 보이는 일련의 환경을 정확히 재현할 수는 없기 때문이다. 그러나 잠시 동안, 그리고 대략 비슷한 환경에서는 이런 교훈을 배울 수 있다.

　오늘날과 같은 성찰적인 시대에 세계시민주의 기획은 그 본성상 시험적일 수밖에 없다. 아마 우리는 언제까지든 경쟁하는 접근법들과 함께 살아갈 것이다. 각기 다른 접근법의 성격과 가정은 계속 변하겠지만 말이다. 이라크에서 해법을 전혀 찾지 못할 수도 있고, 보스니아가 영구적으로 분할되어 국제보호령의 통치를 받을 수도 있지만, 이라크 전쟁과 보스니아 전쟁은 앞으로 얼마 동안 새로운 서사를, 즉 우리의 정치적 차이를 이야기하는 방식을 나타낼 것이다.

현재의 발전을 바라보는 낙관적인 견해는 근대 전쟁의 쇠퇴에 주목하는 것이다. 지난 두 세기 동안 우리가 알았던 전쟁은 노예제가 그러하듯이 시대착오적인 것이 되었다. 육·해·공 국민군은 한때 존재한 민족국가의 의례적인 흔적에 불과한 것일지도 모른다. 임마누엘 칸트가 구상한 '영구평화', 시민성의 세계화, 세계시민주의적 거버넌스 형태의 발전 등은 모두 실제로 가능한 일이다. 한편 비관적인 견해는 전쟁이 노예제처럼 언제나 재발명될 수 있다는 것이다. 공식적 정치제도, 특히 민족국가의 폭력을 규제하는 능력이 잠식되고 있으며, 바야흐로 우리는 낮은 수준의 비공식 폭력이 장기화되는 포스트모던 전쟁의 시대에 접어들었다. 이 책에서 나는 두 견해 모두 옳다고 주장했다. 우리는 야만성과 시민성 가운데 어느 쪽도 인간 본성에 새겨져 있다고 가정할 수 없다. 우리가 새로운 전쟁에 대처하는 법을 배우고 더 낙관적인 미래를 향해 나아갈 수 있는지는 결국 우리 자신의 행동에 달려 있다.

옮긴이 후기

소련이 붕괴되고 소비에트권이 속속 자본주의로 체제 전환을 할 때, 많은 이들이 이제 인류의 생존까지도 위협했던 냉전의 그림자가 걷히고 평화로운 세계가 도래할 것이라고 기대했다. 유고슬라비아 내전이 처음 시작되던 1990년대 초반만 해도, 억지로 민족 공존 체제를 수립하고 강압적으로 유지했던 공산주의가 남긴 폐해를 정리하는 과정이라고 생각했다. 다소 고통스럽기는 하지만, 소련이 독립국가연합을 거쳐 각각의 민족국가로 독립한 것처럼, 민족별로 국가를 수립하기만 하면 내전이 마무리되고 동유럽도 민족국가 체제가 수립되어 안정을 찾을 수 있으리라고 기대했다. 그러나 슬로베니아, 크로아티아, 보스니아-헤르체고비나, 코소보 등으로 장소를 옮겨 가며 계속 이어진 유고슬라비아 내전은 기존의 전쟁과는 전혀 다른 양상으로 진행되었다. 각 국가가 상대방에 최대한의 타격을 입히기 위해 경제력과 군사력을 총동원하는 전형적인 전쟁과는 거리가 멀었고, 냉전 시대에 흔히 보았던 '저강도 전쟁'과도 다른 모습이었다. 무엇보다도 유럽의 백인 기독교 국가에서 인종청소란 이름 아래 '조직적인 강간'을 전쟁 전략으로 사용했다는 점이 서구사회에 큰 충격을 안겨 주었다.

한편 아프리카에서도 냉전의 찌꺼기라고 치부해 버릴 수만은 없는 전쟁과 내전이 계속되었다. 르완다나 수단 등에서 벌어진, 뭐라고 딱히 성격을 규정하기 힘든 갖가지 전쟁은 국제 평화유지군의 개입에도 아랑곳하지 않고 장기간 계속되어 많은 이들을 당혹스럽게 만들었다. 전쟁의 주체와 동기조차 불분명한 이런 전쟁들은 "냉전 이후"를 사고하는 이들에게 숙제만을 안겨 주었다.

런던정경대학의 글로벌거버넌스 전공 교수이자 헬싱키시민회의 공동의장인 지은이는 오랜 평화 연구를 통해 쌓은 이론과 보스니아-헤르체고비나를 비롯한 각종 내전 현장에서 체득한 경험에 입각해 오늘날 벌어지는 "새로운 전쟁"에 대한 통찰을 제공한다. 지은이가 이 책에서 주장하는 핵심적인 내용은 "지난 수십 년 동안 특히 아프리카와 동유럽을 중심으로 새로운 유형의 조직폭력이 전개되고 있으며, 이런 현상은 오늘날 세계화 시대의 한 측면이라는 것"이다. 최근 벌어진 많은 전쟁이 공과 사, 내부와 외부, 국가와 비국가, 공식과 비공식, 정치와 경제의 뚜렷한 분리에 입각한 근대 전쟁의 이론으로 설명되지 않으며, 이 이론을 바탕으로 성립된 국제적 개입과 평화이행 절차는 별다른 성과를 내지 못한 채 무력하기만 했다. 지은이가 보기에 이런 무능과 무기력은 세계화를 거치면서 변화한 전쟁의 양상을 제대로 이해하지 못한 때문이다. 새로운 전쟁은 "전쟁의 목표와 전투 방식, 재정 조달 방식 등의 측면"에서 과거의 전쟁과 다르다. 우선 과거의 전쟁이 "지정학적 목표나 이데올로기적 목표를 추구했던 것과 달리 새로운 전쟁의 목표는 정체성의 정치"와 관련된다. 또 전투 방식에도 많은 변화가 있었다. 새로운 전쟁은 "공포와 증오"의 씨를 뿌리는 것을 겨냥한 "대게릴라전의 불안 조성 기법"을 사용하며 극단주의 정치를 동원한다. 마지막으로 새로운 전쟁의 경제는 총력전과 달리 "분산적이며 외부 자원에 크게 의존한다".

새로운 전쟁의 양상에 대한 탐구와 보스니아-헤르체고비나의 사례 연구, 그리고 정치와 경제적 측면에 대한 분석을 바탕으로 지은이가 제시하는 해법은 세계시민주의에 기초한 정치적 대응이다. 이런 대응을 위해서는 우선 초국가적 기초 위에서 합법적으로 조직화된 폭력의 독점을 새롭게 재건하고, 세계시민주의 법집행으로 재개념화해야 한다. 유엔을 중심으로 한 기존의 국제질서 자체를 완전히 새롭게 재구성해야 하는 것이다. 그렇지만 이 이상적이면서도 대담한 이런 제안을 현실적으로 적용하려면 많은 추가적인 논의가 뒷받침되어야 할 것이다. 무엇보다도 세계시민주의의 이념을 구체화하고 현실적 힘을 부여하기 위해서는 세계시민사회의 목소리가 더욱 커져야 한다. 유엔을 비롯한 기존 국제기구와 평화유지 및 인도주의 원조 체제를 개혁하는 것이 급선무이다.

지은이로서도 전반적인 방향을 제시하는 셈이지만, 세계시민주의의 내용을 더욱 풍부화하지 않으면 안 된다. 국가와 비국가, 공식과 비공식, 공과 사, 군과 민간, 경제적 동기와 정치적 동기를 가르는 구분이 모호해지는 상황에서 배타주의·특수주의와 세계시민주의를 가르는 선만 뚜렷할 리는 만무하다. 우선 세계시민주의의 내용과 가치를 좀더 세심하게 다듬을 필요가 있다. 자칫 잘못하다가는 서구의 이념을 제3세계 분쟁지역에 강요하는 것으로 오인될 수도 있기 때문이다.

또한 세계시민주의 법집행에 관한 주장은 더욱 구체적인 논의가 필요할 듯하다. 근대 민족국가가 형성되면서 군인과 경찰, 대외 방어와 국내 치안의 분리가 확고해진 데에는 나름의 역사적인 배경과 현실적인 이유가 있었다. 지은이 스스로 "야심적인 제안"이라고 평하는 "군인 겸 경찰" 창설과 세계시민주의 군대에 관한 주장은 현실성뿐만 아니라 만에 하나 있을지 모를 모든 사소한 부작용까지도 검토해 보아야 마땅하다. 기존의 평화유지군이 치안 유지에 무기력하다고 해서 무턱대고 치안권까지 부여할 수는 없는 노릇이다.

그렇지만 21세기의 전쟁과 분쟁을 이해할 수 있는 지적 틀을 제시했다는 점에서 이 책의 가치는 확고하다. 지은이의 안내를 따라 보스니아-헤르체고비나 내전이라는 복잡한 미로를 헤쳐 나가는 수고를 마다하지 않는 독자라면, 냉전 이후 전쟁의 미래를 가늠하는 사고의 폭이 한층 넓어지게 될 것이다.

마지막으로 무더운 여름을 딱딱한 책과 씨름한 김미선 씨를 비롯한 그린비출판사 여러분께 감사의 말을 드리고 싶다.

2010년 9월
유강은

찾아보기

|ㄱ|

가상전쟁 17~18, 69, 214, 251
강제이주 25
군사개입 180
거버넌스 252
　~의 유형 268
　글로벌~ 138
걸프전쟁 18, 52, 57
게릴라전 16, 23~24, 93, 143
겔너, 어니스트(Ernest Gellner) 114
공산주의자동맹(League of Communists) 64
구조일원론 118
구체제(Ancien Régime) 40
국내실향민 157
국내 안보 22
국방전환(defence transformation) 18, 216
국제개입 17, 247
국제기구 20, 264
국제법 29
국제사회 독트린 198
국제인도법 189
국제형사재판소(ICC) 178
군비 경쟁 46, 50
군사개혁학파 214
군사력의 초국가화 21
군사적 필요 38, 47, 49

군사전문인력회사(MPRI) 79
군사혁신(RMA) 18~19, 215
군산복합체 46, 132
군인 겸 경찰(soldier-cum-policeman) 197~198
권력분점 181
그린베레 → 이슬람무장군
극단주의 25, 48
근대국가 20
　~와 전쟁 21~22, 33, 52
근대화 이데올로기 134
근본주의 123
기동전 52
기든스, 앤서니(Anthony Giddens) 39, 176
기름때(grease) 전략 246
깡패 국가 253

|ㄴ|

나고르노-카라바흐(Nagorno-Karabakh) 15
나토(NATO) 53, 57
난민 166
내전 16
냉전 19~20, 50, 54, 214, 255, 258
네트워크 중심전(network-centric warfare) 265

| ㄷ |

다국적 군대 192, 245
다문화주의 27, 62, 257
다인코어(DynCorp) 149
대(對)게릴라전 23~24, 143, 152~153, 239
대규모 강간 88, 93
대내적 평정(internal pacification) 39, 176, 252
대량살상무기 52, 240, 253, 265
대량학살(genocide) 17, 25, 93, 264
대(對)테러전쟁 130, 218, 252, 255
더필드, 마크(Mark Duffield) 158, 168, 203
데리언, 제임스 데어(James Der Derian) 215
데이턴협정 99~100, 108, 182
도비, 찰스(Charles Dobbie) 194
동원해제 207
동유럽 혁명 53
디아스포라 135
　~ 민족주의 136
　~ 원조 160
　~ 집단 134~136

| ㄹ |

라이시, 로버트(Robert Reich) 118~119, 121
라코스카-함스톤, 테레사(Teresa Rakowska-Harmstone) 127
러트웍, 에드워드(Edward Luttwak) 50
런던회의 47
럼즈펠드, 도널드(Donald Rumsfeld) 212~213, 216, 235, 247, 255
로버츠, 마이클(Michael Roberts) 36, 40
루소, 장 자크(Jean-Jacques Rousseau) 40~41

르완다 대량학살 133, 136, 199
리버훈령(Lieber Code) 46

| ㅁ |

마셜계획(Marshall Plan) 205
마오쩌둥(毛澤東) 152
마임넷(MIME-NET) 215
마조비에츠키, 타데우시(Tadeusz Mazowiecki) 76
매킨리, 존(John Mackinlay) 194
모잠비크민족저항운동(RENAMO) 147~148, 154
무기-발전 교환 프로그램 210
무기사찰단 243
무자헤딘(Mujahidiin) 84, 148, 154
무장해제 207
무정부 상태 30, 254
문화상대주의 138, 257
문화적 분리주의 137
미국 남북전쟁 34, 46
민간인 대상 폭력 157
민병대
　르완다 ~ 146
　메흐디 ~ 226
　미국의 우익 ~ 30
민족(ethnos) 122
민족국가 34
민족주의 59~60, 62, 71, 74, 123, 223
　비(非)~ 29, 73
　새로운 ~ 68, 70, 73, 137
민주행동당(SDA) 58
밀로셰비치, 슬로보단(Slobodan Milošević) 68~69

| ㅂ |

바르샤바조약기구(WTO) 53
바트당 220, 225
발칸반도 15, 62
    ~의 소국 분할(Balkanization) 60
배타주의 23, 27, 76, 263
밴스-오언 안(Vance-Owen Plan) 78
베버, 막스(Max Weber) 37, 63
베스트팔렌 조약 40
베이보다, 이반(Ivan Vejvoda) 64
보스니아세르비아군(BSA) 78, 80, 85
보스니아-헤르체고비나군(ABiH) 78, 79, 80, 85
보스니아-헤르체고비나 전쟁 22, 56, 78, 112
부가렐, 그자비에(Xavier Bougarel) 71, 76
부시, 조지 W.(George W. Bush) 212~213
부족의 경제(economy of shortage) 126
부트로스-갈리, 부트로스(Boutros Boutros-Ghali) 56, 172
북대서양조약기구 → 나토
북대서양협력회의(NACC) 252
분리주의 운동 161
브라히미, 라흐다르(Lakhdar Brahimi) 244
블레어, 토니(Tony Blair) 198
블록체계 252~255, 267
비공식 경제 162
비정부기구(NGO) 20, 117, 140

| ㅅ |

사눈, 모하메드(Mohamed Sahnoun) 187
사담의 순교자들(Firqat Fedayeen Saddam) 145, 218
사라예보 28, 56, 69, 112, 141
사바위, 이브라힘(Ibrahim Sabawi) 226
사이드, 야히아(Yahia Said) 219, 224
상비군 36~37
상상의 공동체(imagined community) 136
상상의 내전(imagined Civil War) 34
상트페테르부르크선언 47
서아프리카경제공동체정전감시단 192
서유럽연합(WEU) 103
석유-식량 교환 프로그램 222, 237, 243, 247
세계시민주의(cosmopolitanism) 23, 27, 30, 138~139, 174, 176, 251, 263~264
    상향식 ~ 140
    ~법집행 29, 190, 197, 264
    하향식 ~ 139
세르비아민주당(SDS) 58, 72
세르비아시민회의(Serb Civic Council) 74
셰셸리, 보지슬라프(Vojislav Šešelj) 81
소년병 부대(Boy's Own Unit) 147
소모전 52
쇼, 마틴(Martin Shaw) 17
수니파 삼각지대 224, 232, 237
수니파성직자협의회 242
스레브레니차(Srebrenica) 92
스미스, 앤서니 D.(Anthony D. Smith) 137
스카치폴, 테다(Theda Skocpol) 40
시민사회 182, 258
시민성(civility) 22, 27, 270
    ~의 섬(island of civility) 170, 183, 245~246, 261, 263
    ~의 지대(zone of civility) 206, 208, 250
시아파 19, 221
신자유주의 정책 131

신중세주의(neo-medievalism) 254
신중한 무력 작전(Operation Deliberate Force) 107
신형군(New Model Army) 41
심킨, 리처드(Richard Simkin) 44

| ㅇ |

아그로코메르츠 스캔들 66
아렌트, 한나(Hannah Arendt) 175
아르칸(Arkan) 81~83
아이디드, 모하메드 파라(Mohamed Farrah Aidid) 173, 195
아파르트헤이트 181, 257
악의 제국 218
악의 축 218
안드리치, 이보(Ivo Andrić) 60
안전지대 107, 190
알사드르, 무크타다(Moqtada al-Sadr) 226
알카에다(Al-Qaeda) 232, 256, 259
암시장 87, 104, 131~132
약탈 정권 130
엘리트 말살(elitocide) 88
옛 유고슬라비아에 관한 국제회의(ICFY) 99
오슬로협정 182
오언, 데이비드(David Owen) 186
오언-스톨텐베르그 안(Owen-Stoltenberg Plan) 99
오페, 클라우스(Claus Offe) 53
용병 36~37, 148
우간다퇴역군인회(Uganda Veterans' Board) 210
워싱턴협정 78, 181
원민족(ethnie) 61, 122, 137

원형국가 180
유고슬라비아 63~67, 77
　람(RAM) 계획 91
　유고슬라비아공산당→공산주의자동맹
　유고슬라비아인민군(JNA) 60, 68, 77
　유고슬라비아주의(Yugoslavism) 64
　파르티잔 63, 77
유럽공동체 인도주의지원사무국(ECHO) 204
유럽안보전략 253
유럽안보협력기구(OSCE) 20
유럽연합 20, 57
유럽주의(Europeanism) 265
유로바로미터(Eurobarometer) 266
유엔 57
　유엔군 97, 105
　유엔난민고등판무관(UNHCR) 20, 102
　유엔보호군(UNPROFOR) 87
　유엔인도주의업무국(Department of Humanitarian Affairs) 204
유엔안보리 결의안 102~103, 243
유엔헌장 21
　~ 제2조 7항 178
　~ 제7장 103, 195
유카(Juka)→프라지나, 유수프
이그제큐티브아웃컴즈(Executive Outcomes) 148
이라크 자유 작전 220
이라크 전쟁 19, 54, 230
이라크국민회의(INC) 238
이슬람 테러리즘 255
이슬람무장군(MOS) 83~84
이제트베고비치, 알리야(Alija Izetbegović)

74
인구 교체 154~157
인권법 177, 189, 246
인권침해 16, 29, 56, 103, 177, 264
인도법 101~102, 108, 177, 264
인도주의 139
   군사적 ~ 173
   ~ 개입 28, 95, 172~174, 202~203
   ~ 원조 20, 28, 161
인종청소 59, 89, 94, 103, 200, 239
   보스니아-헤르체고비나의 ~ 90
   역(逆)~ 201, 247
인카타자유당(IFP) 146, 183

| ㅈ |

자산이전(asset transfer) 158, 160
잔여 국가(rump state) 59
저강도 전쟁 16, 35, 143
전 세계적 성전 241, 248
전범재판 21, 177~178, 197
전쟁경제(war economy) 142, 158, 237
   범죄화된 ~ 29, 233
   세계화된 ~ 26
전쟁법규 29, 38, 46, 177, 246
전쟁의 권리(jus ad bellum) 37
전투규칙(jus in bello) 38
접촉그룹안(Contact Group Plan) 99
정체성의 정치 23, 29, 122~125, 168, 221
정치적 통제 25, 85, 153
제네바협약 46, 177
제2차 세계대전 21, 48~49, 54
제1차 세계대전 48~49
조직범죄 16, 22

조직폭력(organized violence) 16
주권국가 38
주민교환소(Bureau for Population Exchange) 89
준군사 조직 68, 84, 145
지방화(localization) 19, 115
지식인 청소 88
지하경제(parallel economy) 125, 131, 162
집단살해죄의 방지와 처벌에 관한 협약 156

| ㅊ |

「1920년에 쓴 편지」(A Letter from 1920) 60
체트니크파(Chetniks) 81~82
초국가기구 29
총력전 17, 48, 54
칙령군(compagnies d'ordonnance) 36

| ㅋ |

카라조르제보(Karadjordjevo) 회담 100
카슈미르 133
칸트, 임마누엘(Immanuel Kant) 42, 139, 176, 264
   세계시민권 139, 264
   영구평화(Perpetual Peace) 42, 266
캐링턴-쿠틸레이루 안(Carrington-Cutileiro Plan) 99
캐플런, 로버트(Robert D. Kaplan) 259~262
켈로그-브리앙조약(Kellogg-Briand Pact) 21, 51
코소보 전쟁 198
코소보해방군(KLA) 135
콜코, 게이브리얼(Gabriel Kolko) 50
콤실루크(komsiluk) 71~72

쿠르드민주당(PDK) 238
쿠르디스탄애국동맹(Patriotic Union of Kurdistan) 238
크레펠트, 마틴 반(Martin van Creveld) 35, 54
크로아티아방위위원회(HVO) 78~80, 85
클라우제비츠, 카를 폰(Karl von Clausewitz) 33, 35, 42~44
    기동전 45, 48
    소모전 이론 45, 48
    『전쟁론』(On War) 42
    절대전쟁(absolute war) 43, 48
    ~식 전쟁 173, 189, 197

| ㅌ |

탈레반(Taliban) 259
테러리즘 141
통일이라크동맹(United Iraqi Alliance) 244
투렌, 알랭(Alain Touraine) 119
투즈만, 프란요(Franjo Tudjman) 60, 70
투즐라(Tuzla) 28, 79, 92, 183, 204~205
특수주의 23, 176, 263

| ㅍ |

파리선언 46
파리협정 182
파탄국가(failed state) 144
팔루자 224, 236~237, 246
평화를 위한 동반자 관계(Partnership for Peace) 57, 108, 251
평화를 위한 의제(An Agenda for Peace) 172
평화안정군(SFOR) 108
평화운동 75
평화유지 188~189, 194~195
평화유지군 173, 190, 192, 194, 243, 251
평화이행군(IFOR) 107
평화지대 250
평화희망재단(Peace and Hope Foundation Trust) 183
포크, 리처드(Richard Falk) 262
포클랜드/말비나스 전쟁 52
폭력의 사유화 16, 22, 145
프라지나, 유수프(Jusuf Prazina) 83
프렌키 패거리(Frenki's Boys) 146
플랫폼 중심전(platform-centric warfare) 265

| ㅎ |

허브스트, 제프리(Jeffrey Herbst) 144
헌팅턴, 새뮤얼(Samuel Huntington) 254~256
    단층선 전쟁(fault-line war) 256
    『문명의 충돌』 254, 259
    친족국가 증후군 257
    핵심 국가 256, 258
헤이그회의 47, 177
헬싱키시민회의(HCA) 30, 75, 183
헬싱키최종문서(Helsinki Final Act) 241
혁명전쟁 34, 152~153
후세인, 사담(Saddam Hussein) 221, 241~242, 259